流程工业重大设备人力资源逆优化配置理论与方法

张莉莉/著

本书受国家自然科学基金（71771036、71401023）；中国博士后科学基金（2017M610831）；中央高校基本科研业务费（DUT17RW128）；教育部人文社会科学研究青年项目（14YJC630191）；辽宁经济社会发展研究课题（2017lslktyb-049）；大连市社科联项目（2016dlskyb013）等资助。

科 学 出 版 社

北 京

内 容 简 介

本书围绕流程工业重大设备安全运行问题，以人力资源的配置为切入点，以心理行为特征与逆优化的结合为突破口，构建了人员安全操作的胜任力模型和任务的复杂度模型，以及基于优势与劣势特征的人员及岗位特征识别分析方法、人员需求预测方法及人力资源逆优化配置理论与方法。本书通过将行为学、心理学、运筹学等多学科交叉融合、优化到逆优化的转换，转变安全管理理念，为破解重大装备安全运行的人力资源配置难题提供新观念、新方法和新思路，为逆优化复杂问题建模求解拓展新工具和新途径。

本书可供人力资源管理、决策理论与方法、资源配置等领域的教师、学生、科研人员、企业工作人员等借鉴和参考。

图书在版编目（CIP）数据

流程工业重大设备人力资源逆优化配置理论与方法 / 张莉莉著. —北京：科学出版社，2019.2
ISBN 978-7-03-056293-7

Ⅰ. ①流… Ⅱ. ①张… Ⅲ. ①人力资源管理-研究 Ⅳ. ①F241

中国版本图书馆 CIP 数据核字（2018）第 005446 号

责任编辑：邓 娴 / 责任校对：张怡君
责任印制：张 伟 / 封面设计：无极书装

科学出版社 出版
北京东黄城根北街 16 号
邮政编码：100717
http://www.sciencep.com

北京虎彩文化传播有限公司 印刷
科学出版社发行 各地新华书店经销

*

2019 年 2 月第 一 版　开本：720×1000 B5
2019 年 2 月第一次印刷　印张：12 1/2
字数：252000

定价：102.00 元
（如有印装质量问题，我社负责调换）

作者简介

张莉莉，女，大连理工大学商学院副教授，硕士生导师，美国加州州立大学萨克拉门托分校访问学者，分别在大连理工大学北京研究院与大连理工大学系统工程研究所联合培养博士后工作站、大连理工大学管理科学与工程博士后流动站从事研究工作。本硕博就读于东北大学，2010年7月获得博士学位。近年来围绕人力资源配置决策理论与方法，作为主持人承担国家自然科学基金面上项目、国家自然科学基金青年项目、教育部人文社会科学研究青年项目、中国博士后科学基金等纵向课题12项，横向课题1项。发表国内外学术期刊论文20余篇，出版学术专著1部。并作为主要参与人及负责人获得辽宁省教学成果奖等各类奖项3项。

序

  面向流程工业重大设备安全的运行、维修及维护工作人员的优化配置问题是政界、理论界、产业界亟待解决的问题。随着物联网、自动控制系统、智慧工厂、智能制造等新技术的出现，流程工业安全生产形势呈现出新的特点，重大设备操作与运行及维修维护重特大安全事故时有发生，究其原因，运行及维修维护操作人员配置存在缺欠，因此，面向安全的流程工业重大设备人员配置决策问题是政界、学界、产业界亟待解决的关键问题。

  针对重大设备复杂度、集成性、智能性、不可替代性及其运行操作、维修维护操作所具有的时间紧迫性、多工种协同性带来的挑战性难题，以考虑心理行为优势与劣势的人力资源优化配置为切入点，以安全运行为目标，该书融合行为科学与运筹学理论，采用逆优化的学术思想，建立包括心理行为作用机理、优势特征定量识别方法、人员配置优化方法、对偶逆优化方法的流程工业重大设备安全运行的人员配置方法体系。

  重大设备运行及维修维护的人员配置决策是复杂的社会-技术-物理系统，该书采用实证分析、多元统计学、模糊数学、运筹学、逆优化等研究方法，构建了基于心理行为优势结构识别的人力资源配置方法体系。同时，该书以提高重大设备人员配置决策的安全性、实践性、有效性为目标，以逆优化生成匹配方案为突破口，融合行为学、多属性决策、运筹学等多学科的理论及方法，将以心理行为机理分析见长的实证研究与擅长定量分析的优化模型算法相结合，将行为学的原理、方法引入运筹学的优化建模过程，并运用逆优化的学术思想，化解安全与资源投入的矛盾，通过多学科理论方法的交叉融合，解决安全视角下重大设备人力资源配置决策难题。

大连理工大学教授胡祥培
2018 年 1 月

前　言

　　本书面向流程工业重大设备安全运行的需求，以人员优化配置为切入点，建立有限资源限制下安全性最优的优化模型。当安全性达到一定程度之后，过多地投入人力资源对安全性的改进不大，因此，本书运用逆向思维的学术思想，将重大设备安全性的优化模型转化为确保安全的前提下使得资源消耗最少的逆优化模型，形成"心理行为胜任模型→优势与劣势特征识别→数学优化建模→逆优化对偶转化→计算机求解"的实证与数学建模并求解相互结合的过程，并结合重大设备生产企业的实际情况开展应用研究。

　　本书受到以下项目资助：国家自然科学基金面上项目，重大装备维修维护"任务-团队"匹配的逆优化方法，71771036；中国博士后科学基金特别资助项目，重大技术装备安全运行的资源配置随机逆优化方法，2018T110075；中国博士后科学基金面上项目，重大设备维修维护"任务-团队"匹配的逆优化方法，2017M610831；中央高校基本科研业务费，基于逆优化的重大设备维修维护任务与团队匹配决策方法，DUT17RW128；国家自然科学基金青年项目，面向流程工业关键设备安全操作的人-岗优势匹配逆优化决策方法，71401023；教育部人文社会科学研究青年项目，基于逆优化的流程工业关键设备安全操作人岗匹配决策方法，14YJC630191；辽宁经济社会发展研究课题，有效利用健康医疗大数据，推动互联网+医疗发展问题研究，2017lslktyb-049；大连市社科联项目，大连推进供给侧结构性改革相关问题研究，2016dlskyb013。本书是笔者及各领域学者研究和应用流程工业重大设备人员配置逆优化方法的总结。

　　在本书的撰写过程中，部分工作由所带学生辅助完成，其中3.1.2小节由王丽敏和张莉莉撰写，全书由张莉莉统稿。并且在本书的完成过程中中冶焦耐工程技术有限公司滕德军工程师给予了重要全面的指导，鞍山钢铁集团化工事业部王飞高级经济师给予了问卷收集方面的帮助。学生董杰、杨文文、胡薇薇、曾一行、赵倩文等对本书的出版提供了大力协助，特此致谢！

本书将逆优化引入资源优化配置问题中，希望本书的出版能够从一个全新的视角给大家提供帮助。本书主要面向管理类的硕士和博士研究生，同时也可供相关领域科研工作者参考。由于时间紧促，作者水平有限，书中的不足之处在所难免，恳请各位专家、读者批评指正。

张莉莉
2018年1月于盘锦

目 录

第1章 绪论 1
    1.1 研究背景 1
    1.2 研究概念界定 3
    1.3 逆优化解决问题的逻辑 7
    1.4 流程工业重大设备安全运行的人力资源逆优化拟解决问题 8
    1.5 研究意义及创新点 11

第2章 相关理论基础与文献综述 12
    2.1 流程工业重大设备安全运行相关理论与方法 12
    2.2 流程工业重大设备人力资源管理相关理论与方法 16
    2.3 流程工业重大设备资源配置决策理论与方法 23
    2.4 发展新趋势：物联网大数据云计算 39

第3章 流程工业重大设备安全运行的人因要素实证分析 ... 43
    3.1 人因视角重大设备安全运行影响因素定性分析 43
    3.2 流程工业重大设备安全运行影响因素实证研究 61

第4章 流程工业重大设备安全运行的人员优劣势结构识别及需求预测 ... 86
    4.1 流程工业重大设备安全运行的人员优劣势匹配理论框架 ... 86
    4.2 流程工业重大设备安全运行的优劣势结构识别的数学模型 ... 92
    4.3 流程工业重大设备安全运行的人力资源需求分析方法 ... 98

第5章 流程工业重大设备安全运行的人员逆优化配置 ... 121
    5.1 流程工业重大设备安全运行的人员逆优化配置的必要性 ... 121
    5.2 流程工业重大设备安全运行的人员指派逆优化方法 ... 124

5.3 资源调整型流程工业重大设备安全运行的人员配置逆优化……………134
5.4 流程工业重大设备安全运行的资源配置线性规划逆优化方法…………143
5.5 流程工业重大设备安全运行的资源配置逆价值优化方法………………155

第6章 总结与展望……………………………………………………………166

参考文献………………………………………………………………………………167

附录……………………………………………………………………………………184

第1章 绪 论

1.1 研究背景

中国共产党第十九次全国代表大会报告中指出：树立安全发展理念，弘扬生命至上、安全第一的思想，健全公共安全体系，完善安全生产责任制，坚决遏制重特大安全事故，提升防灾减灾救灾能力[①]。习近平总书记、李克强总理做出一系列重要指示批示，从增强红线意识、建立健全责任体系，为安全发展谋篇布局，明确了安全生产工作的努力方向、重点任务和主要措施。李克强总理在 2014 年政府工作报告中提出"人命关天，安全生产这根弦任何时候都要绷紧。要严格执行安全生产法律法规，全面落实安全生产责任制，坚决遏制重特大安全事故发生"[1]。2017 年政府工作报告要求严格安全生产责任制[2]，《安全生产"十三五"规划》和国家安全生产监督管理总局（现为应急管理部）均强调重视运行操作及维修维护的人员配置，确保重大设备安全运行。因此，安全生产是我国发展面临的矛盾和挑战之一，是政界、理论界和产业界亟待解决的重点问题之一。以安全为导向的重大设备运行及维修维护人员配置，是当前各界共同关注的热点与难点问题。

流程工业为我国国民经济发展发挥了重大作用，为现代社会生产和扩大再生产提供了坚实的物质基础，保障了国家的能源安全。流程工业在国民经济中占有举足轻重的地位。流程工业生产总值占国民生产总值比重较大，其中石油、化工、冶金、电力等典型流程工业是我国国民经济支柱产业，其生产总值占工业总值的 2/3 以上。近年来，流程工业安全生产形势严峻，特别是工业爆炸等生产事故频发，流程工业重大设备生产是大规模的技术活动，并且大规模存储或使用高能源和/或有毒和/或生物危害和/或放射性物质。而且在一个单一的事件里，可能存在很多人受伤或死亡的风险。一旦发生安全事故则给人民群众生命财产安全带来严

---

① 决胜全面建成小康社会 夺取新时代中国特色社会主义伟大胜利——在中国共产党第十九次全国代表大会上的报告[EB/OL]. http://www.gov.cn/zhuanti/2017-10/27/content_5234876.htm，2017-10-27.

重的威胁,这也给流程工业重大设备安全管理提出了新的挑战。例如,2013年青岛"11·22"中石化东黄输油管道泄漏爆炸特别重大事故,致63人遇难,156人受伤,直接经济损失达75 172万元①。流程工业重大设备生产事故后果严重,生产事故的发生往往会危害操作者的生命安全和身体健康,造成严重的经济损失甚至环境破坏。大量的资料及屡屡发生的各类安全事故证明,在流程工业重大设备生产中,注重重大设备运行、维修和维护相关人员配置的安全性、科学性、成本收益性、优势互补性等至关重要。

随着社会的进步,人在生产中的重要作用日益凸显,与之相适应的以人为本的管理越来越受到欢迎和重视。人本管理的核心是理解人、尊重人、充分发挥人的主动性和积极性,以实现人的自身价值为根本。随着科学管理的不断深入,精细管理成为一种主流管理模式。精细管理的过程就是对各类资源优化配置的过程,把积极因素提升到最高限,把消极因素的影响降低到最少的过程。精细管理要求组织在管理过程中强调数量化和精确性。操作者心理行为特征挖掘是一种量化的行为特征表达方式,依据该结果进行人力资源现状分析,识别其中的优势与存在的不足,能够减少人力资源管理过程中的随意性,提高人力资源管理措施的科学性。考虑心理行为的人力资源优化配置是一种贯穿着精细思想的定量化识别过程[3]。

运行维修维护对于重大设备安全生产极其重要,该类工作是现场性、即时性、技术性、团队合作性极强的工作,主要工作职责是监视、调度和调整主、辅设备的运行状态,根据各种数据及现象做出判断,调整运行和处理异常,以及主、辅设备的运行、维修、检查和修理,消除设备缺陷和故障,确保可靠、安全、稳定和经济运行。流程工业重大设备不同岗位不同任务对于工作人员的知识、能力、心理、经验、技能等指标强弱要求不同,不同的人员在各指标上的积累也具有不平衡性,有其所长所短。在人员配置过程中要考虑不同人员的个性化优势特征,实现人岗优势供需一致,团队成员优势互补。鉴于决策结果达到安全状态预期值具有强制性,本决策的制定不仅是在现有资源条件下的"寻优",更是在此基础上,通过尽可能小地调整模型参数,保障得到配置后的安全状态最优值与行业标准值无限接近。因此,本问题与模型参数已知,求最优值的常规优化思路相反,是已知优化目标值,基于原有模型参数,如何尽可能小地调整,保障新模型的最优值尽可能地接近预期值,即采用反向思维,研究如何科学配置人员,使得优化人力资本效率的同时,达到设备安全要求,其本质是基于逆优化的人员配置决策问题。

安全视角下的重大设备运行、维修维护的人力资源优化配置问题决策结果达到安全状态预期值具有强制性,决策不仅是在现有人力资本指派价值、成本、人

---

① http://www.xinhuanet.com/politics/2015-11/30/c_1117303484.htm.

力资源约束下的寻优，更是以此为基础，通过尽可能小地调整各系数，保障在得到的决策结果下安全状态最优值与要求值无限接近，体现目标驱动。目前，对该类问题的研究已开始引起学术界的重视，但并没有相对成熟的理论、模型、算法可以借鉴，甚至直接应用，安全配置决策还需要考虑心理行为及优势劣势、综合水平，研究更是难上加难，挑战性显而易见。

1.2 研究概念界定

1.2.1 流程工业重大设备

流程工业也叫过程工业，长流程连续作业，主要包括一些重要的原材料工业，如石油、化工、电力、钢铁、核电等。该类企业通过物理变化和化学变化的生产过程，产品形态不可数，其连续生产的产品一般是企业内部其他工厂的原材料，产品基本没有客户化。

流程工业重大设备是指流程工业生产过程中所依托的一套生产线设备。流程工业重大设备是由多套设备组成的生产线，生产线上各岗位对应各自的工序，通过各个环节的衔接配合，做到任务细分并将一系列复杂的流程工艺降解为简单易行的工步，实现多工种多工序的协调有序配合。流程工业重大设备生产运行具有高度自动化、连续化、规模化、智能化等特点，流程工业企业生产以重大设备为载体，生产设备精密化，设备先进，结构复杂。以钢铁企业热轧1780机组生产线为例，上面分布着3座加热炉、高压水除鳞箱、粗轧除鳞、粗轧前大立辊、粗轧机、热卷箱、飞剪、精轧前除鳞装置、精轧前立辊、7机架的精轧机、层流冷却、两台地下卷取机。现已制造出直径12米以上的精馏塔和直径为15米的填料吸收塔，塔高达100余米。与大型石油化工企业配套的高压离心压缩机，最大流量为21万米^3/时，最高转速达25 000转/分，最大工作压力为700大气压。以点带面，流程工业重大设备生产中普遍采用了DCS（distributed control system，集散型控制系统），对生产过程的各种参数及开停车实行监视、控制、管理。流程工业重大设备技术含量高，对生产精度和生产效率都有严格的要求，组成设备的元器件受制造研发难度和小规模个性化生产的限制，使得流程工业重大设备价格昂贵。流程工业重大设备使用周期长：为了保证流程工业高度自动化、连续化、规模化生产，流程工业重大设备必须有较长的使用寿命和较低的设备故障率。流程工业重大设备运行及维修维护任务艰巨、复杂、重要。

随着工业技术的发展，越来越多的工厂朝着大型化、集中化发展，工厂的核心集中在几套大型设备上，同样这几套大型设备也直接影响着工厂的生产效益。

流程工业重大设备是大规模复杂系统，以若干关键设备组成的自动生产线为载体，生产工艺复杂化，生产规模大型化，生产过程连续性强。各个部件、变量之间存在相互作用，整个系统的状态由各个部件的状态确定，就像是一串首尾相接的链条，而最细一环的强度就代表这个链条的强度。某一最薄弱环节的安全生产状况，就决定了全流程的安全状态。流程工业重大设备安全生产事故常常被理解为一系列连续事件的结果，这些事件将直接或间接地导致危险和破坏的发生。危险是一个事故的起点，常常会由点及面，引发多米诺效应，导致灾难性后果。

流程工业生产常以物料、能量的综合、高效利用为目的，生产过程伴随氯化、氨化、氧化、裂解、聚合等易燃易爆物理、化学反应，规模越大，贮存的物料量越多。物料大多数具有潜在的危险性，运行过程伴随很多能引起火灾或爆炸的危险物资，具体包括可燃气体和液体、易燃固体、可燃粉尘、易爆化合物、自燃性物质、忌水性物质、混合危险性物质等。现代科学技术的飞跃发展，使得新能源、新材料、新技术不断出现，新的危险源也给人们带来更多的伤亡危险。事故其实是一种不正常的或不希望的能量释放。如果出于某种原因能量失去控制，能量就会违背人的意愿发生意外的释放或逸出，造成生产过程中止，发生事故。如果发生事故时意外释放的能量逆流于人体，超过人的承受能力，则将造成人员伤亡；如果意外释放的能量作用于设备、构筑物等物体，超出物体的抵抗能力，将造成物体的损坏。流程工业从原料到产品的生产过程具有高度的连续性，涉及诸多能量转移，前后各单元环环相扣，互为制约，某一个节点出现事故，都会引发设备链的整体事故，引起多米诺效应。潜在的危险能量越大，危险性越大。其危险性借由物料流、能量流、生产控制系统传播，具有隐蔽性、跨区域性等特点，一旦发生危险，极易产生连锁反应，危害极大，可能引发人员伤亡、财产损失、环境污染等恶性事件。事故造成的后果十分严重。

1.2.2 流程工业重大设备安全运行

在生产实践中，安全第一是指在生产过程中，尽可能在保障安全的前提下获得最大的经济效益。安全是指在生产过程中，将人员伤亡或财产、环境等损失控制在可接受水平状态[4]。安全性是指不发生事故的能力，是判断、评价流程工业重大设备运行系统性能的一个重要指标。事故是指使一项正常进行的活动中断，并造成人员伤亡、职业病、财产损失或环境损害的意外事件。安全生产事故，是指生产经营单位在生产经营活动中发生的造成人身伤亡或者直接经济损失的事故。事故的概念，包括两层意思：一是发生了意外事件；二是因事故而产生了损失。事故的后果将造成损失。损失包括人的死亡、受伤致残、有损健康、精神痛苦等；损失还包括物质方面的，如原材料、成品或半成品的烧毁或者污损，设备破坏、生产减退、赔偿金支付以及市场的丧失等。可以把造成人的损失的事故，称为人身事故；造成物的损失的事故称为物的事故[5]。安全是有效率生产的前提，安全第一并不是要求任何事情越安全越好，如果为了片面追求绝对安全，将可能消耗大量的人力、物力、财力、时间，但可能收效甚微。

科学的人力资源优化配置对于重大设备安全运行起到决定性的作用。并且，流程工业重大设备生产事故后果严重，具体表现如下：在生命危害方面，流程工业由于本身具有的高危性，稍有不慎就会引发生产事故，直接威胁操作者生命安全，轻者损害人体健康，重者危及性命。在经济损失方面，流程工业重大设备生产事故会造成生产线部分或者全部损毁，生产中断，影响原材料工业的生产，造成直接或间接的经济损失。在环境破坏方面，流程工业生产的产品包括诸如石油、化工、钢铁、核电等一些重要的原材料，由操作不当等引发的安全事故会造成这些原材料的泄漏，给生态环境带来严重甚至毁灭性危害。

1.2.3 流程工业重大设备运行维修维护人力资源

流程工业重大设备是企业进行产品生产加工的依托工具。在设备运行过程中，不可避免地要对设备操作、点检、维修维护进行管理。通常把设备运行操作、维护、检查、诊断、修理及改造等统称为运行维修维护活动。

（1）流程工业重大设备运行操作人员：通过自己的相关行为和动作对流程工业重大设备进行命令执行以完成相关目标的人即负责重大设备运行工作的操作人员。运行操作人员的主要工作包括生产工艺参数的设置、生产系统的监督维护管理、生产决策等。具体工作是以所在岗位为依托，以具体设备为对象，依据工艺流程，基于对生产数据、情境、设备运行参数等的判断、分析，给出的能够实现生产系统安全、可靠、稳定、有效运行的操作指令与行为。操作人员的操作过程包括信息接收过程、信息判断加工过程、信息处理过程。操作人员通过计算机监控流程工业重大生产设备的运行情况，可以实时在线了解设备运行信息。物联网环境下流程工业重大设备的安全操作是在生产信息实时对称情况下进行的，操作工作本质上是一种决策工作，是接受生产信息、处理生产信息乃至分享生产信息的过程。工作人员的工作方式从原来的以体力为主转变为以脑力为主，包括对设备运行信息的判断、分析、评价、决策、操作等所有环节。

在流程工业生产过程中人们为了达到预期的目的，随时要正确控制设备运转，要进行正确的信息处理。这时人与机器就构成了一个"人-机"系统。正确的信息处理，就是正确地判断来自"人-机"接口处的信息，然后再通过人的行为正确地操纵机器。人在系统中的作用主要是接收信息，加工数据使之变为信号，并转换成相应的操作行为。

（2）流程工业重大设备维修维护人员：重大设备维修维护是对设备及其系统的检查、调试、维护、维修、大修等活动的统称。从事上述工作的人员即维修维护人员。现有设备越来越具有大型、精密、高速、高压、高温以及机电一体化等特点。技术含量的提高，无疑对参与设备维修的各类人员素质有了更高要求。例如，许多企业要求修理技术人员要具备机械、电气、液压、气动等综合知识与技能，即便是操作者也应具备操纵数控设备的能力，如编程、检查和维护的本领。流程工业重大设备维修维护人员负责企业设备维修维护的各项工作，即设备使用期间的使用、维护、检测、故障分析、修理及改造，从而保证设备正常运转。例如，设备修理的主要工序包括：①修前准备，包括对设备精度、性能的全面检测和对设备操作工与维修工的调查、访问。这些都是为了掌握设备功能劣化情况，以便在修理时着重解决。②由承担修理工作的钳工、电工对设备进行断电和全面拆卸、解体，并对零部件进行彻底清洗。③按照相关标准和制造厂技术资料的要求，检查所有构成零部件的损坏程度，确定其可否继续使用或修后再用或换新备件。④进行损坏零件的修复和新备件的准备。⑤按照相关标准和制造厂的图纸资料进行设备重新装配。⑥对修好的设备进行精度、性能和负荷试验，以及必要的复调或返修。⑦进行设备外观处理（喷涂与清理等）。⑧设备复位调整、接电和试车[6]。

1.2.4 人力资源配置逆优化

传统优化配置是在现有资源限制的可行域范围内追求利润最大或成本最小，在目标驱动等生产形势下传统优化方法存在弊端，可能通过优化模型生产的资源配置方案并不是实践中的最佳方案。逆优化是采用目标管理思想，以需求为导向，在既定目标下，追求如何以现有资源为基础，尽可能小地调整模型系数，使其满足既定要求。这与市场导向、政策导向、需求已知的实际问题相一致，更加符合实际。

逆优化问题：对于优化问题而言，以线性规划为例，根据具体问题的特点，构建优化目标函数和约束条件（其中的参数已经给定），形成原优化模型，只要求找一个可行解，使之目标函数值最优，进而把该可行解作为优化问题的最优解，也就得到了原优化问题的资源优化配置方案。逆优化问题是在原优化问题的基础之上，根据解决实际问题的需要提出的，常见的一类是使一个预说明解向量（资源配置方案）最优问题，使给定的可行解或者不可行解成为参数调整后的最优解，并且希望被调整的量越小越好的问题，逆优化包括推导参数，如逆优化问题的预说明最优解的客观函数和限制系数。逆优化通常被表述为：已知一个线性规划的优化问题和一个理想最优解，寻找一个参数向量调整方案，使得给定的解成为调整参数后的模型的最优解[7]。一般地，需要满足一些额外的条件，如已知一个优先选取的价值向量，在某种准则下离差是最小的，这些条件的现实意义是使参数调整对原系统的扰动最小。

逆价值优化问题：给出最优问题、最优客观价值，并给出一组参数，在参数调整量越小越好的情况下，使之与给定问题的最优客观价值接近[7, 8]。特别说明，最优客观价值并不是明确的最佳解决方案。我们把这个问题称作逆最优价值问题，要与标准逆优化问题区别开来。使得指定的理想最优值最接近优化目标值的新优化问题就是原优化问题的逆价值优化问题。它是给定一个目标函数的指定值，调整模型中给定的各类参数数值，使得给定的最优值成为参数调整后的原优化问题的最优值，并且希望被调整的量越小越好的问题。以人力资源配置的线性规划为例，结合原问题的特点，给定一个线性规划、一个指定的人力资源优化配置的目标值、一系列参数值，由此确定一个可以使线性规划的相关最优客观价值最接近于理想价值的价值向量。逆向最优价值问题是有非确定性多项式（nondeterministic polynomial，NP）的。可以把问题简化为一个凹陷的最大值或一个凹陷的最小值问题。凹陷的最小值问题，逆向最优价值问题是多项式可解的。一系列可行的成本向量是多面的，可以建立在线性规划和双层规划的基础上对逆优化进行表示。

面向理想方案的人力资源配置逆优化问题：给定一个组合优化问题和一个可行的解决方案，对应的逆优化问题是找到成本函数的最小调整，使得给定解变成最佳。

面向理想目标值的人力资源配置逆优化问题：一般来说，对于受预算约束的重大设备安全运行的人员配置，优化的人员配置方案能最小化生产事故风险。当国家、行业、企业内部具有对于风险要求的数字表示时，则产生逆人力资源优化配置问题。给定一个面向流程工业重大设备安全性越高越好的人员配置线性规划模型，给定一个期望的最优目标值和一组可行的成本向量，调整成本向量使得相应的安全性最优的人力资源配置线性规划的最佳目标值最接近理想的优化目标值。该人力资源配置逆最优值是 NP 难问题。逆最优值问题可以根据凹面最大化或凹面最小化问题的条件，转化为多项式可求解数学形式。对于可行成本向量集合是多面体的情况，基于求解线性和双层线性规划问题对该问题进行求解。

1.3 逆优化解决问题的逻辑

资源优化配置模型有三个要素，分别是：①决策变量，是某一问题需要求解的未知量，通常是一组资源优化配置方案。②目标函数，是该实际问题决策者最在意的想要不断优化的目标的数学表达式，并且我们假设决策者最在意的目标只有一个（多个目标的情况以此类推），决策者专注于该目标，心无旁骛，该目标的不断优化与决策方案有关,因此目标函数是决策变量的某种函数关系。③约束条件,由于资源的有限性和欲望的无限性,任何目标都是在一定约束下的,该约束与配置方案有关,所以,约束条件是决策变量的某种等式或者不等式约束。

逆优化与上述资源配置优化模型是一脉相承的,优化模型是基础,逆优化一方面可以解决下列问题,当决策最在意的目标不是越大越好,或者越小越好,而是达到某一标准的时候,决策者无暇顾及其他目标,这时候决策者可以调整价值参数、效率参数或者资源参数,并且为了最小化调整对于原系统的影响,根据参数代表了原系统的特性的思想,在最小化参数调整量的情况下,达到目标要求值的一类调整后的新的优化问题便可以称为原问题的逆目标值优化问题。另一方面,决策者由于现实需要,或者由于某种偏好,必须使得某种设定好的资源配置方案是实际问题中资源配置的最优方案。在这种情况下,为了不改变对原系统的扰动,决策者也可以通过尽可能小地调整某种参数,使得调整后的新的优化模型的最优解就是量身定制的设定的最优化。该类方法可以解决决策者通过经验,以及某些因素难题引入数学模型中的要求某一方案必须是最优方案的问题,如文化约束、价值观约束等。

1.4 流程工业重大设备安全运行的人力资源逆优化拟解决问题

岗位与胜任力之间的有机联系:胜任力需要依据岗位实际工作特点进行描述,而不是闭门造车。从实践角度,需要对流程工业重大设备的胜任力指标进行分级,一级指标代表流程工业重大设备操作员的通用能力,二级指标代表各类岗位所具备的差异化能力。随着生产强度的增加和操作员能力的提高,需要在岗位与胜任力之间建立有机联系以保证在正常生产的基础上尽可能发挥操作者的潜力,创造最大的价值。

操作者能力的有效鉴别:使用有效的鉴别方法检验流程工业重大设备操作者的能力特征是否符合岗位能力标准,流程工业看人的标准一是看业绩,二是凭感觉,这样往往会使一名优秀的人员被调到还不能足以胜任的岗位上。如何合理有效地对操作者能力进行鉴别,结合岗位所需能力对操作者进行培养和锻炼,仍需要选择一套有效的人才测评技术。

评价体现个性化优势与公平性:流程工业重大设备由一系列设备组成,不同设备的操作工序也不一样,单纯地以工时来衡量工作量的大小,未考虑岗位差异、劳动强度等因素是不够合理的,特别是对关键设备关键岗位的工作量的度量仍需要建立一套公平公正的衡量体系。此外，对于任务导向的生产作业，由于市场引导作用和柔性生产的需要，不同设备岗位工作量和同一设备岗位变化的工作绩效的考量仍有待深入研究。

安全与人员配置科学性的密切关联：重大设备运行操作及维修维护作业对安全性、时间紧迫性、优势互补性要求极高，匹配不当，极易引发事故，小至装备非正常紧急停机，大至群死群伤的灾难性后果。据统计，有一半以上的事故与运行及维修维护作业人员工作不当有关。

安全与成本的平衡：安全生产永无止境，按照传统的优化模型，安全性追求越高越好，追求绝对安全，则需要投入无穷无尽的资源。然而理论和实践都证明，当安全水平达到较高的值以后，再通过增加投入来提高安全水平的做法收效甚微。以追求百分之百绝对安全为目标，必然导致某些投入的徒劳无功。可见，不惜代价保绝对安全的粗放型资源配置模式难以为继，迫切需要转变资源配置理念。事实上，企业生产中发生事故的巨大成本不仅包括显性的事故赔偿损失、生产事故的隐藏成本，还包括生产损失、工人的重置、受害者的医疗费以及有可能的环境损失补偿。而且随着生产事故被曝光，高水平的安全在一家公司中被视为决定性的因素和高质量的产品生产的保证。事实上，在重大设备生产运行过程中，事故和效率是彼此对立的。发生事故，则必然对生产形成干扰。一个有着出乎意料的过程干扰的公司被认为是没有效率的公司，其隐性成本是巨大的。事故发生导致的直接经济损失和间接经济损失是 1∶4 的关系。事故带来的隐性损失是保险公司赔偿金额的四倍。因此，保障安全本身也是降低成本的一种体现，所需要考虑的是找好安全和成本的最佳平衡点。

在上述关键点分析的基础上，本书主要研究的内容包括：

第一，对与流程工业重大设备安全运行相关的概念、理论基础以及相关研究进行综述，以期为后续相关研究做好准备。

第二，以问卷调研为依托，采用探索性因子分析与验证性因子分析相结合的方法，对影响重大设备安全运行的心理行为要素进行提取并识别各要素的影响程度及影响路径，进而建立流程工业重大设备安全运行的胜任力模型。

第三，构建以一定的胜任力综合指标集合为前提的心理行为优势与劣势识别模型，从而对微观个体的心理行为优劣势有所把握，对综合水平有所感知。

第四，以钢铁企业为例，由点到面，拓展到流程工业企业，构建人员配置的双边匹配模型。其意图在于从优化的角度，窥视传统研究的思路与框架逻辑，为后续了解逆优化解决问题思路以及指导思想的差异奠定基础。

第五，构建面向资源配置方案已知、资源配置目标已知的不同问题类型，以及基于指派问题，基于线性规划的逆价值优化模型和逆优化模型，从而在一定程度上形成流程工业重大设备安全运行的人力资源逆优化配置方法体系，为流程工业企业的安全管理实践以及逆优化资源配置的研究提供启发与借鉴。

基于此，本书主要研究的内容框架如图 1-1 所示。

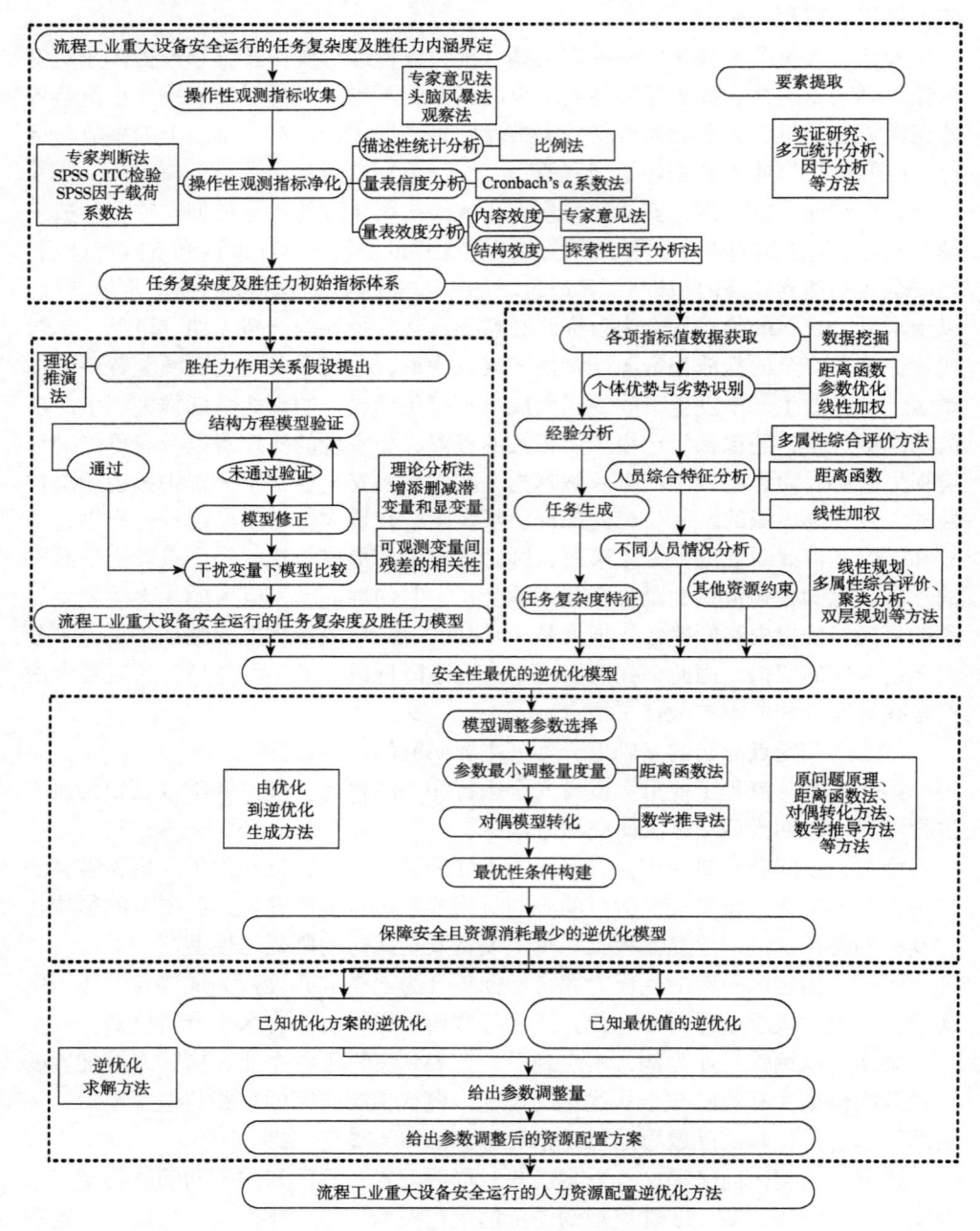

图 1-1 本书主要研究的内容框架

1.5　研究意义及创新点

本书拟从安全视角下流程工业重大设备运行及维修维护人员配置的理论基础及文献综述,流程工业重大设备运行及维修维护操作人员胜任力实证研究,个性化优势结构识别,重大设备人员安全配置优化方法,逆优化模型及求解方法方面开展相关研究,并通过钢铁企业人力资源优化配置决策进行应用研究。具有如下研究意义:

(1)在头脑风暴法的基础上,以问卷调研为依托,通过探索性因子分析和验证性因子分析,构建重大设备运行、维修及维护工作人员的胜任力素质模型。

(2)将心理行为要素引入人力资源优化配置决策,利用数据挖掘技术将心理行为信息隐含的优势强弱比较结构特征及综合水平融入决策模型,是对心理行为与运筹学交叉融合途径的一种尝试,为相关研究提供借鉴。弥补安全视角下人力资源优化配置决策研究缺少理论支撑的不足,为将实证研究和数学建模与优化相结合开辟新思路。

(3)现有对人力资源优化配置方法的研究主要依托正优化模型,基于目标导引的学术思想,本书采用逆优化模型,针对这类通过调整参数,使得决策方案目标值无限逼近预期值的决策问题,给出了一种新的解决思路,为相关研究提供启发。更重要的是,针对决策参数信息未精确确定或弹性可调的匹配决策问题,本书提出逆优化的决策方法,以流程工业关键设备安全操作问题为研究背景,以安全风险控制在一定范围内为目标,运用以尽可能地减少调整模型参数为优化目标的逆向思维,实现安全与成本的平衡。

第 2 章 相关理论基础与文献综述

随着"安全第一"的理念深入人心,安全相关管理活动引起了理论界、实业界、政界的普遍关注,本章主要阐述流程工业重大设备安全相关问题的理论基础及安全视角下重大设备人力资源优化及逆优化配置决策的相关理论,以期为后续研究做好理论铺垫。

2.1 流程工业重大设备安全运行相关理论与方法

事故致因理论指探索事故发生及预防的规律,阐明事故发生机理,防止事故发生的理论。事故致因理论是用来阐明事故的成因、始末过程和事故后果,以便对事故现象的发生、发展进行明确的分析的一种理论。

2.1.1 事故致因理论的发展沿革

事故致因理论从单因素理论逐渐发展到多因素综合影响作用。其主要观点包括:事故的发生并不是对于所有人都是随机分布的,有些人比其他人发生事故的概率更高。基于此思想,提出事故倾向理论,其核心观点是事故倾向性高的人比事故倾向性低的人更容易发生事故,这是由该人的性格等因素决定的,而与工作任务本身,甚至环境和经历都关联甚小。后来,受到多米诺骨牌效应的启发,人身伤亡事故的发生也有五个阶段(第一个阶段是人体本身,第二个阶段是人为失误,第三个阶段是人的不安全行为和物的不安全状态,第四个阶段是发生事故,第五个阶段是受到伤害),逐步发生,后果越来越严重。借鉴骨牌思想,形成了生产事故的事件链理论,其认为事故的前级诸事故易发因素是一系列事件的连锁反应,环环相扣,步步紧逼,直到事件最严重的后果发生,即事故和损失。在此基础上,借鉴物理学能量的思想,事故发生理论体系又增加了能量转移理论,也就是说人体受到伤害,其本质是能量转移的结果,也就是事故其实是能量逆流导致的。受到扰动概念的启发，又形成了事故的扰动致因理论，该理论认为事故是相继发生的事件的串联的过程，系统的发展有其自身平衡系统，扰动的发生破坏了原系统的平衡性，扰动是起源事件，终了事件是伤害或损坏。具体来说，事故扰动理论认为导致事故最重要的因素是系统运行中出现了失衡而扰动，并对扰动失控。想要防止事故发生，就需要在发生事故前改善环境条件，使之自动动态平衡，砍断向事故方向发展的链条。后来，随着人因工程的发展，又对危险进行了细化，构建了事故危险模型，把危险划分为危险构成和显性危险，其中危险构成和显性危险又包括对事件的感知、刺激，对事件的理解、响应和认识，生理行为或举动，该理论也被称为系统事故人因模型。逐渐地，人因失误模型浮出水面，其核心观点是人是导致事故发生的主要因素，人的行为失误是重中之重、关键所在，也就是说人如果"错误地或不适当地响应刺激"就会发生失误，进而导致事故发生。后来也有学者基于具体的情境、具体的问题给出了具体的观点与结论，如矿山人因失误为主因的事故模型，把事故致因重点放在管理缺陷上，指出造成伤亡事故的本质原因是管理失误[9~11]。除了从失误的角度、人的角度以外，又将所有人和物两个因素相互综合，提出事故致因综合模型，并由于管理能够兼顾物和人，提出事故发生的主要原因，追根溯源还是控制不足或者管理缺陷。因此，需要进行安全管理，对损失进行控制决策，对人的不安全行为和物的不安全状态进行控制。人的不安全行为和物的不安全状态是安全管理工作的核心所在。并认为在寻找事故发生的原因的时候，不应该只是关注表面现象，更应该关注事故发生的最基本的、最本质的原因，要寻找事故的根本起源，只有把事故的源头处理好，才能真正从根本上预防事故，可以从人的因素、工作的条件、工作的方法、工作的环境以及管理层面上寻找事故原因。在上面的这些诸多原因中，不安全行为或不安全状态是事故的直接原因。直接原因只是深层原因的征兆，是基本原因的表面现象。安全管理应善于从属于直接原因的表面征兆去追究背后隐藏的深层原因，采取恰当的管理对策方法。具体的管理方法可以从事故能量，也就是人的身体或构筑物、设备与超过其阈值的能量的接触入手。事故的伤害（损坏或损失）包括工伤、职业病，以及对人员精神方面、神经方面或全身性的不利影响，人员伤害及财物损坏，等等[12~14]。

2.1.2 事故轨迹交叉理论

事故是由多种因素综合造成的，是社会因素、管理因素和生产中危险因素被偶然事件触发而形成伤亡和损失的不幸事件。可以认为，事故的直接原因不外乎人的不安全行为（或失误）和物的不安全状态（或故障）两大因素。即人与物两系列运动轨迹的交叉点就是发生事故的时空，轨迹交叉理论应运而生。轨迹交叉理论是强调人的不安全行为和物的不安全状态相互作用的事故致因理论。在系中人的不安全行为是一种人为失误；物的不安全状态多为机械故障和物的不安全放置。人与物两系统一旦发生时间和空间上的轨迹交叉就会造成事故。轨迹交叉理论把人、物两系列看成两条事件链，两链的交叉点就是发生事故的时空。在多数情况下，企业安全管理不善，工人缺乏安全教育和训练，或者机械设备缺乏维护、检修以及安全装置不完善，导致了人的不安全行为或者物的不安全状态。后由起因物引发施害物与人的行动轨迹相交，构成了事故。因此，加强安全教育和技术训练，进行科学的安全管理，从生理、心理和操作技能上控制不安全行为的产生，就是砍断了导致伤亡事故发生的人这方面的事件链。加强设备维修维护管理，提高机械设备的可靠性，增设安全装置、保险装置和信号装置以及自控安全闭锁设施，就是控制设备的不安全状态，砍断了设备方面的事件链[15]。

进一步地，其主要思想为设备故障与人的失误是重大设备安全事故的两种来源，两个事件链的轨迹交叉即会构成事故。一起伤亡事故的发生，除了人的不安全行为之外，一定存在着物的某种不安全状态。生产及维修维护操作人员与机械设备两种因素都对事故的发生有影响，只有两种因素同时出现，才会发生事故。也就是说，在事故的发展过程中，物的不安全因素运动轨迹与人的不安全因素运动轨迹的交汇点即事故发生的时空点，人的不安全行为与物的不安全状态发生在同一个时空维度中，二者重合。一个生产系统一般由人、机、物构成，在一个系统中，由于管理缺陷，存在着人的不安全行为和物（机器或物料）的不安全状态，一旦它们发生时间和空间上的运动轨迹交叉，就会造成事故。系统的潜在危险转化为显现事故，是因为"人的不安全行为"、"物的不安全状态"和"环境的不安全条件"两两在同一时空相遇。从这一理论出发，可以把任何一个复杂的危险源系统都分解成人的不安全行为、机（物）的不安全状态、环境的不安全条件三个子系统，并以三个圆分别表示这三个子系统，那么，每两个圆的交叉部分就为可能发生事故的区域，而三个圆的交叉部分就为高事故概率区。利用三圆环轨迹交叉事故致因理论，可以建立数学模型，计算出被评估系统的可能发生事故的概率，其内涵是系统可以控制的危险有害因素未受到控制而导致事故发生的概率。建立数学模型时要引用集合的概念，即把系统内所有不安全因素视为一个全集，而把人的不安全行为、机（物）的不安全状态、环境的不安全条件视为三个子集，事故发生在三个子集两两相交的同一时空。对于人员、机（物）、环境三个子系统两两相交造成事故的情况，应遵循交集合的运算，为相乘关系；而对于这三种造成事故的总情况，又应遵循并集合的运算，为相加关系。轨迹交叉理论将事故的发生发展过程描述为：基本原因→间接原因→直接原因→事故→伤害。从事故发展运动的角度，这样的过程被形容为事故致因因素导致事故的运动轨迹，具体包括人的因素运动轨迹和物的因素运动轨迹。消除生产作业中物的不安全状态，可以大幅度地减少伤亡事故的发生[16~18]。

2.1.3 事故扰动理论

任何事故当它处于萌芽状态时就有某种扰动，称为起源事件。事故形成过程是一组自觉或不自觉的，指向某种预期的或不测结果的相继出现的事件链。这种进程包括外界条件及其变化的影响。相继事件过程是在一种自动调节的动态平衡中进行的。如果行为者行为得当或受力适中，即可维持能流稳定而不偏离，达到安全生产；如果行为者的行为不当或发生故障，则会对上述平衡产生扰动，破坏和结束自动动态平衡而开始事故的进程，导致终了事件（伤害或损坏）。这种伤害或损坏又会依次引起其他变化或能量释放。于是，可以把事故看成从相继的事故事件过程中的扰动开始，以伤害或损坏而告终[19]。

2.1.4 海因里希法则

美国安全工程师海因里希曾统计了 55 万件机械事故，其中死亡或重伤事故 1 666 件，轻伤 48 334 件，其余则为无伤害事故。从而得出一个重要结论，即在机械事故中，死亡或重伤、轻伤和无伤害事故的比例为 1∶29∶300。这个比例关系说明，在机械生产过程中，每发生 330 起意外事件，有 300 起未产生伤害，29 起引起轻伤，1 起是重伤或死亡。这就是著名的海因里希法则。海因里希在《工业事故预防》一书中提出了"工业安全公理"，该公理主要包括 5 项内容：①工业生产过程中人员伤亡的发生，往往是处于一系列因果连锁的末端的事故的结果；而事故常常起因于人的不安全行为和（或）机械、物质（统称为物）的不安全状态。②人的不安全行为是大多数工业事故的原因。③由于不安全行为而受到了伤害的人，几乎重复了 300 次没有造成伤害的同样事故。即人在受到伤害之前，已经经历了数百次来自物方面的危险。④在工业事故中，人员受到伤害的严重程度具有随机性质。大多数情况下，人员在事故发生时可以免遭伤害。⑤人员产生不安全行为的主要原因有不正确的态度、缺乏知识或操作不熟练、身体状况不佳、物的不安全状态或不良的环境[20~22]。

2.1.5 人因事故模型

人因事故模型主要是从人的因素研究事故原因的。在事故原因中人的因素具有重要的作用，尽管事故是人的不安全行为和物的不安全状态共同造成的，但起主导作用的始终是人，因为物是人创造的，环境是人能够改变的。所以，在研究事故致因理论时，必须着重对人的因素进行深入的研究。这就出现了事故致因理论的另一个分支：人因事故模型。其基本的观点是，人的失误会导致事故，而人的失误是人对外界刺激（信息）的反应失误造成的。该理论从人的特性与机器性能和环境状态之间是否匹配和协调的观点出发，认为机械和环境的信息不断地通过人的感官反映到大脑。人若能正确地认识、理解、判断，做出正确决策和采取行动，就能化险为夷，避免事故和伤亡；反之，如果人未能察觉、认识所面临的危险，或判断不准确而未采取正确的行动，就会发生事故和伤亡。这些理论把人、机、环境作为一个整体（系统）看待，研究人、机、环境之间的相互作用、反馈和调整，从中发现事故的致因，揭示出预防事故的途径，即以人为核心的预防理论[23~26]。

人的失误指人不能精确、恰当、充分、可接受地完成其所规定的绩效标准范围内的任务，在系统的正常或异常运行中，人的某些活动超越了系统的设计功能所能接受的限度。人的失误将产生不期望的后果，即生产能力、维修能力、运行能力、绩效、可靠性或系统的安全性的丧失或退化。人因失误可以分为如下三类：人感知环境信息的失误；人大脑处理信息时做出错误的决策；动作器官没能完成指定动作。人的生理方面的原因指人的各种能力的限度，包括人的知觉、感觉、反应速度、体力、生物节律等；人的心理方面的原因指人的气质、性格和情绪、注意力等；管理决策方面的原因主要包括作业时间、"人-机-环境-岗位"不匹配、人员配置不合理等。

2.2 流程工业重大设备人力资源管理相关理论与方法

2.2.1 心理与行为理论

行为是指人们在与外界环境相互作用的过程中为实现某种预期的目标而用自身机体所做出的连续反应或连续活动，既是人的有机体对于刺激的反应，又是人通过一连串的动作实现其预定目标的过程。人的有机体指个人所具有的生理素质、情绪、态度、技能、能力、知识和兴趣等，行为反应是指人的身体运动、说话、做出表情、思考等。刺激可以是一定的事物，也可以是一定的情境。感觉-判断-动作所需要的时间长短不一，如果这三个阶段进展顺利，即感觉正常、判断准确、动作无误，则整个过程效果良好。行为的要素包括刺激或情境-人的有机体-行为反应-行为目的达成，这几个环节相互作用，相互联系，构成了人的千差万别的行为。工作行为是指在工作中受思想支配而表现出来的工作方式、工作态度、规划以及一切由工作本身直接或间接引起的各种问题及关系的处理活动的总和。人的安全行为是人对影响安全性的外界刺激经过集体做出理性、符合安全作业规程的行为反应，最终是经过人的动作达到预定的安全目标。由此可见，重大设备运行操作、维修及维护人员的安全行为是决定事故发生频率、严重程度和影响范围的一个重要因素，而该行为是由重大设备运行操作、维修维护人员的胜任素质所决定的。

流程工业重大设备安全运行的胜任力指标体系：现有研究值得借鉴的主要有识别能力、安全实施操作能力、安全认知心智能力、掌握安全知识的能力、应变能力、反应能力、安全意识、安全责任意识以及自律、情绪稳定性、职业素质、职业技能、身心健康等[27~30]。

2.2.2 优势相关理论

在优势概念及理论基础方面：优势特征的识别基础是心理学、神经学、脑科学交叉融合的全脑技术理论。全脑技术是以大脑思维的生理机能为基础提出来的，大脑通过脑皮层进行思维活动，其中只有四部分皮质有能力进行思维——左、右两个脑半球以及左、右两个边缘系统。这两组成对的皮质，随着生活经验的发展，会出现某一边比另一边具有优势的情况，导致人脑拥有不同的优势功能区域。这种优势功能区域的不同是个体具有不同思维特长的本源，决定着个体具有独具特色、稳定的个体偏好行为特征和职业选择偏好倾向。赫曼提出了全脑模型和大脑优势量表，全脑模型是通过对脑部的脑电图资料做不计其数的研究得出来的。脑半球里的电波活动，可用贴在头皮上的电极测量出来。因此，全脑测评技术能够帮助人们了解到在哪种类型的思维上具有优势。赫曼大脑优势量表可以测量出人的心智偏好模式，识别人的特长、兴趣等个体特征，该方法的不足是只能实现测试心智偏好的功能[31, 32]。在此基础上，就有了优势特征的优势识别器法。以识别个体优势特征为出发点的"优势识别器"为人们了解自己的优势特征提供了测量工具。该识别器由盖洛普公司发明，其为测试者提供了180组选择题，测试者从中选择最适合自身情况的描述并选择描述的精确程度。对测评结果与标准进行对比分析能够得到被测的个体优势特征。该识别器能够识别的主题包括成就、竞争、行动、关联、适应、回顾、分析、审慎、统筹、伯乐、信仰、纪律、统率、体谅、沟通、公平、专注、完美、前瞻、积极、和谐、交往、理念、责任、包容、排难、个别、自信、搜索、追求、思维、战略、学习、取悦。回答者将收到一份显示他们5项标志（最具主导性的）主题的报告，也就是在34项主题中，根据才干的强弱顺序仅列出前5项，通过这种排序的方式，了解到被测的主导才干，也就是识别被试的优势特征[33]。显然，不同岗位对知识、能力、心理、经验、技能、行为模式等保障安全操作的人力资本各指标强弱要求不同，人在各指标上的积累也是不平衡的，有其所长所短。并且不同的评价视角会形成不同的人力资本综合水平评价结果，不同的评价结果会导致不同的操作情绪。而无论是素质不够，还是情绪不稳，都是非安全操作的源头，因此，将优势引入由生产线、设备和岗位组成的生产技术系统与人力资源系统的安全匹配决策过程，具有必要性和必然性。

优势至关重要。高水平的表现并不适合每一个人。重点应该放在对那些由于某些稀缺才能而表现或经验比其他同龄明显更好的人的鉴别上。个人内部优势理论声称每个人拥有多组特定的优势，先天因素决定仅仅是其中一组，后天培养也能形成个人的优势。关键是要发现自己的独特优势，从而在个人热爱的活动中发扬优势，避开劣势。这将使一个人在个人最佳状态（发挥一个人的最大潜能）时持续地做某件事。"基于优势方法"的拥护者认为，利用每个人的优势是至关重要的。这会产生积极的生理和心理健康的影响，如个人满足，被认为能够大幅提高员工的工作效率，进而积极影响组织绩效。能够运用个人优势使自己一贯在最佳状态中工作的组织决策者，更有可能采用平等投资的人才管理方法，即平等对待每个在他们喜欢和在意并愿意投入精力的方向上工作的员工。天赋体现在可观察到的优势方面，人们可以说，优势表现将是衡量人才最好的方式。

在人员特征数据挖掘方法方面：数据挖掘研究应该集中于相关问题，针对该问题的特殊性，具体问题具体分析，提供与之相对应的方法和决策支持，这对于解决人力资源实践中的具体问题有着重要作用。基于人力资源问题的数据特点，从实用性出发，寻找与之对应的合适的数据挖掘算法；也就是除了大众型数据挖掘方法，更重要的是为特定领域量身定制/研发的方法，并要考虑实际数据挖掘的成功取决于数据的类型和可获性，也就是考虑可用的人力资源的质量数据和这些数据是否真正适合基于数据挖掘的决策支持。需要将数据挖掘系统集成到人力资源信息系统，传统数据挖掘的研究往往不注意最终用户相关的方面。事实上，用户是相关的，是人力资源最终用户发挥关键作用并执行关键任务。因此，领域驱动数据挖掘的研究应该考虑人力资源用户视角，取得用户支持。总之，功能、方法、数据、系统、用户、伦理和法律被视为领域驱动的数据挖掘的重要影响因素。结构化数据取自人力资源信息系统、人力资源数据仓库或网络招聘网站。文本数据是从员工编制的文件或招聘岗位收集的。网页内容数据是从社交网络或公司网页搜集的。有大量的人力资源信息系统数据和越来越多的人力资源数据仓库，从特定的来源，如社会网络、专利证书或员工生成的文本文件来确定员工的能力。作为一个变量，识别员工的能力对相关的个人和/或组织绩效有重大意义，从不同的能力之间的关联和对未来员工的表现的预测来支持职业决策。以员工选择任务描述为例，数据挖掘要预测员工对具体的工作要求，相应的团队和整个组织（多层次配合）是否适合。数据挖掘必须在实践应用的有效性（信息和决策支持的质量提高）和效率（提供信息和决策支持的工作量减少）方面具备显著优势。在人力资源的数据挖掘研究中，有的研究成果采用单一的数据挖掘方法，有的研究采用多种数据挖掘交叉融合方法。通常采用的方法有决策树、神经网络、支持向量机、关联分析、聚类分析、粗糙集、判别分析、逻辑回归、回归分析、朴素贝叶斯分类、多维标度、学习偏好模型、时间序列分析法。其中，时间序列分析法能够较好地在多重人力资源计划和预测问题中发挥作用。关联分析方法用于检测应用方法和人力资源功能域之间可能的关系。数据挖掘主要包括分类、分割、关联、预测和异常检测等功能,包含的方法有决策树、判别分析、神经网络、支持向量机等方法,经常用于营业额预测、员工选择、员工分配和员工绩效预测。大多数的研究成果都是不考虑实际问题特殊性,研究一般的普适性的数据挖掘方法,而只有少数的研究成果是针对一类问题特征量身定制方法。问题导向的定制的数据挖掘实例是利用神经网络和适应性测试的组合来提供一种用于选择雇员的方法,网页内容挖掘算法应用于申请人资格筛查。在选择员工时,网页内容挖掘算法的核心是序列模式的挖掘。基于典型的序列模式,如典型的岗位序列,如教育阶段、国外经历、先前工作经验等,区分合适与不合适的申请者。在挖掘序列模式下,提供不同的关联序列分析方法[34]。

在优势特征定量识别方法方面:主要有数据包络分析(data envelopment analysis,DEA)方法和优化建模方法。DEA 方法通过确定相对有效的前沿面,来计算一系列被指定的决策单元的投入产出比。其根本是基于线性规划方法,测定一组不同权系数下的决策单元的最大效率,允许其结合多个输入和输出值到一个单一的值。基于 DEA 方法的个体优势特征识别方法是一种客观地识别个体优势特征的方法,主要表现在被分析对象的各项指标的权重的确定方面。DEA 方法允许其基于自身的个性化数据提取一组使其得到最佳效用的各指标权数,这不但消除了选择权数的随意性,而且使得被分析单位得到公平的分析与评价。DEA 方法在确定构建决策单元的权重系数时,从最有利于被分析对象的角度计算权重值,该权重值体现了两层意思:一是体现了从最有利于被分析对象的角度看待问题,可以被看作被分析对象的优势视角;二是对于被分析对象而言,相对自己比较强的指标的权重系数比较大,可以将权重系数视为优势强度。这与被分析对象优势结构特征定量识别的思想不谋而合。在此基础上,不同的被分析单元之间,每一个指标的权数是各不相同的,所确定的权数是对每一个单元最有利的,也是其优势所在。指标之间的组合是一个线性组合,获得的权重系数与所分析的单元相关联,范围为 0~1,启发我们可以通过权重系数的形式刻画被分析对象的优势强度特征。并且,DEA 方法还可以将专家的意见通过权重限制整合起来,将其转变为一个介于主观判断和内生性之间的混合途径,确定一组通用的在所有单元中最有利的权数,解决了不同量纲不同数量级的指标无法比较和运算的问题。另外,还可以将 DEA 模型与其他模型相结合进行被分析对象的个体优势特征识别。这些结合被分为三类:第一类是事前辅助分析,也就是运用 DEA 方法前利用辅助技术;第二类是事后辅助分析,即在运用 DEA 方法后再利用辅助技术;第三类是比较分析,也就是将 DEA 方法与其他可替代的分析技术相比较。在运用事前分析技术中有代表性的是主成分分析和 DEA 方法相结合,其主要思路是通过主成分分析方法提高被分析对象评价指标确定的质量,避免选取指标之间相关性很强的变量，主成分分析法将高相关性的变量转化成一组独立变量，这些变量间包含相同的原始信息，在运用 DEA 方法-主成分分析方法时，确定丢失信息的最大忍受范围，确保利用主成分分析法得到的综合指数依然有效是研究的核心焦点。另一种事前分析方法是运用辅助技术去挑选变量。运用线性回归分析的方法来确定输入与输出间的最佳时间间隔。应用方向性距离函数作用一个事前辅助分析的应用例子。至于事后辅助分析，有基于线性回归的相同权重，事后辅助分析方法也是基于除了平方外普通最小二乘法的回归分析，用于缩小偏差。当把从 DEA 中得到的效率设置成直线时，函数系数将成为这些单元的最有利的公共权重函数[35]。

基于距离函数法的强弱结构特征识别方法方面代表性的成果有：基于目标导引模型，调整模型参数，以确认决策单元达到目标的程度，反映了识别个性优势特征并基于此进行评价的思想[36]。赵希男等利用目标规划方法和线性加权方法给出了两种客观识别个性特征及基于此进行综合评价的方法；从最有利于认可被分析对象价值的角度，提出了行为主体个性化优势劣势结构化特征的群识别方法及综合评价方法，并表明事物表象或行为上的差异很可能是其个性优势的外在表现，正视人的优势可使其作用得到较好的发挥的观点；依托个体差异权重欧氏距离模型，提出了一种揭示事物个性优势特征的方法[37~40]。在优势的识别过程中，站在最有利于揭示被分析对象优势的角度进行细致的信息挖掘和分析，逐一地从每位人员的胜任指标向量中识别其关于事物优势价值结构的结果，并且该优势是以量化的形式表现的，这样既体现出对被分析对象所做各项工作及各项指标的尊重，也揭示出个体的优势与劣势的量化表达式[41~45]。

2.2.3 人力资源匹配理论

人力资源匹配理论从不同的层面衍生出不同的研究范畴，主要有人与环境匹配、人与组织匹配、人与团队匹配和人与岗位匹配。不同的匹配有不同的含义，与本书有关的人岗匹配的内涵是从岗位分析出发将员工的技术、知识、能力与工作职责的需求进行匹配。人与团队的匹配是个人和团队同事之间在目标、价值观、特质等方面的匹配，它突出了人的群体性特征。人与组织的匹配将视野拓展到更高的层面，是个人（人格、价值观、目标、态度）与组织（文化、气氛、价值观、目标、规范）的匹配以及组织提供的资源、财政、物质、心理、机遇、任务、人际等与个人的供给，如资源、时间、努力、承诺、经验、人际等的匹配，即组织要求与个人供给之间的匹配[46~51]。在面向人员的匹配模型算法方面：主要有心理测评技术、计算机模拟技术、个性特征分析方法、匹配度测算技术、指派模型、两阶段人岗匹配决策方法、决策支持系统、基于神经网络以及规则判别的专家系统、博弈论、仿真实验、数值分析、优先权与线性规划、机制设计、模糊神经系统、BP(back propagation，反向传播）神经网络、0-1 整数规划模型、线性规划模型、模糊匹配模型、定性模

第 2 章 相关理论基础与文献综述

拟模型、带有反馈机制的系统分析方法、基于累积前景理论的双边匹配多目标优化模型等。双边匹配决策问题源于 Gale 和 Shapley[52]对稳定指派概念、存在性和帕累托最优性的研究。之后,Roth[53]提出了"双边"及"双边匹配"的概念,并运用博弈论、仿真实验、数值分析等方法对员工策略选择问题进行了研究。Vande Vate[54]依托线性规划模型研究了稳定婚姻匹配问题。Boon 和 Sierksma[55]基于成员在以往比赛不同位置的成绩以及成员之间的协作配合情况,建立了以匹配程度最高为目标的线性规划模型,获得队员与上场位置的匹配方案。邵祖峰等[56]基于因果关系图建立了能岗匹配定性模拟模型。Korkmaz 等[57]考虑了军事人员与工作岗位在不同指标下的偏好信息,构建了双边匹配决策支持系统。Yavuz 等[58]构建了多目标优化模型来解决裁判员和足球比赛的匹配问题。陈希和樊治平[59]基于多目标优化模型提出了两阶段人岗匹配决策方法。Huang 等[60]针对跨功能团队人岗匹配问题,提出了一种带有反馈机制的系统分析方法,考虑到岗位之间关联性、员工之间差异性,建立了双目标 0-1 整数规划模型。乐琦[61]针对带有主体期望值的具有不完全序值信息的双边匹配问题,提出了一种基于累积前景理论的决策方法,还针对双边主体偏好序值信息,给出了基于悲观度的双边匹配决策模型及求解算法[62]。总结其算法,分别为递归算法、Gale-Shapley 算法、最大基数稳定匹配算法、中央化的匹配算法、Hospital-Resident 算法、基数匹配算法、权匹配算法、AHP(analytic hierarchy process,层次分析法)和改进的 Gale-Shapley 算法结合方法、遗传算法和梯度投影法。

对相关文献进行整理发现,近年来,已有越来越多的研究者对人-岗匹配问题展开研究,取得了许多很有借鉴价值的学术成果。对检索到的文献进行筛选和学习,将员工与岗位匹配的主要贡献总结如下:①国内外研究者对人与岗位匹配的概念及相关认识做了比较深刻的阐述,为人-岗匹配进行深层次的研究提供了理论支撑;②国内外研究者为我们的研究提供了很多有效方法和思路,已有研究问题中使用的多指标决策方法、多目标优化建模方法和人工智能技术为本书决策方法的设计提供方法支撑;③国内外文献比较客观地反映了人与岗位匹配问题的实际意义和理论价值,这表明人-岗匹配研究是一个十分重要的研究课题;④国内外研究为本书研究问题的提炼提供了分析框架,现有的研究考虑了人与岗位双方的匹配满意度信息,这为本书研究框架的形成奠定了理论基础,并确定了匹配满意度评价信息是典型双边匹配决策方法研究的关键。

已有成果的不足之处如下:①现有的研究对不同岗位及人员的指标确定统一权重,而忽视了不同的岗位、不同的人对各项指标的重视程度是因人而异、因岗而别的;②国内对人-岗匹配的研究中,主要关注人-岗匹配的概念、原则、考虑的因素以及实现的步骤等定性的方面,运用模型对实现人-岗匹配的定量方面的研究较少;③以往学者研究员工与岗位匹配主要考虑岗位的要求和员工胜任能力的匹配,较少涉及员工对岗位的需求,这也是人-岗匹配值得关注的内容。

现有研究从不同视角对双边匹配决策问题进行了理论分析与探讨，这些基于不同视角的研究成果丰富了双边匹配决策问题研究的相关理论，表明了双边匹配决策研究从不同视角研究具有重要的理论价值。在此基础上，相关学者提出了相应的双边匹配决策模型与决策方法，这些不同方法和技术为进一步深入改进或完善双边匹配决策方法提供了理论支撑与借鉴。从现有的研究成果来看，关于双边匹配决策问题理论与方法的研究较为丰富，但关于考虑心理行为因素的双边匹配决策理论与方法研究，尚处于思想涌现阶段和研究的初步探讨阶段，缺少能够有效解决考虑心理行为因素的双边匹配决策问题的决策分析方法，尤其是针对流程工业关键设备安全操作的人力资源优化配置问题。因此，需要进一步研究针对流程工业关键设备安全操作问题的人力资源优化配置的理论方法。

2.2.4 人才测评相关理论

与本书研究密切相关的内容有：天赋可以作为一种能力和一种情感成分，天赋的情感成分强调能力是一种必要的前提条件。天赋使个人在人类活动领域表现卓越，可理解为比其同龄人或拥有同经历的人表现更为优秀。对于天赋的定义的研究中，我们分出了两组来预测哪一要素会更优秀：一是能力要素；二是情感要素。能力要素：在所有相关的文献资料中，天赋往往与突出的表现有关，并且有时候等同于突出表现。天才个体是那些有较高能力，并凭借出色的能力被专业人士所肯定的人。该要素主要是从有关天赋的文献中被发现的，位于教育领域中，但是也被人力资源从业人员频繁应用。关于天赋的能力要素的以下定义，在两个不同的预测中能被辨认——天生的能力以及系统开发能力。天赋指的是有系统的先进天生能力，并驱使个体在一个或者多个人类活动领域中表现卓越。第一个预测：天赋的多维概念，建立在多元智能的特定领域理论上并指向人类功能的不同领域。天赋的多维要素主要包括语言能力、逻辑数学智能、空间智能、身体感觉智能、音乐智能、内省智能以及自然智力、存在智力和精神智力。在此基础上，对人的能力构成的界定也主要是围绕着多维智力要素，并且加入了考虑非智力因素的情感成分，以及上述智力和非智力要素的个体差异性表现。人才的测量只能是有效的，如果构建的可操作性既包括能力又包括情感成分（结构效度）。测量能力的组成部分：人才只能有效，如果该组件可操作性既包含先天的特定领域的能力又包含测量系统开发（结构效度）。只有当该种情感分量在包括动机与兴趣这两方面（构想效度）都具有可操作性时，人才的情感分量的测量才有效。人才识别不应仅仅旨在检测那些已经在一个给定的组织环境中展现出优势的人，还应指向那些能在未来不同的（更大的）角色或活动中有潜力成为优秀员工的人。在能力方面，主要包括天生能力，可以通过韦氏儿童智力量表修订本、韦氏个人成就测验和自我调节、浓缩试验等测评。为了达成这个目标，人们经常使用专注于特定领域的人类运作的评价量表和提名表。第二个预测：系统开发能力。在人力资源管理领域中，大量的方法用于评估知识和技能。上级评价者更倾向于采用 360 度评价法，通过上级评价、同事评价、下级评价和自我评价相结合来识别人的能力水平。另外，需要自我追求卓越。人才措施应该被用来洞察每个人拥有的独特才能，以便充分地将他们部署在能展现个人最好成绩的环境中。为了识别导致个体自我卓越的才能要素，需要寻找个体目标绩效与过去绩效的差距，并且基于该能力寻求将来绩效提升的途径[63]。才能发展为卓越的工作能力取决于特定先天能力和后天发展技能的结合，因此，人才的识别与分析至关重要[63]。

2.3 流程工业重大设备资源配置决策理论与方法

2.3.1 重大设备管理决策相关研究综述

重大设备管理决策相关研究综述全部来源于综述性文章[64]，该类研究可以归纳如下。第一组，管理和规划，包括维修管理、维修计划、维修策略的选择和维修效率分析。通过这一组的方法获得的知识的形式化可用于第二组和第三组的决策模型。第二组被命名为系统集成，包括区域维修外包、联合优化、多层次系统集成和多态系统优化。该组展示了有关设备状况的不同阶段的决策模型，以及基于覆盖该设备所有组件的模型的清单维护操作。此外，在这一组中，有一个更明确的问题涉及在实现生产过程的目标时获得维修改进。第三组，维修调度，与维修检查间隔的定义有关，它们的模型可以与第一组的先验知识相结合，通过计算系统的退化率来进行汇总。第四组，监测和分析，重点分析和评估设备的状况和可靠性。此外，这个组还提供了一些方法，这些方法可以评估更改维修策略的结果。通过这种方式，可以在第一组中使用维修管理、维修计划、维修策略的选择和维修效率分析的知识，重新注入整个系统，并在四个组之间开始一个持续改进的过程。上述内容可以进行如下详细阐述。

（1）维修管理：一个涵盖范围很广的研究领域，包括维修政策、持续改进等各方面。代表性的成果有：老化的概率安全评价的新方法建模，重点结合了维修和监控测试效率模型中的有效性，识别出设备与正常运行状况相比较而言的恶化程度。基于模糊推理系统的多目标优化模型，使用遗传算法，将设备故障的量化概率纳入基于条件的预防性维修的优化框架中。本书在维修决策领域基于条件进行了文献回顾，提出了考虑实时传感器数据的在线主动决策建议框架。

（2）维修计划：是指企业在计划期内对机器设备进行维护保养和检查修理的任务安排、资源安排、时间安排等计划。它包含了根据已采用政策与已涉及影响和风险信息使定义维修行为成为可能的模型。代表性的成果有：协同维修计划系统用可扩展系统的信息和知识量来辅助决策维修流程规划。该方法的主要思想是加强机械维修组（制造商、运营商、设备供应商和服务提供商）利益相关者之间的协作水平。预后过程扩展，将维修备选方案的影响与此过程相结合。通过考虑和组合系统退化及恢复信息，该方案有助于开发维修保养的工具。模拟制造系统的模型，该系统在实现后可以与实际工厂同步使用。

（3）维修策略的选择：通过模型和方法以及根据政策的可行性、组织成熟程度、未来预算缩减的可能性来核定最好的策略。代表性的成果有：利用遗传算法，其中包括成本、工作时间、工作周期、故障率、降低维修成本和提高零部件的可靠性。该模型能够优化预防性维修的决策和系统部件的计划更换，并将因果分析方法和多准则决策方法相结合，运用到维修决策选择过程，该模型提供了更好的维修策略选择，可以降低系统停机时间。

（4）维修效率分析方法：指通过方法和模型，基于定性和定量的信息，将维修效率绩效信息引入维修规划和维护管理的方法。维修效率分析方法能够评价维修效率，给出效率优化的方案，还能通过业绩指标评估出维修对设备运行效率的影响。在定性和定量两方面的知识允许下创建语义规则，这些规则反过来确保开发维修策略模型的一致性和健壮性。对工厂资源管理系统（plant resource manager，PRM）应用可用性模式评估生产系统的整体效率的维修策略的影响。

（5）设备生命周期管理：通过模型构建，专注于评估设备的维修或更换决策。代表性的成果有：混合模型辅助决策。将从负责维护的团队的经验（符号模型）获得的信息与已知的物理降级模型结合起来。这种方法允许提取不可见的新信息。开展机器健康预测技术研究，并将其与现实情况进行比较，以便企业在资产生命周期管理中选择最佳技术。

（6）过程监控分析：指使用与设备生命周期管理以及机器健康预测领域有关的信息，这是为了确保最好的技术被运用到监控当中。此中的某些模型和方法同时也关注帮助决策者的自主行动。代表性的成果有：过程监控分析技术主要是通过信号监测程序，在维护领域提供更多的灵活性，同时也执行诸如创建逻辑设备元素、逻辑进程中业务规则的应用、在不涉及专家系统的情况下的监控和最优化设备逻辑的维修活动。利用基于条件的维修政策，从维护的角度评估监测方法变化的影响。条件监控系统应用存储在音频格式中的设备状态和行为信息，能够生成诊断，并自动根据标准声音的捕获，甚至通过识别已登记的可能故障的指示来设置所需的维修操作。

（7）机器健康预测：主要通过预测性和或然性模型研究与失败频率相关的估算方法，精准预测设备完整性条件的实时方法。该方法使用微分方程逼近可用数据的极限，更好地预测机械出现故障的频率，允许实时调度更改预防性检查。应用设备振动分析技术和贝叶斯理论来改善设备状况的诊断，也使预防性维修的决策评估成为可能。基于逻辑分析数据的数据挖掘技术，探讨即使在有故障或信息丢失的情况下，通过分析监测数据来获取有关设备状态的知识的可能性。

（8）可靠性分析：主要研究来自设备状况的信息，通过概率工具实现成本和可靠性目标之间的平衡和建模，构建机器可靠性预测的方法。代表性的成果有：采用半参数贝叶斯方法，提高系统的退化分析和可靠性分析。这种技术有助于确定影响性能预测的关键因素。并且，现有的可靠性分析方法还可以将决策者的偏好与设备的可靠性分析相结合。

（9）在系统及组件降解方面：使用降解评级来最小化长期成本，使得调度和预测预防性维护行为成为可能，通过降解每一部分的维修费用，以尽量减少长期成本，进而安排预防性维护行动。代表性的成果有：用于估计经历缓慢退化的系统的寿命的模型。基于条件的维修策略，其中所提出的模型提供有关设备故障率的信息，有助于降低长期成本。

（10）在维修外包方面：主要研究了维修外包的资源和成本评估，以及基于此的外包团队执行维护操作和估计执行这些行动提前时间的方法。代表性的成果有：通过一个标准化的框架在使用外包团队时维护数据的存储。

（11）联合优化：这一领域对应现有模型，考虑生产系统的目标以优化维修结果。尽管偶尔的改进似乎总能带来普遍的改善，但这种说法并不完备。例如，优化的维修成本降低并不总是允许优化设备的可用性，这可能导致最终产品的生产和交付延迟。因此，重要的是要强调在维修和生产目标之间实现平衡的这种模型和方法，也就是联合优化方法。代表性的成果有：双层规划模型，该模型将生产和维修的参数都放在一个模型里，综合考虑维修成本、平均故障时间，并且使得优化的方案能够提供更好的生产和维修计划，同时在生产和维修两个层面降低成本。比例风险模型实质是一个半独立式的马尔可夫风险决策过程，该模型的主要输入参数是生产和维护相关的成本，需求信息和生产时间，应用模型输出的结果，可以帮助提高维修策略制定的科学性和生产过程水平。生产和维修两个领域的结合可以实现一个生产周期后的纠正性干预决策的科学制定。结合维修、缓冲库存和备件库存的成本模型，有助于降低整个生产系统的成本。

（12）多层次系统集成：主要研究系统组件的数量，确定不同的维修操作组。代表性的成果有：在两个层面提出了一个新的具有多个目标的预测维护策略。第一个层面与系统相关，并寻求优化维护干预。第二个层面针对组件，主要目标是优化选择一组组件，基于成本模型接受预防性维护。使用结构 k-out-of-n （k/n）提出了数学成本模型。该模型能够恢复系统条件的预测，优化多组件系统维护操作的效率。

（13）多态系统优化：该领域涵盖了一些应用于系统的方法和模型，用于识别其条件的中间阶段。尽管有各种各样的设备符合多态系统优化的标准，而且文献中也有大量的方法，但选择这一领域的论文采用了一种更加明确和直接的方法。代表性的成果有：在马尔可夫退化过程下进行了一项侧重于预防性维护和修复政策的研究，使用递归方法确定预防性维护间隔和修复类型之间的交点。

（14）风险与结果分析：主要研究财务问题的总体决策者偏好。所使用的模型还提供了系统关键组件的排名，因此应该更多地关注该系统。代表性的成果有：给出了与设备故障有关的结果，并对这些结果进行了定量评估。此评估允许更适当地分配维修资源，并适当地使用现有工具来实现此功能。基于风险的决策的指标衡量的重要性，列出了在排序和排序活动组中起作用的指标，这些指标与安全系统、结构、组成部分、人类行动以及关于永久和临时环境的决策有关。

（15）维修成本估算：主要研究通过优化建模达到降低成本的目标，以及对不同情况和场景的维修成本进行估算。代表性的成果有：一种成本模型，将基于降解的维护、状态监测间隔、不完善的预防维修和所有相关的成本联系起来。其中所产生的信息可以更有效地定义设备状态，从而对监测间隔进行监测，甚至因此降低了在不完全条件下的维护成本。基于活动的成本模型，该模型使用当前维护活动和费用的信息来估计类似未来活动的成本。

（16）检查和维修间隔期：这一领域与现有方法和模型的文件相对应，根据几个目标，协助计算和定义维修、检查之间最好的间隔期。代表性的成果有：比例风险模型，以减少检查次数，同时也提出一个马尔可夫过程将成本和检查时间纳入模型，避免没有系统标准的定期检查造成不必要的损失。考虑了各单元之间的相互作用，提出了两种周期维护成本模型。这些模型可以更精确地定义维护间隔。在其成本模型中探讨了将实行生产调度与维修间隔调度相结合的能力，在预防性维修和纠正维护之间的决策过程中进行了辅助。另外证据推理方法强调了过程中关键的注意事项和限制条件。提取的信息提供了鲁棒的和可靠的决策支持。图2-1进行了汇总分析。

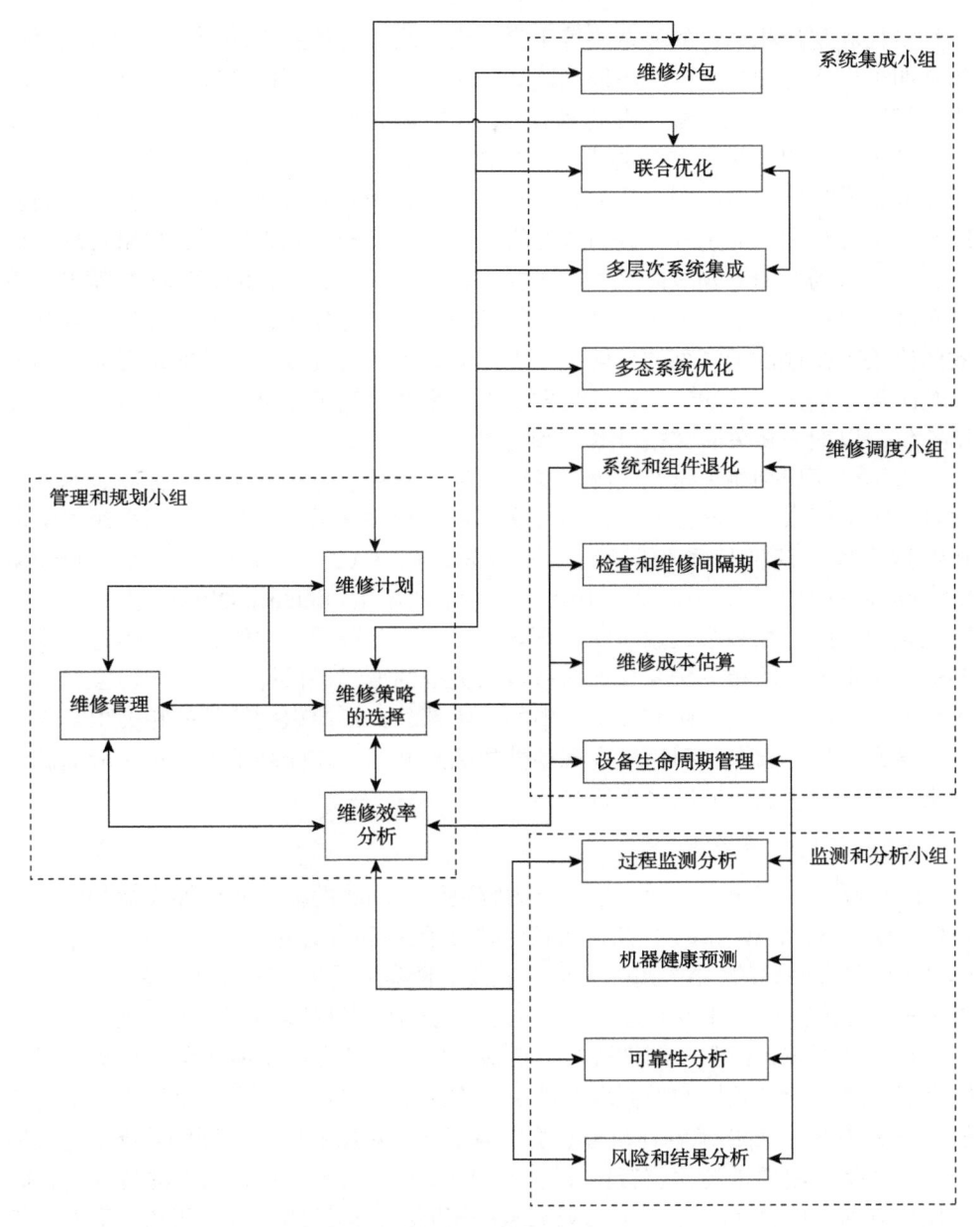

图 2-1 维修决策相关研究分类

2.3.2 模糊多准则决策方法相关研究综述

在决策的过程中，模糊性和不确定性通常被认为是不可避免的。模糊多准则决策是指能够考虑很多标准，决策信息模糊的决策问题。模糊多准则决策方法是一种定性和定量相结合的复杂决策工具,支持决策者的主观评价,支持自然语言的不明确性和对同一个问题不同判断者的主观差异性,可以解决具有利益冲突的决策问题。鉴于上述优势,模糊多准则决策方法在科学、技术、工程、商业等领域得到了广泛的应用,在方法开发、方法改进、方法应用方面都有长足的发展。近年来,通过模糊多准则决策方法来解决实际管理问题的研究越来越多,模糊多准则决策方法在工业工程、人力资源管理、质量管理、知识管理、战略管理、信息管理、市场营销等领域研究中的重要性日益凸显。总之,阅读这些文献得知模糊多准则决策技术是一个正在蓬勃发展的新领域,为如何在管理领域形成科学有效的决策支持提供了深刻的见解。本书是第一个从管理领域驱动的角度对模糊多准则决策方法进行综述的,目的是发现近年来的研究工作进展和为未来的研究提出建议,以期为相关研究提供基础和启发。

为了全面识别相关研究文献,我们采用了一种组合式方法——标题、摘要、引言、正文搜索、正向搜索和逆向搜索。在进行关键词搜索时,我们采用了学术在线数据库、商业信息数据库(ABI/INFORM,ABI为Abstracts of Business Information的缩写)、EBSCO、Elsevier和科学指引(Science Direct)数据库。以管理领域为限,在每个数据库中从题名、摘要、关键词、主题、正文中查找模糊多准则决策方法的相关研究。逆向搜索为关键词搜索提供补充。逆向搜索,指系统性地搜索已挑选出的研究文献之中的参考部分,以便识别额外的相关出版物。正向搜索,指搜索那些引用已发现稿件的额外文章。在此基础上,从一般的研究结果和基于方法的研究结果进行综述。

1. 一般的研究结果

管理领域的模糊多准则决策可分为解决管理问题的模糊多属性决策和模糊多目标决策两大类。模糊多属性决策的目标是有限的和含蓄的,模糊多目标决策的目标是无限的和明确的。模糊集、直觉模糊集、模糊多重集、区间值模糊集、语言模糊集和Ⅱ型模糊集等许多工具被开发及应用到管理领域的多准则决策问题中。

在管理领域,模糊多属性决策方法应用较多。从方法功能的角度来看,根据侧重点不同,管理领域的模糊多属性决策方法主要包括确定指标权重(多重属性的相对重要性)、给出综合评价值、给出各个备选对象顺序三方面的功能。这三种功能之间是逐层递进的,前者往往是后者的基础,后者常常是前者的目的。在确定权重方面,代表性的成果有:网络层次分析法/模糊网络层次分析法、层次分析法/模糊层次分析法、熵值法、权重神经网络法等。模糊综合评价法是一种基于模糊数学的综合评标方法。该综合评价法根据模糊数学的隶属度理论把定性评价转化为定量评价,即用模糊数学对受到多种因素制约的事物或对象做出一个总体的评价。在确定综合评价值方面,代表性的有优劣解距离法、简单加权法、多准则折中方法、动态加权法等。在排序方面，代表性的成果有灰色关联分析（grey relation analysis，GRA）、偏好顺序结构评价法、选择消元法和多准则模糊评价法。在排序方法方面，代表性的有网络层次分析法、层次分析法、最优程度法、语言排序法、比较函数法、加权平均距离法、理想比例法、模糊均值与增幅法、图心指数法、左右分数和面积测量法。

从模糊数集成算子的角度来看，基于聚合参数之间的关系，聚合算子可以大致分为两类：依赖于聚合参数的算子和独立于聚合参数的算子。在第一种情况下，比较有代表性的是有序加权平均（ordered weighted averaging，OWA）算子、有序加权几何平均算子以及利用连续区间值参数开发的连续有序加权平均（continuous ordered weighted averaging，C-OWA）算子。此外，聚合算子已经延伸到直觉模糊环境，迭代函数可以用基本元素反映决策者的偏好价值，并使其在价值判断中起到重要的作用。

2. 基于方法的研究结果

层次分析法是一种定性和定量相结合、系统化、层次化的分析方法。基于模糊层次分析法（fuzzy analytic hierarchy process，F-AHP）的相关研究，根据年份由近及远的顺序，以出版年份为序，在管理领域代表性成果有：Gürbüz 和 Albayrak[65]应用 F-AHP 制定开发新产品营销策略。Kahraman 和 Kaya[66]用 F-AHP 评估卫生研究领域的投资。Sevkli 等[67]用 F-AHP 为 SWOT 分析[SWOT analysis，其中 S 代表 strength（优势），W 代表 weakness（弱势），O 代表 opportunity（机会），T 代表 threat（威胁）]因素排名。Javanbarg 等[68]应用 F-AHP 评估和优化粒子群。Bilgen 和 Şen[69]使用 F-AHP 选择六西格玛咨询项目。Chou 等[70]应用 F-AHP 对服务供应链绩效进行评价。Lin 和 Wu[71]用 F-AHP 评价潮流系统。Yu 等[72]应用 F-AHP 对 B2C（business to consumer，企业对顾客）网站排序。Büyüközkan[73]应用 F-AHP 为绿色供应商排名。Ju 等[74]应用 F-AHP 和二元组模糊语言评估应对能力。Samvedi 等[75]综合 F-AHP 和 GRA 方法选择机器工具。Zangoueinezhad 等[76]利用 F-AHP 对供应链的竞争力进行定位。Büyüközkan 等[77]利用 F-AHP 对服务质量框架进行评价。Şen 和 Çlnar[78]结合 F-AHP 和最大最小的方法对操作者进行预分配和评估。Kahraman 和 Kaya[66]采用 F-AHP 确定能源政策指标。Güngör 等[79]提出基于 F-AHP 的人才选拔决策。Sun[80]用 F-AHP 决定评价维度的权重。Lee[81]基于 F-AHP 评估买家和供应商。Cakir 和 Canbolat[82]利用 F-AHP 进行存货系统分类。Dağdeviren 和 Yüksel[83]应用 F-AHP 确定银行工作系统风险。Lee 等[84]将 F-AHP 用于 BSC（balanced score card，平衡计分卡）性能指标测评。Chan 和 Kumar[85]利用 FEAHP（fuzzy extended analytic hierarchy process，扩展的模糊层次分析法）法在全球范围内选择供应商。Bozbura 等[86]应用 F-AHP 确定衡量人力资本的指标。

Ayağ 和 Özdemİr[87]利用 F-AHP 对新产品开发环境进行评价。

F-TOPSIS（fuzzy technique for order preference by similarity to an ideal solution，模糊逼近于理想解的排序技术）法是一种逼近理想解的排序法，通过检测对象与最优解和最劣解的距离来进行排序，以出版年份为序，代表性的成果有：Wang[88]提出一种改进 TOPSIS 法的模糊多准则决策方法。Li 等[89]将 TOPSIS 法与质量功能展开（quality function deployment，QFD）法相结合对模糊环境下知识管理系统进行评估。Arabzad 等[90]采用 F-TOPSIS 法对供应与分配问题进行决策。Dymova 等[91]使用分层 F-TOPSIS 法以评价不同类型的绿色倡议。Amiri[92]运用 F-TOPSIS 法选择石油发展项目。Dymova 等[93]扩展 F-TOPSIS 法以在一个模糊多准则决策问题中取得折中解决方案。Huang 和 Peng[94]在 TOPSIS 法中使用 Rasch 模型以分析九个亚洲国家中的全流动成本数。Boran 等[95]提出一种 F-TOPSIS 法用于从候选者中选择适合的企业员工。Chamodrakas 等[96]提出一种基于 F-TOPSIS 法的 MADM（multiple attribute decision making，多属性决策）选择排序方法。Afshar 等[97]提出一种 F-TOPSIS 法用于解决伊朗实际的水资源规划问题。Awasthi 等[98]提出一种用于对交通运输系统进行评估的 F-TOPSIS 法。Kaya 和 Kahraman[99,100]改进 F-TOPSIS 法以在能源技术的选择中做出最优决策。Kelemenis 等[101]扩展 F-TOPSIS 法以用于选择技术支持经理。Liao 和 Kao[102]提出整合 TOPSIS 法与 MCGP（multi-choice goal progra-mming，多重选择目标规划）法以解决供应商选择问题。Ashtiani 等[103]提出一种新的 F-TOPSIS，以解决标准权重不公平的选择决策问题。

基于 F-VIKOR（fuzzy vlsekriterijumska optimizacija i kompromisno resenje，多准则妥协解排序方法）方法的相关研究，以出版年份为序，在管理领域代表性的成果有：Mokhtarian 等[104]应用 IVF（interval valued fuzzy，区间值模糊数）法和 F-VIKOR 方法解决设施选址问题。Liu 等[105]使用 F-VIKOR 方法解决组织中人力资源管理部门的个人选择问题。Liao 和 Xu[106]提出多准则妥协解排序方法来有效地解决多准则决策问题。Kumar 等[107]使用 F-VIKOR 和一致性模糊偏好关系法解决物流外包问题。Yücenur 和 Demirel[108]应用扩展的 VIKOR 方法解决土耳其保险企业的选择问题。Kuo 和 Liang[109]应用 F-VIKOR 方法解决多准则决策问题。Girubha 和 Vinodh[110]使用拓展 VIKOR 方法解决材料选择问题。Opricovic[111]扩展 F-VIKOR 方法为模糊数级别排序。Sasikumar 和 Haq[112]应用 F-VIKOR 方法确定最佳 3PRLP（third-party reverse logistics provider，第三方逆向物流供应商）选择方案。Vahdani 等[113]提出采用 F-VIKOR 方法求解基于区间值的多准则决策问题。Chen 和 Wang[114]使用 F-VIKOR 方法为 IS/IT（information system/information technology，信息系统/信息技术）委外项目选择合作伙伴。

基于 F-ELECTRE（fuzzy elimination and choice translating reality，基于弱支配

关系淘汰劣解）的相关研究，以出版年份为序，代表性的成果有：Devi 和 Yadav[115]应用 F-ELECTRE 进行工厂选址。Sepehriar 等[116]应用 F-ELECTRE 选择供应商。Rouyendegh 和 Erkan[117]应用 F-ELECTRE 法选择学术人员。Vaidya 和 Kumar[118]对层次分析法相关应用研究进行了综述。Wu 和 Chen[119]将 F-ELECTRE 法用于多目标决策。Sevkli[120]应用 F-ELECTRE 法确定供应商选择标准。Montazer 等[121]应用 F-ELECTRE Ⅲ来为基于决策支持系统评估的供应商排名。

基于 F-DEMATEL（fuzzy decision-making trial and evaluation laboratory，模糊决策实验室法）法的相关研究，代表性的成果有：Keskin[122]应用模糊 C 均值聚类和 F-DEMATEL 选择和评估供应商的表现。Jeng 和 Tzeng[123]运用 DEMATEL 方法探讨 UTAUT（unified theory of acceptance and use of technology，整合科技接受模型）变量。Wu[124]应用 F-DEMATEL 于 CSF 的知识管理。Zhou 等[125]应用 F-DEMATEL 找出潜在多标准模型。Tseng[126]应用 F-DEMATEL 为房地产代理服务质量排名。Wu 和 Lee[127]用 F-DEMATEL 法选择促进能力发展的全球经理人。

基于 F-PROMETHEE（fuzzy preference ranking organization method for enrichment evaluations，偏好序列组织法）的相关研究：Bhardwaj 等[128]利用 F-PROMETHEE 法选择物流供应商。Chen 等[129]应用 F-PROMETHEE 评估供应商。Saidi-Mehrabad 和 Anvari[130]利用模糊 C 均值和 F-PROMETHEE 评估 FMS（flexible manufacturing system，柔性制造系统）。Halouani 等[131]综合语言的元组和 PROMETHEE 法选择项目。

其他方法：Rabbani 等[132]应用 F-SAW（fuzzy simple additive weighting，模糊简单加权平均法）来对有关采矿项目进行风险评估。

基于模糊工具集成方法的相关研究如下。

（1）两种方法相结合：Akdag 等[133]利用层次分析法和 TOPSIS 法对住院服务质量进行评价。Mehrjerdi[134]基于 QSPM（quantitative strategic planning matrix，定量战略计划矩阵）法和 TOPSIS 法进行战略选择决策。Hadi-Vencheh 和 Mohamadghasemi[135]利用 F-TOPSIS 和 F-VIKOR 对荧光增白剂进行选择。Kucukvar 等[136]运用模糊熵（fuzzy entropy）和 TOPSIS 的方法计算可持续发展绩效。Vinodh 等[137]使用 F-AHP 和 TOPSIS 法评价塑料回收和性能选择。Tavana 等[138]利用 DEMATEL 和 F-ANP（fuzzy analytic network process，模糊网络层次分析）法评价医药企业业绩。Hashemian 等[139]应用 F-AHP 和 F-PROMETHEE 评价供应商。Ghorabaee 等[140]运用 F-COPRAS（fuzzy complex proportional assessment，模糊复杂比例评价法）和 type-2 法选择供应商。Moghimi 和 Anvari[141]采用 F-AHP 和 TOPSIS 法评价水泥性能。Uygun 等[142]运用层次分析法和 DEMATEL 选择供应商的产品外包装。Liou 等[143]运用层次分析法和 DEMATEL 评价供应商。Kabir 和 Sumi[144]利用 F-AHP 和 PROMETHEE 法选择顾问。Baykasoğlu 等[145]利用 F-AHP 和 DEMATEL （decision making and trial evaluation laboratory，决策与试验评价实验室方法）评价基层民办学校。Zamani 等[146]运用模糊分析法和 F-ARAS（fuzzy additive ratio assessment，模糊附加比评估）法确定营销品牌延伸策略。Kaya 和 Kahraman[147]利用模糊分析法和 F-TOPSIS 法进行绩效比较。Ghorbani 等[148]运用 F-AHP 和 F-TOPSIS 法选择基于 Kano 模型的供应商。Tavana 等[149]运用 F-AHP 和 TOPSIS 评估社区电子政务总体准备情况。Samvedi 等[75]利用 F-AHP 与 F-TOPSIS 进行供应链风险投资评估。Baykasoğlu 等[145]用 F-AHP 和 F-DEMATEL 选择卡车。Dincer 和 Hacioglu[150]采用 F-VIKOR 和 F-AHP 满足土耳其银行用户需求。Tavana 等[149]利用小组 F-ANP 法和 TOPSIS 法来评定所有准备就绪的网络政府联合体。Chou 和 Cheng[151]利用层次分析法和 VIKOR 对网站的质量进行评估。Fouladgar 等[152]运用 F-AHP 和 COPRAS 评估策略维护。Choudhary 和 Shankar[153]结合 F-AHP 和 TOPSIS 来确定 TTP（thermal power plant，火力发电厂）最佳位置。İç[154]提出一种使用 F-TOPSIS 法与线性规划为银行评估用户信用风险的方法。Fouladgar 等[155]采用 F-ANP 和模糊 COPRAS 评价策略。Ayağ 和 Özdemir[156]使用 ANP 和修改 TOPSIS 评价机床选择。Taha 和 Rostam[157]采用 F-AHP 和 PROMETHEE 法确定权重标准。Paksoy 等[158]使用 F-AHP 和 F-TOPSIS 发展组织分销渠道管理策略。Büyüközkan 等[159]使用 F-AHP 和 F-TOPSIS 确定权重标准及选择物流工具。Kuo[160]应用 F-VIKOR 和 GRA 提高服务质量水平。Yu 等[72]使用层次分析法和 F-TOPSIS 对 B2C 电子商务网站排名。Aydogan[161]集成粗糙层次分析法和 F-TOPSIS 对土耳其航空公司的性能度量排名。Shemshadi 等[162]用一种机制来提取和利用基于熵概念的客观权重，延伸了 VIKOR 方法。Kuo[163]为了选择国际中心的位置而开发 F-DEMATEL 和 TOPSIS 相结合的方法。Kaya 和 Kahraman[100]集成 F-VIKOR 和 F-AHP 选择伊斯坦布尔替代造林区域。Dalalah 等[164]修改 F-DEMATEL 和 TOPSIS 评价和选择供应商标准。Pires 等[165]采用以 F-TOPSIS 为基础的层次分析法评价葡萄牙固体废物管理。Kaya 和 Kahraman[99]使用 F-AHP 和 F-ELECTRE 进行网站质量水平的评价。Fu 等[166]使用 F-AHP 和 VIKOR 评估 26 个国际酒店性能。Azadeh 等[167]结合 F-AHP 和 TOPSIS 研究生产经营者的任务。Ekmekçioğlu 等[168]应用 F-AHP 和修改的 F-TOPSIS 选择对垃圾网站的适当处理方法。Önüt 等[169]结合 F-AHP 和 F-TOPSIS 选择购物中心网站。Chatterjee 等[170]运用 VIKOR 和 ELECTRE 解决机器人选择问题。Chen 和 Hung[171]使用 F-AHP 和 F-TOSIS 选择制造业伙伴。Dursun 和 Karsak[172]利用 F-TOPSIS 和 OWA 选择操作人员。Tuzkaya 等[173]结合 F-ANP 和 F-PROMETHEE 评估物料搬运设备。Chen 和 Wang[174]用 FDM（finite difference method，有限差分法）和 F-AHP 评价企业调整经营策略。Torfi 等[175]应用 F-TOPSIS 和 F-AHP 确定相对权重和排名。Önüt 等[176]开发出基于 TOPSIS 和 ANP 的供应商评估方法。Boran 等[177]结合 F-TOPSIS 和 IFWA（intuitionistic fuzzy weighted averaging，直觉模糊加权平均法）

第 2 章 相关理论基础与文献综述

采用群决策方法选择供应商。Zeydan 和 Çolpan[178]将 DEA 与 F-TOPSIS 法应用于业绩评估。Athanasopoulos 等[179]整合运用 F-TOPSIS 法与极值集以计算备选事物的订货价格。Gumus[180]应用 F-AHP 和 TOPSIS 选择改进危险废物运输公司。Demirel 等[181]应用模糊群决策方法解决多工厂选址问题。Bashiri 和 Hosseininezhad[182]使用 F-AHP 和 F-ANP 确定农业战略。Ertuğrul 和 Karakaşoğlu[183]使用 F-AHP 和 TOPSIS 评价土耳其水泥公司产品性能。Rathod 和 Kanzaria[184]应用层次分析法、F-TOPSIS 解决 PCM（phase change material，相变材料）选择问题。Zaerpour 等[185]应用 F-AHP 和 TOPSIS 对股票进行管理。Ilangkumaran 和 Kumanan[186]使用 F-AHP 和 F-TOPSIS 维护策略选择的纺织工业。Önüt 等[187]应用 F-AHP 和 F-TOPSIS 方法选择机床。Önüt 和 Soner[188]应用 F-TOPSIS 和 F-AHP 选择固体废物转运网站。Ertuğrul 和 Karakaşoğlu[189]应用 F-AHP 和 F-TOPSIS 选择设施区位。Kwok 等[190]使用层次分析法的模糊 OWA 算子选择学生团体项目。Bilsel 等[191]使用层次分析法和 F-PROMETHEE 确定医院网站的权重。Hsu[192]开发 ANP 法和 DEMATEL 法相结合的方法选择外包商。Liu 等[193]结合 OWA 法和 VIKOR 法评估 HCW（health-care waste，医疗废物）。

（2）三种及以上方法相结合：Akdag 等[133]运用模糊集、层次分析法、TOPSIS 法、OWA 和 Yagar 方法评价医院服务质量。Rabbani 等[132]运用 ANP 法、COPRAS 法和 BSC 法计算石油公司平均业绩。Kabak 等[194]结合层次分析法、F-TOPSIS 和 F-ELECTRE 法选择狙击手。Yalcin 等[195]利用 F-AHP、TOPSIS 和 VIKOR 对金融财务绩效进行评价。Hsu 等[196]结合 DEMATEL、ANP 法和 VIKOR 解决回收材料问题。Büyüközkan 和 Çifçi[197]应用 F-DEMATEL、F-TOPSIS 和 F-ANP 评价绿色供应商。Shen 等[198]集成 FDM、DEMATEL 和 ANP 构造技术选择模型。Hung[199]综合 DEMATEL、FGP（fuzzy goal programming，模糊目标规划）和 ANP 确定活动不同的供应链。Hadi-Vencheh 和 Mohamadghasemi[135]综合 F-AHP、DEA 和 SAW 对 ABC 库存分类。Wang 和 Fan[200]综合 F-AHP、TOPSIS 和 FPP（fuzzy preference programming，模糊偏好规划）评估航空发动机健康状况。Wu 等[201]用 F-AHP、TOPSIS、SAW 和 VIKOR 对银行业绩排名。Sheu[202]将 F-AHP、模糊多准则决策法和 TOPSIS 用于全球物流管理。

在此总结回顾了模糊多准则决策的类型、集成算子、应用领域、流行模型（如 F-TOPSIS 法、F-SAW 法、F-DEA 法、F-AHP、F-ANP 法、F-VIKOR 法、F-DEMATEL 法、F-PROMETHEE 法、F-ELECTRE 法）等方面管理领域的研究成果。可以说，近年来研究者在模糊多准则决策领域开展了大量卓有成效的工作，取得了开拓性的进展，研究成果丰富，为后续的同类研究提供了研究依据与基础。但是现实的管理领域决策问题有其独特的复杂度，基于心理行为特点的管理优化方法还面临重重困难，特别是在以人为本的环境下，如何通过创新模糊多准则决策方法解决新问题成为理论界面临的紧迫课题。鉴于此，本书认为可以从以下方面加强管理领域模糊多准则决策方法的相关研究。

首先，开展模糊多准则决策与心理学、行为学的跨学科、跨领域研究，尤其是要解决心理行为特征识别问题；针对涉人系统的资源匹配决策忽视心理行为差异，导致决策模型在实际应用中存在有效性偏差问题，提出将人的心理行为特征引入优化配置决策的新思路。围绕具有模糊性、个性化心理行为的特征如何进行数学表示、评价、参与决策等难题，以人的心理行为特征模糊定量识别为切入点，为将心理行为特征引入运筹学优化问题提供新思路，开拓心理学、行为学、模糊数学交叉融合的新途径。

其次，开展模糊多准则决策方法与逆优化方法的交叉融合，用于解决目标已知、资源弹性可调、环境模糊的决策问题；尽可能小地调整各系数，保障得到的决策结果下最优值与预期值无限接近，体现目标导引思想。目前，对该类问题的研究开始引起学术界的重视，但并没有相对成熟的理论、模型、算法可以借鉴，甚至直接应用，况且，管理决策中的模糊性又普遍存在，因此，将模糊多准则决策方法与逆优化方法相结合，必然能解决更多的管理问题。

最后，加强针对管理问题特点的模糊多准则决策方法的开发研究，用以弥补完全应用现成方法实用性不强的问题。对管理领域的模糊多准则决策方法进行研究整理分析不难发现，在管理领域主要是采取"拿来主义"，也就是"重"方法直接应用，"轻"方法是否适用的说明，甚至避开"是否适用"这一问题，这种单纯应用的范式可能导致问题与方法的契合度不高，降低了研究的严谨性和科学性。因此，建立基于管理问题特征的模糊多准则决策模型及其求解算法，可以为解决实际问题提供切实可行的决策参考。

2.3.3 逆优化方法相关研究综述

基于管理视角从理论和应用两个层面对逆优化问题进行综述，在理论层面又分为模型及算法。现有模型研究主要涉及单目标线性规划逆优化、多目标线性规划逆优化、最优值逆优化、非线性规划的逆优化，算法主要包括精确算法和进化算法；在应用层面，主要是资源配置逆优化和资源调度逆优化等，对逆优化问题进行总结并对未来相关研究提出展望。

优化是指其中的参数已经给定，只要求找一个可行解，使之目标函数值最优。逆优化问题是在希望被调整的模型参数量越小越好的前提下，使给定的可行解成为参数调整后的最优解的问题；或调整模型参数数值，使得给定的最优值成为参数调整后的模型最优值的问题。逆优化问题最早是在20世纪90年代被提出来的，Burton 和 Toint[203]最早提出了逆优化问题——最短路径逆优化问题，即考虑网络中最短路径的相关信息给出网络图中的弧权重的问题。之后经过多年来学者们的不断研究，逆优化在理论、模型、算法和应用等方面都取得了比较深入的进展。逆优化在管理科学领域有着重要、广泛的应用，在当前激烈的市场竞争环境下，逆优化可以通过合理组织资源使企业的生产任务最大限度满足市场需求，同时还可以通过调整相关系数使得给定的非可行解或者可行解成为最优解，实现以达到目标为导向的新的资源优化配置。另外，逆优化还可以解决线性规划无法解决的资源优化配置问题，如把资源约束作为柔性处理等。因此本文献综述是从管理视角出发，对国内外有关逆优化的文献进行梳理和总结，希望对相关研究学者具有借鉴意义。

1. 在逆优化理论方面

逆优化问题主要分为单目标线性规划、多目标线性规划、逆最优值、非线性规划的逆优化等类型，并且为了表示对逆优化算法的重视，对上述问题的典型求解算法也进行了总结。

1）单目标线性规划逆优化

Tayyebi 和 Aman[204]给出了瓶颈加权汉明距离下的逆线性规划的二进制搜索算法。Zhou 等[205]提出了受约束过度驱使的线性系统逆分配预测模型。Ghate[206]提出了可数无限线性规划的逆优化，通过加权绝对值的和的方式构建出可数个线性规划的逆优化结构的数学模型，使用二元性将该逆优化结构重新定义为无限维数学规划并设计了求解算法。Tayyebi 和 Aman[207]提出了加权汉明距离下的逆最小成本流问题，使用线性搜索技术算法解决强多项式时间内的逆问题。Zhang 和 Xu[208]提出了线性约束凸可分离优化问题的逆优化，并证明该问题是凸二次可分离规划。Schaefer[209]提出了逆优化的整数规划和求解算法。关秀翠[210]构建了价值系数不允许调整的限制逆优化模型。Heuberger[7]对逆组合优化进行了综述，给出了每类问题的模型特点和求解算法。Zhang 和 Ma[211]提出了用于求解一些逆组合优化问题的网络流方法。

2）多目标线性规划逆优化

代表性的成果有：He 等[212]提出使用多目标逆优化方法确定参数，先构建一组基函数的线性组合，将未确定的系数作为估计变量，通过比较帕累托最优解集确定多目标优化问题的解，其中帕累托最优解集基于筛选标准，通过非支配排序遗传算法求解。Jahanshahloo 等[213]使用多目标规划且时间依赖下的逆数据包分析方法，基于帕累托最优解和线性多目标规划问题的弱帕累托最优解建立了用于输入/输出估计的充要条件。Chan 等[214]提出允许不可行解的广义多目标逆优化，通过生成目标函数权重，使得给定的解成为一个弱有效解，把逆优化模型看作Benson's 方法对偶模型，建立逆优化和帕累托面近似技术之间的联系，使用逆优化权重产生决策方案。Utz 等[215]给出基于逆优化的 Markowitz 组合模型框架，该框架能够获得风险隐含容忍度。Roland 和 Smet[216]提出通过切割平面算法的多目标组合逆优化问题。Singh 等[217]提出考虑专家不同空间特性偏好的定性目标和其他定量目标的多目标逆优化模型及其交互式多目标遗传求解算法。Sotskov 等[218]对于多目标优化问题，考虑不同目标的加权和将其降维为单准则优化问题，通过最小量地调整模型参数使得给定的解是权重问题的最优解。

3）逆最优值问题

Ahmed 和 Guan[219]提出了逆最优值问题：给定一个期望的最优目标值和一组可行的成本向量，确定成本向量使得相应的线性规划的最佳目标值最接近期望值，给出了求解线性和双层规划逆最优值问题的一种算法。Li[8]在 Ahmed 和 Guan 的逆最优值问题的基础上，在确定目标函数价值系数的过程中引入了多准则决策的内容，并通过多个双层规划模型对多准则条件下的成本系数调整问题加以解决。该研究认为当采用多个准则来确定成本向量时，就出现了多准则逆最优价值问题，开发了基于动态加权聚合方法的进化算法。Lv 等研究了解决逆价值优化问题的惩罚函数方法[220, 221]。该方法把逆价值优化问题转化为与之等值的非线性的双层规划问题，在低层问题中运用 Karush-Kuhn-Tucker（KKT）条件，将非线性双层优化问题转化为正常的非线性规划问题，将低层问题的互补性和松弛性条件通过惩罚函数应用于高层问题。Zhang 等[222]构建了强基于多项式算法的逆最优值方法。

4）非线性问题的逆优化

Aksoy[223]提出了确定时间依赖非线性薛定谔方程式的未知系数的变分法逆优化问题。El-Hussieny 等[224]提出了基于粒子群优化的元启发式技术的进化逆线性二次规划（inverse linear quadratic regulator，ILQR）算法。Mostafaee 等[225]提出间隔系数的逆线性规划，给出线性规划的目标函数系数和约束系数的区间域，要求得到情形下规定的最优值。Warner 等[226]提出不确定性下逆问题的随机降序模型。Chow 等[227]提出了一种估计来自噪声先验参数的方法，将逆向优化理论扩展到非线性问题。Zou 等[228]提出了一种非线性逆优化的方法和双层非线性优化问题。其中设计变量是成本函数的权重，可以用于确定任何多目标优化问题的成本函数的权重值。

5）逆优化问题的求解算法

代表性的有最小支撑树求解算法、凸二次规划 Goldfarb-Idnani 方法、列生成法、对偶点算法、椭球法、成本缩放算法、二进制搜索算法、迭代算法、组合算法、强多项式算法、切割平面算法、逆选择算法、进化算法、线性搜索技术、逆线性二次规划算法、二进制搜索迭代算法、交互式多目标遗传算法、变分法等。Tayyebi 和 Aman[204]提出了瓶颈加权汉明距离下的逆线性规划问题的求解算法，基于二进制搜索的算法技术来解决该问题，在每次迭代时，算法必须求解线性规划问题；还把逆最小成本流问题作为逆线性规划问题的特殊情况，并且将在强多项式时间内求解该问题所提出的方法专门化。在每次迭代时，专业算法求解最短路径问题，这表明专业算法的复杂度比上一个更优。El-Hussieny 等[224]提出了进化逆线性二次规划算法。Tayyebi 和 Aman[207]提出了解决瓶颈型加权汉明距离下逆最小成本流问题的求解算法。该算法使用线性搜索技术，并在每次迭代中求解最短路径问题。Roland 和 Smet[216]提出了逆多目标组合优化问题，同时提出一种用于将给定的可行解映射到一个有效解的算法，最后应用切割平面算法来求解原逆问题。王喜凤等[229]为提高服务提供商的服务被选率，设计 Web 服务选择优化算法——逆选择算法，为服务请求者提供最优或近似最优选择方案。Lv 等[220, 221]研究了解决逆价值优化问题的惩罚函数方法。该方法把逆价值优化问题转化为与之等值的非线性的双层规划问题，并且给出了该问题的求解算法。Schaefer[209]提出了逆优化的整数规划，使用超附加的二元性，描述了两种求解逆整数规划问题算法方法。Ahmed 和 Guan[219]描述了基于求解线性和双线性规划问题逆最优值问题的一种算法，并展示了一些初步的计算经验。金茂源[230]给出了对广义逆问题的强多项式算法。刁在筠和戎晓霞[231]基于解凸二次规划的原对偶内点算法，给出了一个算法和一个实用算法。

2. 在逆优化应用方面

1）资源配置逆优化问题

代表性的成果有：Lim[232]将逆优化问题与DEA时间序列方法相结合，确定应投入（或生产）多少资源（或成果）以实现期望的竞争力水平，使得逆DEA问题成为目标设定实际问题的事前决策支持工具。Grechuk和Zabarankin[233]提出逆投资组合问题。当投资者假设风险偏好具有某一类函数形式的数字表示时，投资组合风险由一致风险度量确定，并且投资者偏好投资组合的回报率已知，不难找到投资组合方案。Roland等[234]在已知专家估值的基础上，通过逆优化方法，确定专家估值的最小调整量，在此基础上确定项目投资组合方案。张相斌[235]针对一般供应链优化模型只能反映具体资源数量的约束作用，没有反映出资源之间配合关系的约束，以及一般线性规划模型无法快速有效响应市场需求等问题，基于逆优化方法建立了供应链资源优化配置模型。王金凤等[236]为确保企业安全生产的正常运转，调整安全资源配置以满足现实需求的动态变化，并采用逆优化的方法优化企业安全资源配置。Chung等[237]提出了"逆装箱问题"：假设给定一组物品的装箱数，也就是已知条件是装箱的个数，调整装箱问题的各类参数，使得给定的箱数成为最优箱数的问题。在装箱问题中，对于给定物品需要考虑使用最小数量的箱子来包装。Utz等[215]提出了应用于社会责任共同基金的三准则逆组合优化。金淳等[238]考虑资源可共享及可替代条件下，可能出现的资源作业效率难以测量的情况，构建了资源配置线性规划逆优化模型。Bertsimas等[239]提出基于逆优化的Black-Litterman资产配置模型，包括均值方差逆优化投资组合和鲁棒均值方差逆优化投资组合。Huo和Ma[240]以利润最大化为出发点，在满足市场需求和完成生产任务前提下，提出了一种改进资源消耗定额的逆优化方法。

2）调度逆优化问题

代表性成果有：Pham和鲁习文[241]研究了不同距离下的平行机逆排序问题，以最小化总加权完工时间为目标，针对已给的调度顺序，同时在保证目标函数值不超过原来值的条件下，通过调整工件的权重值来满足原始顺序最优。Brucker和Shakhlevich[242]研究较为复杂的车间环境，两台机器的流水车间逆调度问题，采用线性规划方法简化模型，并针对模型分析了有效的求解条件，最后证明了流水车间逆调度问题中求得最优解的充要条件，同时证明两台机器的流水车间逆调度问题是一个NP难问题。Brucker和Shakhlevich[243]讨论了单机逆调度问题，涉及的参数分别是加工时间和交货期，以最小化最大拖期为目标，分别讨论了该问题在五种距离下的求解方法，最后证明此问题在不同情况下都是NP难问题。陈荣军和唐国春[244]研究了单台机器供应链逆排序问题和流水作业逆排序问题，根据调整参数的不同，利用排序理论将不同的逆问题表示为相应的数学规划形式，给出了三个供应链逆排序问题的数学模型以及两台机器的流水作业逆问题数学模型。陈荣军等[245]采用数学规划方法，讨论了单台机器的逆调度问题。

目前关于逆调度问题的求解方法研究成果很少，主要是基于精确算法求解，仅限于线性规划方法、二次规划方法等。例如，牟健慧等[246]提出了基于混合遗传算法的车间逆调度方法研究。

国内外学者已经就逆优化问题开展了大量的研究，本书在对其进行梳理的基础上，总结回顾了理论方法层面的单目标线性规划逆优化、多目标线性规划逆优化、逆最优值问题、非线性规划逆优化等，为了突出算法对于逆优化的重要性，对算法进行了整理归类，在应用层面主要从资源配置和调度两个问题开展。研究表明，现有逆优化研究以方法导向居多，以问题导向的相对较少，管理视角下逆优化的内涵可以进一步明确地予以界定。管理视角下逆优化可以进一步研究的问题有：①应融合运筹学与行为科学。运筹学基于模型的定量分析方法优化物资资源，行为科学以实证研究为主揭示人的心理与行为规律。将两类方法优势互补，演绎与归纳方法相结合，主观与客观相结合，不仅丰富了行为运筹管理理论，而且有助于解决流程工业人机系统的资源配置难题。②管理学上的目标管理思想由来已久，但是仅停留在定性和简单比较阶段，缺少一种实现目标。倒逼资源配置的数学的优化模型，使得目标管理思想的实际应用受到限制，也使得目标管理在实际应用中缺乏科学性。将管理学的目标管理理论和运筹学的资源优化配置相结合，将定性的管理思想和定量的模型算法相结合，可以推动学科交叉，丰富和发展目标管理理论。③研究多种逆优化结合方法。例如，将追求某一目标值的目标管理逆价值优化问题与使得某一方案为最优方案的逆优化问题相结合，有助于解决企业在决策过程中既要满足市场供需匹配又要满足上级下达任务目标考核值的情况，并且丰富和发展了逆优化理论。

2.4 发展新趋势：物联网大数据云计算[247]

2.4.1 流程工业重大设备大数据背景

云计算是针对大规模和复杂计算的一项强大的技术。它消除了对昂贵的计算机硬件和软件以及专用的空间的要求。流程工业重大设备生产维修维护过程中产生的数据规模的增大或者通过云计算产生的大规模的数据已经为政界、理论界和实业界所关注，解决大数据问题是流程工业重大设备安全运行的人-机-技术协同的一个挑战。尽管本书不做数学分析技术方面的处理，但是现有物联网、大数据、云计算的发展会加深对数字化大势所趋的流程工业重大设备生产环境下的人员优化配置的进一步理解，因此，本部分对现有物联网大数据云计算相关发展也做一定的总结与分析。

流程工业重大设备在生产及维修维护过程中，会产生大量的"人-机-物-料-法-环"数据，这些信息在数据量和数据细节上的连续增长，如运行及维修维护操作人员依托社交媒体（微信、QQ 等）的相关心理行为信息的发布以及重大设备各个组成设备的物联网的引入，导致了结构化和非结构化的压倒性的数据流的产生。流程工业重大设备生产及维修维护过程中"人-机-物-料-法-环"数据的创造是以破纪录的速度发生的，称为工业大数据，也出现了理论界、实业界和政界认可及重视的潮流，吸引了各行各业的广泛注意。流程工业重大设备生产运行及维修维护的大数据具有大数据的普遍性的特点：数据量很大，数据不能被归类为普通的关系型数据，数据的产生、捕获和处理很快，数据来源于多种渠道，甚至大数据正在改变整个工业社会进程。

云计算是应用于现代通信技术和服务于流程工业企业应用的最显著的变化之一，成为一个强大的建构去执行大型的复杂的演算。云计算的优势包括虚拟资源、平行处理、稳定性和可升级的数据储存的数据服务集成。云计算不仅仅能减少企业和个人的自动化和计算机化的成本和限制，也可以降低基础设施的维护成本。由于上述优点，流程工业企业纷纷上马物联网、大数据、云计算项目，一批企业的大数据研究院成立。

2.4.2 流程工业重大设备大数据的定义、分类和特征

流程工业重大设备安全生产运行维修维护的大数据从计算机及数据科学的角度是

指数据体积上的增长使得很难用传统的数据处理技术来储存、加工和分析的专业术语。

流程工业重大设备安全生产的运行、维修及维护的大数据是一个相对的概念，是传统数据库技术难以储存、加工和分析的数据量的增长的术语。大数据的本质十分模糊，它包含相当大量的加工，这种加工可以对数据进行识别并将其转化成新的深刻见解。大数据的"3V"（volume、variety、velocity，分别指数量、多样化、增速）定义被广泛接受：以可能的高速率，从极大量、广泛范围的多种数据中有计划且经济地获得、发现或分析提取其价值。后来又将大数据延伸为数量、种类、速率及价值，作为大数据的普遍特征，流程工业重大设备安全生产的运行及维修维护的大数据同样符合普适性的大数据的前提条件。分别阐述如下：①数量，涉及大量来源不同且持续发展的包含所有种类在内的数据，收集极大数量数据的好处包括可以通过数据分析创立隐藏的信息和模式。这样的移动数据挑战造成了一个有趣的结果，这与可预言的人类行为模式测试或基于人类移动性和对于复杂数据形象化技巧的数据分享手段相似。②种类，是指通过传感器、智能手机或社会网络对不同类型的数据进行收集。这些数据包括广播、影像、文本、音频和数据日志，存在于结构化或者非结构化形式中。大多数的数据生成于非结构化的移动应用软件。例如，短信、在线游戏、博客和社交媒体等通过移动设备和传感器产生不同类型的非结构化数据。互联网用户也使非常多样化的结构或非结构数据得以形成。③速率，是指数据转移的速度。由于对补足数据的收集，对存档数据的引进、遗留问题的解决，和来源多样的流动数据的吸收，数据的内容不断改变。④价值，这是大数据最为重要的方面。它指的是从新一代的各种类型数据快速集合的大过程中发现的巨大的隐藏值。

流程工业重大设备安全生产、运行及维修维护大数据的分类。流程工业重大设备安全生产运行及维修维护的大数据分类基于五个方面：数据来源、内容格式、数据存储、数据预处理、数据加工。如表 2-1 及图 2-2 所示，这些分类都有其特点和复杂度。数据来源包括网络数据、遥感数据和储存的所有跨国信息。范围是储存在多种格式中，从无结构到高度结构化。

表 2-1 数据的不同种类

类别		描述
数据来源	社交媒体	社会化媒体是信息的来源，它是通过 URL（uniform resource locator，统一资源定位符）在虚拟社区和网络中分享交换信息和想法的合作项目，如博客、微博、Facebook 和 Twitter
	机器生成的数据	机器数据是从一个设备或软件上自动生成的信息，如脱离了人类干预的计算机、医疗器械或其他机器
	传感	一些传感设备用来测量物理量，并把它们转化成信号
	交易	交易数据，如财务数据和工作数据，是一种涉及时间维度的描述的数据

第 2 章 相关理论基础与文献综述

续表

类别		描述
数据来源	物联网	物联网代表了一组网络对象，这些对象作为唯一可识别网络的一部分，涵盖了智能电话、数码相机和平板电脑。当这些设备通过互联网相互连接时，它们能够得到更智能的流程和支持，获取经济、环境和健康需求服务。当大量的设备连接到互联网时，它们提供许多类型的服务，并产生大量的数据和信息
内容格式	结构化	结构化的数据常常用于管理 SQL（structured query language，结构化查询语言），这是为了管理以及在 RDBMS（relational database management system，关系数据库管理系统）中查询数据所创建的编程语言。结构化的数据很容易就可以被输入、查询、存储和分析。结构化数据的实例包括数字、词和日期
	半结构化	半结构化数据是不遵循传统的数据库系统的数据。半结构化数据是以未组织在关系数据库模型的结构化数据的形式出现的，如表格。捕获半结构化数据与捕获固定的文件格式不同。因此，捕获半结构化数据需要采用复杂的规则，这些规则动态决定采集数据后接下来的过程
	非结构化	非结构化数据，如文本信息、位置信息、视频和社交媒体数据，是不遵循数据指定的格式的数据。因为这种类型的数据的大小继续增长，所以使用智能电话来分析和理解这样的数据已成为一种挑战
数据存储	面向文档的	面向文档的数据存储主要用来存储和检索收藏的文件或资料，并支持多种标准格式的复杂的数据形式，如 JSON（JavaScript object notation，JavaScript 对象表示法）、XML（extensible markup language，可扩展标记语言）和二进制形式（如 PDF 和 MS Word）。面向数据储存的文件类似于一个关系数据库中的记录或行，但更加灵活，并且可以根据内容检索文件（如 MongoDB、SimpleDB 和 CouchDB）
	面向列的	面向列的数据库以列的形式储存内容，把行排除在外，与属性值属于同一列的连续存储。面向列的数据与古典数据库系统不同，古典数据系统是整个行一前一后储存的，大表格就是面向列储存的例子
	图形数据库	一个图形数据库，如 Neo4j，被设计用来存储和表示一些数据，这些数据利用了有节点、有边、有彼此连接的性能的数据的图形数据模型
	根据关键字取值	键值是存储和访问旨在扩展数据至一个非常大的尺寸的替代关系数据库系统。Dynamo 是性能完善的键值存储系统的一个很好的例子，它被使用在亚马逊的一些服务中。同样地，人们利用一种可扩展的 key-value 存储来支持交易的多键访问，并且提出了一种可扩展的聚类方法，在数据集中执行大量任务。其他键值存储的例子是 Apache HBase、Apache Cassandra 和 Voldemort。HBase 使用 HDFS（Hadoop distributed file system，Hadoop 分布式文件系统），基于 Cassandra 可以设计一个谷歌的 BigTable 开放源代码版本。HBase 通过将数据转换成表、行和单元格来储存数据。行由行键排序，并且表中的每个小区由一个行密钥、列密钥和一个版本指定，它的内容包括一个未解释阵列的字节
数据预处理	清洁	清洁是识别不完整、不合理的数据的过程
	转换	变换是将数据转换为适合于分析的一种形式的过程
	规范化	规范化是结构化数据库架构的方法，以减少冗余
数据加工	批量	在过去的几年中基于 MapReduce 的系统已通过许多组织结构来长时间批量处理作业。这样的系统允许跨大型集群，包括数千个节点机的应用比例
	即时的	在以强大的实时处理为基础的大数据工具中，最有名的是分布式流计算平台 S4（simple scalable streaming system）。S4 是一个简单可扩展的分布式计算平台，它允许程序员方便地开发用于处理连续无限数据流的应用。S4 是一款部分容错、通用和可插拔的平台

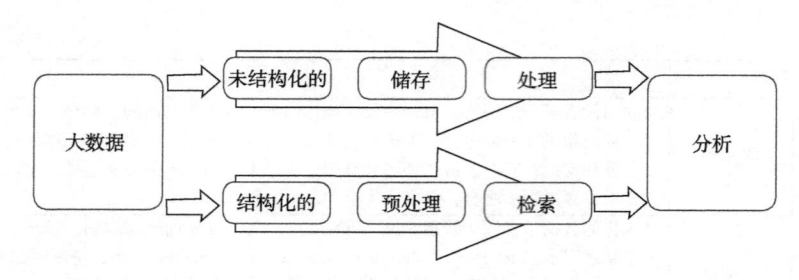

图 2-2 大数据的分析转化流程

2.4.3 云计算

云计算是一个已经将自己确立在下一代信息技术产业和企业中快速成长技术。云计算通过互联网和远程数据中心保证了软件、硬件和 IaaS（infrastructure as a service，基础设施即服务）的可靠性。云服务已经形成了一个强大的结构用来执行复杂的大型计算任务，并涵盖了一系列信息技术功能，如存储和计算功能，用作数据库和应用服务。存储、处理和分析大量数据集的需求已经迫使许多组织和个人采用云计算。目前，大量用于广泛实验科学的应用部署在云并且数量可能继续增加，这是由于本地服务器中缺乏可用的计算设施、资本成本的降低以及实验中生产和使用的数据的增加。此外，云服务提供商已经开始为他们的服务并行数据处理方法，帮助用户访问云资源和部署他们的程序。云计算是一个可以无处不在、便捷、按需网络访问的多项配置的计算资源（如网络、服务器、存储、应用程序和服务），可快速配置和发布最少的管理工作或服务提供商互动。云计算有许多有利的方面来解决经济和技术壁垒的快速增长。云计算提供了总体拥有成本，并允许企业专注于核心业务，而不必担心许多的问题，如基础设施、灵活性和资源的可用性。此外，结合云计算的新型实用和一套丰富的计算，基础设施和存储云服务提供了一个极具吸引力的环境，整个逻辑如图 2-2 所示。

本书对现有流程工业重大设备安全生产运行可能相关的新趋势以及大数据云计算的现状进行了简要的分析，其目的在于为物联网形势下的流程工业重大设备安全运行的人员配置问题切入新的环境，以便于使其人力资源的逆优化配置方法更能顺势而为。

第3章 流程工业重大设备安全运行的人因要素实证分析

3.1 人因视角重大设备安全运行影响因素定性分析

随着我国经济的发展,流程工业企业取得了很大发展,产能大幅提高,产品结构发生了根本性变化,其中重要原因是流程工业企业主要生产设备装备技术水平的整体提高。市场对钢铁产品的需求是多层次的,设备装备技术水平必然也是多层次的。任务复杂度的增加对于重大设备的运行、操作及维修维护胜任力与个体胜任力的匹配提出了较高要求,并且水平的高低直接影响整个生产过程的安全水平。一般来说,工作人员的生产条件设定能力、作业维持管理能力和现场处理改善能力对于重大设备的安全、稳定、可靠运行至关重要。

本章从流程工业重大设备运行及维修维护的任务的复杂度、人员的胜任力、工作经验、人员与岗位的匹配、团队成员之间的匹配等方面对影响重大设备安全运行的因素进行分析,以期为后续的实证研究及人员配置方法的研究奠定基础。

3.1.1 重大设备运行及维修维护的任务复杂度[248]

任务复杂度的落脚点是保证重大设备的安全运行,鉴于任务复杂度在重大设备安全运行操作中的重要作用,本部分重点研究任务复杂度的相关影响因素及测量指标。

1. 相关研究概念内涵

任务复杂度指的是在给定的背景下执行任务的困难度,包括要执行的任务和环境。任务越难执行,人为错误的机会就越大。同样,任务越模糊,人为错误的机会就越大。任务复杂度不仅从任务的角度考虑问题,还从执行任务的人的角度考虑问题。从人的角度主要是考虑心理计算、记忆需求、对系统工作原理的了解,以及知识、技能和智慧等方面的心理要素。复杂度也可以指身体所需要的努力，如动作、运动等方面。

2. 任务复杂度视角分析

任务复杂度可以从客观视角、主观视角和相对视角三种视角来理解。

（1）客观视角下任务复杂度聚焦于任务本身的属性特征，不考虑任务执行者的主观感知和任务执行过程及结果的个体差异性，通过任务各个属性指标值来度量。在硬科学中，复杂度的定义是给定的，可以客观衡量的，如算法中的复杂度可以通过计算时间和占用存储空间的大小来衡量。然而，在软科学中，即使从客观的角度来看，也需要一种间接的措施，这可以通过自我报告或生理数据测量，如心跳速率、汗水和眼睛运动。如果有必需的测量设备和一个足够大的样本来控制个体差异，这项措施可以提供有价值的信息的复杂度任务。一个不容置否的问题是，尽管运用客观复杂度来测量复杂程度具有一定的简单易行性，但这并不表示这些客观指标能对重大设备安全运行起到很好的预测作用。例如，许多事情的同时判断和许多任务的同时执行会比判断和反应一个任务时更复杂。

（2）任务复杂度的主观视角给出了不同的答案。主观复杂度是通过操作执行者的主观评价衡量任务的复杂度。该观点将任务复杂度定位于和个体有关的能力、素质、技能、知识等方面的综合能力，综合能力越高，任务越不复杂。

（3）相对复杂度认为任务复杂度只能被看作一个相对的问题，是任务完成需要的各项能力标准和个人的真实能力之间的差距。一般而言，基于常规的任务在智能流程工业"人-机"协同安全操作程序里会展现更低的复杂度。基于知识的判断和决策经常会使操作任务拥有更高的复杂度，并且经常与不好的绩效分数相关，包括无法完成或误导过程，或者没有程序性的引导。许多可变因素通常与复杂任务相关。

通过分析不难发现，任何复杂度视角都有它的优点和缺点。使用客观角度的缺点是执行者的个人胜任素质差异没有被考虑，经验也没有被评估。使用客观的角度是为了评估任务的性质而不是执行任务的人，如果一个非客观的复杂任务被认为是主观的或者相对复杂的，这很可能是因为缺乏时间，缺乏训练或经验，不佳的人机界面，不佳的人体工程学等，因此也不够全面。无论是客观视角、主观视角还是相对视角都在试图对何谓"任务复杂度"做出定义。然而一个不争的事实是，迄今为止三种视角尚未就任务复杂度的内涵达成一致。即便是在客观视角、主观视角和相对视角各自的内部亦存在不同的理解。实际上，在一些问题上的争论与分歧，恰恰可能是由所研究问题的概念界定不清引起的。简言之，任务复杂度体现了在给定的工作情境中执行任务有多困难。评价复杂度的时候既要考虑任务本身的因素和执行任务的环境因素，也要考虑执行人的身体的努力。复杂度也可以指身体所需要的努力，如身体动作等。由此可见，现有定义仍有待改进。在没有对任务复杂度给出明确测量指标的情况下，很容易出现理解偏差，不利于后续相关研究的开展。

3. 任务复杂度的影响因素及测量指标

鉴于任务复杂度对重大设备安全运行的现实影响，一直以来理论上都在不断尝试找出影响任务复杂度的因素。通过实地观察、文献研究和小组讨论，本书将影响任务复杂度的前因要素从任务本身和工作环境等方面简单地描述为：多任务，多故障，多设备不能利用，高度识记，相似任务，大量所需要的行动，没有定义好的相互依赖系统，心算需要，分心，误导或缺失的指示物，低故障耐受，任务需要与前控制室活动协调，在多程序中过渡，单故障掩盖了其他故障的症状和大量交谈的需要等方面。进一步地，通过对任务复杂度的指标逐级分解，我们可以深入测量任务复杂度的具体指标，如表3-1所示。

表3-1 任务复杂度综合测量指标体系

因素	原理	具体解释
目标复杂度	要实现理想的最终结果状态，有多种途径	任务目标复杂度的发生存在于以下几种情况：实现工作任务有可选的多个路径或目标；路径或目标具有互不相容性；当有多条并行的、互相矛盾及竞争的路径或目标时，没有明确地指示哪一个路径或目标是较好的选择；路径之间有矛盾的相互依存关系。例如，看起来有很多条正确的工作路径，但实际上只有一条路径可以实现任务目标；有很多种方法可以实现目标，但不同路径的工作效率不同。有多条实现目标的道路的任务不会增加任务复杂度
	多样的最终状态/目标	
	竞争的指导思想，路径或决策	
	竞争目标	
	路径和目标之间冲突及相互依赖	
	多样的错误	
	目标的数量	
	任务的数量	
	相似任务的数量	
步骤复杂度	独特行为的数量	具体是指工作人员完成特定任务需要的行动数目或者步骤。连续的行动或者步骤越多，任务越复杂
	独特步骤的数量	
	独特投入的数量	
	独特产出的数量	
规模复杂度	信息提示的数量	具体包括：任务元素的多少；任务信息的多少；子任务的数量；并行任务；多过失；任务总规模以及信息提示的数量
	任务元素/成分的数量	
	信息的数量	
	信息强度	
	问题空间的大小/范围/传播	
	子任务数	
	变量数	
	记忆要求	

续表

因素	原理	具体解释
相互作用复杂度	个体之间的互动/沟通量	是指团队成员之间相互依赖的程度
	个体之间的协调需求/相互依赖	
关系复杂度	元素/成分之间的关系	指元素和任务之间的作用关系。这个因素依赖于数量、力量和系统中任务和元素关联的独立性。当任务中的元素或者任务之间高度关联并且一种因素的产量依赖于另一种因素的投入时,关系复杂度就会变大。当系统的独立边界并不为人所知或没有清晰的定义时,关系复杂度会增加
	投入和产出之间的关系	
	元素/成分之间的连接数	
	元素/成分之间的连接强度	
	任务或元素/成分之间的依赖关系	
不确定性	路径/过程和结果的不确定性	不确定性是由人们认识重大设备各种规律的局限性导致的,它是人们在现有知识的基础上对重大设备运行及其维修维护的看法、总结的规律及其决策。由于认识的局限性,人们对事物的看法存在不可预知性
	先验的判定方法	
	已知因子数	
	已知连接数	
	信息/任务透明度	
	信息完整性	
动态复杂度	不可预测性	主要包括模糊性、变化性、稳定性、不可预测性。动态复杂度主要是指完成任务所面向的内外部环境的模糊性和不可预测性。在一个不断变化的外部世界中,任务组成关系的稳定性是影响动态复杂度的很重要的方面。并且,任务的不安全性和不一致性,还有任务实施过程中的环境噪声等都会影响任务复杂度
	环境的可预测性/天气	
	噪声/无关信息	
	故障屏蔽	
	任务变化/稳定性	
	过程/路径动力学	
	歧义	
变化复杂度	结果新颖性	主要是指任务及其相关要素要求的创新性
	任务新颖性	
	任务多样性	
	元素多样性	
结构复杂度	任务结构	指完成任务的先后顺序和组织关系。它代表一个任务或者任务系统的结构规则,决定任务组成中的任务及要素之间的相互关系。这些不同任务及其要素之间的逻辑上的顺序或者关系也会作用于任务结构的复杂度。任务的复杂度依赖于任务的结构是否合理、执行任务的规章程序的数目和这些规章之间是否有所冲突等。大量或者有规章冲突等的任务,速度和准确度兼具的需求一般比较复杂
	任务秩序/组织	
	任务规则	
	冲突规则	
	成分关系的任务逻辑	
	结构多样性	

续表

因素	原理	具体解释
时间复杂度	时间压力	主要是指所需要完成任务的截止时间要求和完成任务所需要的时间长短给任务执行者带来的压力
	时间需求	
知识复杂度	领域知识	指完成任务需要操作员对知识掌握的深入程度
	知识深度	
	工程决策知识	
人机界面复杂度	仪器操作信息	指在对电脑操作时信息指示容易被误解或出现缺乏指标、一个过失产生的征兆掩盖其他过失的情况,设备系统对过失的容错性较弱。多程序间过渡的复杂度具体包括程序的质量和程序的运用。另外,多设备的不可用也属于人机界面的复杂度。用户界面复杂度是指人机界面的复杂度
	误导性/缺失信息	
	同质性/逻辑呈现	
程序复杂度	程序数量	主要是指重大设备生产任务的控制系统的计算机程序的复杂度
	程序同质化	
	程序可执行性	

4. 任务复杂度的综合评价

一般而言,工作任务可以分为常规型任务和知识诊断型任务。在大多数案例中,基于常规任务工作的人员会给出更低复杂度评价。基于知识判断和决策的任务的操作员会给出更高的任务复杂度评价,并且经常会给出定性评价描述性语言,如无法完成任务或受到误导,没有标准化、程序性的工作引导等。评估任务复杂度时,需要具体问题具体分析。在研究任务复杂度评价问题时,角度的选择是研究起点与基础,如果有多于一个角度的因素被考虑,如同时考虑主观视角和客观视角,则因素之间的交互作用必然很大,高程度的重叠必然带来结果的不准确性。主观视角可能是包括了有多大影响和复杂度如何被体验的因素的最完整的描述,并且对于基于心理行为的重大设备安全运行人力资源配置问题而言,这个角度在很多情况下将是最好的选择。因此,本书主要采用主观综合评价法。

当对任务复杂度进行评估时,可以采用操作人员主观评价其所执行的任务的复杂等级的方法。例如,可以把任务复杂度分为四个等级:高度复杂型、中度复杂型、象征复杂型和显著判断型任务。具体而言:①高度复杂型任务,是指执行起来非常困难的任务。在完成任务过程中哪些需要判断,哪些需要决策,哪些需要执行有许多模糊,在工作过程中存在许多可变的因素并且需要同时做出判断,这些判断及决策直接决定任务的行动。②中度复杂型任务,是指操作人员执行起来有困难的任务,在工作过程中哪些需要判断,哪些需要执行有一些模糊,有几个可变因素可能同时发生，这些因素共同影响判断，导致最后行动的不同。③象征复杂型任务，表示执行任务并不难。没有什么模糊性，只有一个或没有可变因素影响决策与行动。④显著判断型任务，表示执行任务过程中判断非常简单易行。也就是说当一个问题变得很明显时，操作员很难做出错误的判断。对操作员来说，最普遍的原因是确定的和趋同的信息可以利用。这种信息可能包括无意识的冲动，如嗅觉、听觉或者震动。当这种驱动提示被接受时，对操作员来说，判断的复杂度就降低了。例如，在次级系统中的辐射警告，加压炉或一个对蒸气发生器有影响的冷却剂流的故障，都是驱动提示，它们表明一个蒸汽发生器气管破裂。此时的判断不是复杂的，对受过训练的操作员来说是显而易见的。

3.1.2 流程工业重大设备运行及维修维护的经验

长期以来，鉴于工作经历在生产实践中的重要作用，理论上对其相关问题进行了积极的探讨。时至今日，经过多年的理论探索与实践发展，国内外已形成了一系列关于工作经历的研究成果。基于此，本部分将在梳理国外工作经历相关文献的基础上，对工作经历的内涵及测量、工作经历与胜任力的关系以及影响因素等方面进行归纳及述评，以期对在流程工业重大设备安全运行情景下该理论的进一步深入研究有所助益，为工作经历在安全操作人力资源管理实践中的应用提供指导。

1. 工作经历的内涵

如何定义工作经历，是工作经历相关问题研究的逻辑起点。回顾已有文献，学者们对工作经历内涵的把握可以归纳为"过程观"和"结果观"两种。"过程观"将工作经历理解为工作中不同职能的多种经历，认为工作经历是一定工作情境下实践行为过程本身，通常基于工龄、资历等时间性指标来识别工作经历水平。然而，一个不容置否的问题是，运用工龄、资历等来测量工作经历具有一定的便捷性，但并不表示这些指标能全面反映工作经历的本质[249]。对此，工作经历的"结果观"给出了不同的答案。结果观认为，工作经历是实践者对工作中的感性认识进行初步加工后所形成的理性认识，包括个体工作认知、技能等方面的积累。该观点将工作经历定位于和工作有关的知识[250]，提出在对工作经历进行研究时应该把工作绩效作为检验标准，强调在一定的工作情境之中，和工作绩效相关的事情就是工作经历[251]。例如，Lance等[252]将工作经历定义为随时间的推移而获得的和工作相关的知识、技巧和能力。

不难看出，无论是"过程观"还是"结果观"都在试图对何谓"工作经历"做出解答，然而一个不争的事实是，迄今为止两种观点尚未就工作经历内涵的认识达成一致，事实上，即便是在"过程观"和"结果观"各自的内部亦存在分歧。出现此种情况的原因可能是研究者常常基于各自研究目的来选择变量，将体现工作经历的某一个因素（如任期）与工作经历同一化。然而，实际上，在一些问题上的争论与歧见，恰恰可能是由相关概念的界定不清引起的。在没有对工作经历做出严格界定的情况下，很容易出现理解偏差，不利于工作经历后续研究的开展。可以说，如何界定工作经历，仍然是未来相关研究的一个基本命题。

2. 工作经历的测量

工作经历的内涵界定之后，直面的课题就是如何对工作经历予以测量。对此，从测量指标的构成来看，工作经历的测量大致经历了一个从最初单纯的客观指标测量模式，到主客观相结合的，考虑情景因素、个体因素、行业因素等方面的整合模式的过程。在这一过程中，随着研究的深入，工作经历测量的标准与尺度呈现出愈加完善的趋势。

1) 单纯的客观指标测量

受始于19世纪末20世纪初的泰勒科学管理思想的影响，以及出于将问题简约化处理的考虑，长期以来通过客观指标来测量工作经历成为理论与实践上常用的方式。总体来看，这些客观指标可以概括为"时间性"和"非时间性"两类。

基于"时间性"指标来测量工作经历，基本上是围绕着个体工作经历和组织工作经历两个层面展开的。其中，从个体工作经历层面来测量的研究，虽然考察的对象不尽相同，但是不约而同地使用了岗位工龄（在该职务的工作月数、从事该职务的时间等）这一指标[253, 254]；而从组织工作经历层面来测量的研究中，研究者们主要是选择了组织工龄（在现组织的任期、在该公司的任期等）这一指标[255, 256]。当然，也有将个体工作经历与组织工作经历两者结合起来考察工作经历的，毋庸置疑，此种考察方式将会弥补单纯依赖于某一指标（视角）来测量工作经历的不足[257]。

与上述研究思路不同的是，基于"非时间性"指标来测量工作经历，更多的是着重考察研究对象完成某项工作的频次。例如，Spiker等[258]以70个军队汽车技工为样本数据，以过去维修发动机数目或维修信号发生器数目为测量工作经历的指标。Pinder和Schroeder[259]在其研究中也体现了类似的观点，通过以前岗位轮换的次数来考察工作经历。与此相近，Lance等[252]提出可以运用个体在某类任务上的经历（以频次来计）来实现对工作经历的测量。然而，进入20世纪90年代以后，理论上逐渐认识到，运用完成某项工作的频次等"非时间性"指标固然能反映工作经历的某一方面，但如果将二者等同，则不能完全反映出工作经历的内涵。基于此，此后的研究大都将其作为衡量工作经历的一个维度，或者干脆就不予以考虑。

以上通过时间与非时间性等数量指标来测量工作经历，具有简单、客观、易于理解和可操作性等优点，但是该种测量方法无疑是忽视了个体差异对工作经历的影响，实际上工龄对不同个体的意义并不相同，有些人通过一段时间的相关工作经历能够提高工作绩效，也有些人工作绩效没有明显的改善，还有些人工作绩效是降低的[260]。与此同时，如果过度关注工龄或相关任务完成次数，一些重要的过程和周边因素将会受到忽视，容易导致误解工作经历的真正意义，盲目追求时间与数量，对工作经历的质量缺少关注，不利于发挥工作经历指标的引导作用。

2）综合多因素的整合模式

鉴于运用定量指标来测量工作经历所可能引致的局限，工作经历不仅要包含时间、频次等数量成分，还要有体现工作的变革性、挑战性、复杂度等定性成分的内容，要开始在理论上尝试探讨工作经历测量的定性因素[261~263]。工作经历定性指标的提出为工作经历研究拓宽了视野，其优点是具有针对性，弥补了工作经历的定量成分的不足，缺点是评价结果易受个人的认知程度和主观判断的影响。因此，在强调要具体问题具体分析的同时，将定量指标与定性指标相融合来测量工作经历逐渐成为理论上的共识。培训与经验评价法正是从这一理念产生的。该方法根据行为一致性原则[264, 265]，通过申请者填写书面材料（背景、履历、面试与心理测试）及和工作任务相关的具体经验（业绩记录、完成任务信息），评价者运用点数法等手段来识别个体和目标工作岗位相关的工作经历水平。其中，背景分析就是通过对被评价者生活、工作与成长的过程分析，达到对职业技能进行鉴定的目的，履历档案分析是通过一些现成的、由组织人事部门保存较长时间的历史资料来了解个体以往工作信息。受教育和工作经验相结合的方法在关注能体现个体知识、技能及劳动活动能力等预测胜任状况的同时，简便、经济、易于理解和操作，组织人力资源管理部门实施起来比较容易。但是，该方法却存在着对工作绩效的预测力较弱，实施过程中的可信度不高等问题[266]。

有鉴于此，Ruderman 等[267]提出了测量工作经历的挑战性发展概况方法（development challenging profiles，DCP）。该方法主要使用多点量表的方式，基于工作内容、情形、位置的变化，从工作转换、任务特征、阻碍三个方面来测量管理者的工作经历水平。工作转换强调的是将管理者置于一个不熟悉的工作场景，因此他们必须学习新的基于战略的技能来有效地处理新的工作环境中面临的问题[268, 269]；任务特征使得管理者必须处理来自工作任务的问题和困境，尝试不同的行动，并且从行动的结果中总结经验；阻碍是指管理者在工作情境中遇到的困难，如和一个不易相处的上司共事，或者得不到高层管理团队的支持等。该方法通过考察那些与学习能力和管理技能发展相关的关键工作情境和事件，抓住工作经历的动态特征，识别工作经历中那些依赖于情景的关键成分。

随着隐性知识的发展，对工作经历测量的理论研究也在不断延伸。Quiñones 等[262]通过归纳演绎提出了包括定性和定量两类标准的工作经历测量模型。

Quiñones等认为，工作经历由度量模式和专门化程度两个维度构成，度量模式包括数量、时间、类型三类指标，专门化程度分为任务、工作、组织三个方面。该研究提出的工作经验测量方法通过两个维度的交互作用形成组织数量、组织任职期限或资历、组织类型、工作或岗位数量、工作任期或资历、岗位复杂度、完成任务的次数、从事该任务的时间、任务难度、复杂度、危险度11种工作经历测量指标。该模型采用主客观相结合的评价指标，其贡献是首次将工作经历的定性因素和定量因素结合到一个模型中，体现了对工作经历定性层面的注重，弥补了客观指标在适用性层面的不足。但是，该模型所面临的一个不可回避的问题就是，体现的是一个整体框架，没有基于不同的层面进行细分，而不同的行业、社会环境对工作经历的测量的重点是不同的，另外也没有考虑工作经历的个体因素。

基于此，Tesluk和Jacobs[263]提出了工作经历整合模型，该模型的要点是将影响工作经历的情景因素和个体因素包含进来；提出了工作经历的核心成分包括定性成分、定量成分及交互作用三个方面；明确将工作经历的影响结果分为直接结果和二级结果两部分，直接结果是指工作态度、价值观、技能、知识等对工作绩效有影响的因素，而二级结果则是指工作绩效；增加了Quiñones等[262]提出的模型的具体层次内容。总体而言，该模型整合了以往研究中相互独立的概念，构建了工作经历的概念体系及分析框架，强调了工作经历的多维性、多水平性、动态性及定性与定量成分的交互性，完善了先前工作经历测量模式。但是由于缺乏具体的实证研究支撑，该模型还只是处于推测阶段，而且不同维度之间的相互作用需进一步明确。尽管如此，该模型仍然被认为是迄今为止对工作经历内涵做出最完整的测量模型。

基于以上分析不难看出，随着人们认知能力的增强，对工作经历测量问题的研究呈现出了如下趋势：传统的工作经历单维结构模型正在受到多维结构的挑战，多维结构已经成为一种普遍接受的观点。定量、定性与交互维度等因素，每一个都对整体的工作经历有其独特的贡献。个体因素和情景因素的作用在工作经历研究中越来越受到广泛的关注。从工作经历的定量层面到定性层面、交互作用，工作经历已经由基于过去事实的"事后判断"转到以"未来行为"为依据的判断。上述演变趋势表明，随着组织所发生的巨大变化，工作经历的测量重点也在不断发生变化。

3. 工作经历与工作绩效的关系

工作经历得到有效的测量后，考察工作经历对工作绩效的影响被提到日程上来。从已有研究来看，尽管早期有的学者认为工作经历和工作绩效之间并没有显著的线性关系，但是绝大多数研究成果证明了工作经历对工作绩效具有重要的影响，并且这种影响可以归纳为正相关关系和倒U形关系两种结论。

工作经历与工作绩效具有显著的正相关关系的结论,源于理论上基于不同视角所展开的实证研究。J. E. Hunter 和 R. F. Hunter[266]通过元分析方法,以 32 000 个入职员工为样本,在矫正了相关的测量误差后发现工作经历和工作绩效有中等程度的正相关关系($r=0.18$, $p<0.001$, 即在显著性水平 0.001 下,相关系数为 0.18)。Tsui 和 Ohlott[270]则运用工作任期来测量工作经历,得出了工作任期对个体的技术能力有促进作用的结论。与上述学者不同,Lance 等[252]以个体以往完成维修任务的数目作为工作经历的测量变量,在对美国空军机械师的调研分析后认为,个体以往完成维修任务的数目能够预测目标任务完成的效率。进一步,Quiñones 等[262]以 25 911 个样本数据为基础进行了实证分析,结果表明,在消除样本误差的前提下,工作经历和工作绩效正相关($r=0.27$, $p<0.001$),同时,该文还考察了不同的工作经历测量方式对工作绩效的作用机理,通过统计分析发现数量测量模式和任务水平的工作经历与工作绩效间的相关系数最高($r_1=0.43$, $p<0.001$;$r_2=0.41$, $p<0.001$)。最新的研究成果显示,在开展一项新工作时,有成功工作经历的企业家比新手更具有逻辑性[271]。

在认同工作经历对工作绩效的积极影响的同时,也有学者认为工作经历的定量层面(如工作任期)和工作绩效之间在初始阶段具有正向关系,但是经过某一点之后,将出现负向关系[247, 272]。工作经历对工作绩效此种现象不但存在于个体工作经历的研究中,而且在团队工作绩效的研究中也有所体现。例如,研发团队和高层管理团队的组织工龄和工作绩效之间存在着倒 U 形关系,工作绩效在初始阶段随着组织工龄的增加而上升,但经过某一时点后,由于团队变得保守和拒绝创新,绩效降低[273, 274]。20 世纪 90 年代后,Watson[275]对这种倒 U 形关系做了进一步的研究,认为团队成员在一起工作的时间越长,越能提高合作和交流,这些对团队绩效具有促进作用,然而,经过某一点后,内部相互的交流会下降,又会导致工作绩效的下降。

综上所述,尽管样本数据和统计方法有所差异,但是多数学者认同工作经历能够对工作绩效发挥预测作用。这为管理实践中把工作经历作为预测个体具有胜任特征的重要因素提供了理论支撑。但是,也应看到,工作经历在很多时候并不是直接作用于工作绩效的,而是通过影响个体的岗位知识、技能、动机、态度、价值观以及任务熟练程度等因素间接作用于工作绩效,为此,在进行相关研究过程中,关注这些中间变量的可能影响应成为后续研究的重点[254, 272]。

4. 工作经历的影响因素

鉴于工作经历对工作绩效的现实影响,一直以来理论上都在不断尝试找出影响工作经历的要因。回顾已有研究,可将影响工作经历的因素概括地总结为情景因素和个体因素两方面。

1）情景因素

不同层次的情景因素对工作经历的定性成分、定量成分及交互成分均有重要影响。具体而言，这些情景因素可以细分为外部环境和内部环境两类[261, 263]。

外部环境通过"组织"这一媒介间接地作用于工作经历。挑战性的环境迫使人员在其具有风险性、不确定性、动态性的条件下做出决策，而这一过程将有助于其自身能力的增长。不仅如此，群体动力也是一个不可忽视的外部因素。婴儿潮一代出生的员工和其他年代出生的员工相比，趋向于不是特别关注职位提升，而是更加关注于职业生涯发展，他们更换工作、更换组织、更换职业的频率较大[276]。Abraham 和 Taylor[277]从更加广泛的视角考察了影响工作经历的因素，他们选择保洁、设备管理、工程技术、会计和计算机维护等岗位，对比分析了薪酬、工会、组织规模、生产周期性和地域等因素对组织雇佣固定期限合同工的影响，结果发现，整体薪酬水平高的组织，倾向于将保洁等低技能岗位外包给固定期限合同工；而整体薪酬水平低的组织，则倾向于将工程师等高技能岗位外包。

内部环境是以组织为媒介间接作用于工作经历的。Tesluk 和 Jacobs[263]研究认为，个体工作经历中的组织情境、完成任务的挑战性及复杂度、领导及同事的帮助、参加的培训、获得多种岗位锻炼的机会、组织的绩效评价与反馈系统、个体素质的差异等方面都会影响工作经历对工作绩效的作用效果。Pulakos 等[278]从适应性绩效的角度，认为以往的适应性经验对未来适应性绩效有影响。与上述学者重点强调"任务特点"对工作经历的影响不同，还有学者重点关注组织人力资源管理政策对工作经历的作用。例如，Campion 等[279]从组织培训视角，发现很多组织通过实施员工职业生涯规划、岗位轮换、岗位实践等来进行人员开发。组织分权策略、团队工作方式、工作单元等因素都会促使员工拥有更加具有挑战性、复杂度及多样化的工作经历，这又会间接引致个体更换工作、组织、职业的频率更大。Kunda 等[280]对近 500 名工程技术岗位和 IT 岗位的固定期限合同工进行的调查表明，相对稀缺的高技能人才可能会因为公司政治、自身能力受到束缚、组织待遇不公平等原因，选择从正式雇员转为弹性工作者。

此外，也有学者认为，组织中信息反馈系统对工作经历也有着重要的影响[281]。伴随着一项挑战任务或处理一些高难度工作的反馈系统有利于经理们总结经验教训。Kram[282]更是关注了组织内"师徒关系"对工作经历累计的作用，Kram 通过两年时间的深度访谈发现，师徒关系具有职业生涯功能和社会心理功能。因为工作中师傅除了提供专业知识辅导之外，还可以提供支持、保护、咨询甚至友谊，这些都足以影响徒弟日后的工作绩效、工作满意度、组织承诺等。

2）个体因素

个体因素对工作经历的形成起着关键作用[263]。Brett[268]基于个体的自我效能来考察个体因素的影响，认为具有高自我效能的人更容易从工作经历中有所收获。

Dweck[283]则强调学习动机的作用,认为学习动机强的人要比绩效动机强的人更容易在工作经历中寻找信息以提升自己的技能。Borman 等[254]从能力的角度来回答工作经历的影响要因,认为能力强的人更容易得到晋升的机会,从而拥有更多的管理经验。Ford 等[284]通过对高级管理者的访谈发现,个人经历的困境(如疾病、受伤、离异、家庭问题、意外)会教会人们怎样处理一些无法控制的情况,帮助发现自己的性格缺陷,更加有效地处理人际关系。早期的经历,如教育、和父母的关系都会影响以后工作经历的学习模式、价值观、能力等方面。Waldman 和 Avolio[261]得到了同样的结论,认为从发展的角度来看,非工作经历同样会影响和工作相关的知识、技巧、能力、动机等因素。然而,也有研究认为,较强的个体认知能力和工作经历的有效性并没有直接联系,至少在工作经历是通过任期来测量的时候这种联系不显著[265]。

通过以上文献梳理可知,情景因素和个体因素都会对工作经历产生重要影响。虽然已有研究者们大多基于情景因素或个体因素的单一视角来审视工作经历,但是一个一般的情况是,情景因素和个体因素是同时作用于工作经历,存在交互作用的[284]。具体来说,随着信息技术的发展,企业所面临的环境发生着急剧变化,为了缩减环境的复杂度与不确定性,以市场为导向的企业正在不失时机地推动着组织的变革,以适应不断变化的内外环境。这些变化必然会对员工的工作理念、价值观、工作动机产生影响,从而影响工作经历的类型、个体从事某个岗位或任务的时间长度及完成任务的次数。同时,管理者愿意给能力强的下属委以更加复杂、困难、跨度大的任务,这就迫使员工不断学习新的技能,时刻处在压力之中,危机意识不断增强。然而,从当前的理论研究来看,尽管认识到了不同类型的影响因素的交互作用对工作经历会产生重要影响,但受数据来源等限制,此类研究尚未展开。

本部分在对工作经历相关研究进行梳理的基础上,总结回顾了工作经历的内涵、测量模型、工作经历与工作绩效的关系以及影响因素等方面有代表性的观点。研究表明,工作经历的内涵尚需明确地予以界定;工作经历的测量未来研究的重点是考虑多种因素的"整合模式";在实证分析工作经历对工作绩效的影响中应注意其他变量的可能影响;工作经历的影响因素并不是单一的,而是个体因素和情景因素综合作用的结果。

3.1.3 重大设备运行及维修维护的胜任力

1. 重大设备运行及维修维护的人员胜任力的内涵

设备故障是指机械设备在运行过程中,丧失或降低其规定功能及不能继续运行的现象。规定功能是指设备的技术文件中明确规定的功能。运行操作及维修维护工作的有效可靠与否直接决定了设备发生故障的可能性大小,进而也决定了设备是否安全可靠有效运行。所谓胜任力是指基于所从事的工作岗位，能带来安全可靠高效操作的高绩效人员所具备的特征的集合。对重大设备安全运行胜任力的界定可以归纳为"心理观"和"行为观"的综合。"内隐心理要素"将胜任力归纳为人员在工作过程中隐藏的能力、技能、心理品质等胜任某一具体岗位工作所必需的要素，强调的是冰山模型的隐藏部分，通常基于心理测量、360度评价等多种主观方式来识别胜任力水平。胜任力的"行为观"认为，胜任力是工作者对岗位工作中的内隐心理要素进行综合作用后所外化的行为表现，包括对外显各类行为的综合评价。该观点将胜任力定位于和工作有关的行为簇，提出在对胜任力进行研究时应该把工作绩效作为检验标准，强调胜任力是在一定的工作情境之中的，和高工作绩效相关的行为，行为观强调以结果为导向，把胜任力界定为在一个特定岗位上高绩效工作者所表现出的各种行为集合。

无论是"心理观"还是"行为观"都在试图对何谓"胜任力"做出解答，然而一个不争的事实是，迄今为止两种观点尚未就安全操作心理行为胜任力内涵达成一致，事实上，无论是"心理观"还是"行为观"都万变不离其宗，"心理观"和"行为观"的目的都是找出能够显著区别高绩效工作者与低绩效工作者的个体特征，由此可见，胜任力的界定是基于具体岗位的，不同的岗位类型确定的胜任力模型不同。为了使读者在同一个语义下理解胜任力的内涵，本书将重大设备安全运行的胜任力的内涵定义为，面向重大设备安全运行的情景要求，从人因可靠性出发，保障重大设备安全运行的维修维护等人员的能力、技能、知识、态度、心理素质等各方面要素的集合。

2. 重大设备安全运维心理行为胜任力的测量指标

重大设备安全运维心理行为胜任力的内涵界定之后，直面的课题就是如何对胜任力予以测量。由于胜任力不能像测量身高、体重等指标一样，通过简单易行的测量工具开展定量分析工作，从测量指标的构成来看，胜任力的测量大致经历了一个从最初单纯的面向角色的测量指标模式，到主客观相结合的，考虑情景因素、个体因素、行业因素等方面的整合模式的过程。在这一过程中，随着研究的深入，胜任力测量的针对性呈现出愈加细化的趋势。

胜任力定义的出发点与落脚点在于预测具体人员在某一岗位上的工作行为绩效。胜任力的特征"特质观"的持有者倾向于把胜任力定义为潜在的、持久的个体心理特征。受智商预测工作绩效思想的影响，以及出于简化操作的考虑，很久以来通过智商、学业成绩等客观指标来测量胜任力成为理论与实践上常用的方式。但是，实践证明，通过这种途径预测人员的工作绩效误差很大，于是，人们开始采用综合多因素模型进行胜任特征测量。

自20世纪70年代心理学家McClelland与麦肯锡咨询公司合作开发出首个胜

任特征模型以来，在最近的 40 年内，胜任特征模型的应用已经成为人力资源开发中的主流实践活动。总体来看，关于总经理的胜任特征模型国外在该方面的研究起步较早，其中有代表性的有，Spencer 等[285]认为企业家的胜任特征模型包括以下要素：①成就方面，包括主动性、捕捉机遇、坚持性、信息搜寻、关注质量、守信、关注效率；②思维和问题解决方面，包括系统计划、问题解决；③个人成熟方面，包括自信、具有专长、自学；④影响方面，包括说服、运用影响策略；⑤指导和控制方面，包括果断、监控；⑥体贴他人方面，包括诚实、关注员工福利、关系建立、发展员工。Lawson 和 Limbrick[286]研究了高层人力资源经理的胜任特征模型，包括目标与行动管理、精通人力资源技术、职能与组织领导、影响力管理和商业知识五大胜任特征群。国内在该方面的研究（尤其是系统性的实证研究）起步较晚，代表性的研究成果有：王重鸣和陈民科[287]对正副职高层管理者的胜任特征进行了分析，结果表明管理胜任特征由管理素质和管理技能两个维度构成，但在具体的要素上正副职呈现出差异性。赵曙明[288]在研究职业经理人胜任特征测评时认为，经理人必须具备科学决策能力、沟通能力、组织能力、学习能力和社会活动能力。仲理峰和时勘[289]采用关键事件行为访谈法，对家族企业高层管理者胜任特征模型进行了研究，结果表明我国家族企业高层管理者的胜任特征模型包括权威导向、主动性、捕捉机遇、信息寻求、组织意识、指挥、仁慈关怀、自我控制、自信、自主学习、影响他人等 11 项能力要素。

流程工业重大设备安全运维胜任力：Baybutt[290]提出流程工业团队领导者安全胜任力包括领导力技能、推动技能、理解过程及其操作、理解工程文献及图表、激励技巧、人际能力、沟通能力、项目管理能力、放权、毅力、组织性、善于外交、友好、合作、耐心、想象力、快速思考、一致寻求、识人读人、同时处理多项事宜、温柔权威、被尊重、帮助、掌控力。团队成员的胜任力包括创造力、思维开阔、无偏见、记忆力好、逻辑性强、敏感、聚精会神、花精力、专注、参与意愿、勇于表达观点、清晰表述观点、快速抓住要点、与其他团队成员探讨技术问题、对具体细节问题及全局问题开展研究、守时、无不允许行为。Christian 等[291]从高级管理者、中层管理者、监督者和操作人员四个方面分别构建了胜任力。从高级管理者层面有安全态度、领导风格、信任等。从中层管理者层面有安全承诺、安全参与、安全优先、领导风格、互动、沟通、人本管理。从监督者层面有支持性监督、参与式监督、监督自主权、分享式监督。从操作人员层面有工作参与、自主权、风险感知、凝聚力、工作动机。

3.1.4 重大设备运行及维修维护的不安全行为

1. 重大设备运行及维修维护的不安全行为的内涵

在复杂"人-机"系统中，人在异常工况下的响应行为是由大量的不同的人和系统交互作用组成的，它们对于事故的进程起着至关重要的作用。人能够作为事件/事故的引发者和扩大者，也能够成为事故的缓解者。当今世界上所有"人-机"系统失效中，有70%~90%直接或间接源于人的因素。人不能精确地、恰当地、充分地、可接受地完成其所规定的绩效标准范围内的任务就被认为是人因失误。人的失误是一种超越系统容许限度的活动。人的不安全行为是一个广义的概念，包括判断、分析、评价、决策、操作等方面，每一个方面失误，都是本书所阐述的不安全操作的范畴。

2. 重大设备运行及维修维护产生不安全行为的个体原因

由于安全问题的特殊性，保证重大设备安全运行不仅要按照正向思维，关注相关作业人员的胜任力水平，更不能忽视能够导致危险操作的不胜任因素，并从对于不胜任因素的分析中，通过逆向思维，找到其对应的安全操作心理行为要素指标。操作人员个体的原因有疲劳、不适应、注意力分散、工作意欲低、记忆混乱、期望、固执、心理压力、生物节律影响、技术不熟练、推理判断能力低下、知识不足。教育培训上的原因有安全教育不足、现场训练不足（如操作训练、创造能力、培养训练、危险预测训练等）、基础知识教育不足、专业知识、技能教育不足、应急规程不完备、缺乏应付事故的训练。信息沟通方面的原因有信息传递渠道不畅、信息传递不及时等。

其他原因有时间的制约、对人机界面行动的制约、信息不足、超负荷的工作量、环境方面的压力（噪声、照明、温度等）。

人在对所操作设备的信号处理过程中，感知的错误、判断不准确和反应迟缓会造成无意识的不安全行为。人如果发生不安全行为，就会引起设备系统的能量逸散，再好的设备、再完善可靠的安全装置也可能会造成事故的发生。Reason[292]将人的失误拓展为人的非安全行为，他把人的非安全行为划分为基本两类：疏忽（包括遗漏）和错误。其中疏忽（包括遗漏）是指执行动作与意向计划之间的技能性偏差；而错误则是指意向与结果之间的不匹配，错误有规则型错误和知识型错误两种。此外，有意违反属于意向错误的特例，包括常规违反和有意破坏。

个体不安全行为具体表现有滑动错误、捕获失误、错误识别等多种形式。Baybutt[290]把导致不安全行为的要素分为不作为、委任、无关行为、违规四类。Christian等[291]认为个性心理特征（性格、能力、态度、需求、生物节律）对安全操作有极大影响。Reason[292]认为导致不安全行为的因素有技术与知识的缺乏、记忆丧失、注意力分散、疲劳、时间压力、信息缺失或信息无效、缺少识别、不清晰识别或有缺陷识别、不完全程序、不精确程序、模棱两可程序、角色不清、责任不清、责任分离、沟通差、环境不适、一心两用等。

3.1.5 重大设备运行及维修维护的人员匹配

重大设备运行及维修维护的人员匹配包括人岗的优势供需匹配和团队班组内部的成员之间优势互补匹配两大类。人岗匹配越来越受到欢迎和重视，人岗匹配管理的核心是识别岗位需要的能力优势、识别人的优势与劣势、尊重人的优势、包容其劣势，充分实现扬长避短。人岗优势匹配是指完成岗位工作要求的各项指标的强弱结构和实际工作人员的各项指标强弱结构的匹配关系。例如，某一岗位要求较强的专业知识和较弱的协调能力；从事该岗位的人员也有较强的专业知识和较弱的协调能力。人岗优势匹配的过程就是基于每个被分析对象的优势及劣势，把优势因素的作用提升到最高限，把劣势因素的影响降低到最小的过程。这有助于实现人尽其长，安全操作，安全运行。

流程工业重大设备生产过程具有易燃易爆、高温高压、有毒有害、连续作业、点多线长等特点。重大设备运行与维护工作常常以班组为作业单元，团队成员之间拥有不同的专业和专长，有助于成员之间取长补短、互相配合，获得"1+1>2"的效果。在一个团队里成员的专长、能力和经验越类似，那就意味着整个团队在其他方面的专长就越少，就会产生木桶原理的短板效应，危及安全。在班组工作过程中，不同的班组成员有不同的个性化、差异化的优势与劣势能力结构特征，班组成员在搭配过程中，如果实现优势互补，优势协同，则有利于更好地完成团队任务，重大设备运行的外部环境比较复杂和严格，在此生产环境下，运维团队需要快速、恰当地解决处理各种常见问题。为了以尽可能最好的方式适应这些情况，团队的合作，作为一个过程，会在团队意识到团队环境发生变化时产生，并且能够有效解决突发状况。团队优势匹配与协同，可以提高团队完成任务的效率和质量，这使得团队能够适应新的情况，反过来也有利于团队的表现。鉴于团队合作结构对安全运营具有正向影响，本书构建了基于技能结构的团队形成方法以期实现安全和效率。而且，团队具有高潜力、高动机、高水平的问题解决能力，所以选择团队成员的指标逐渐地从个性、能力、知识、技能转变为兼顾成员之间的相互依赖性和团队协作能力。

3.1.6 重大设备安全运行的组织复杂度[293]

重大设备安全运行维修维护涉及组织间的复杂度，具体包括组织与组织的对接、多组织协作、多雇主协调、外包、承包和分包等，这些因素都与实现安全运行有一定的关联。鉴于组织间的复杂度在重大设备安全运行中的重要作用，本部分归纳了国内外理论界关于组织间复杂度给重大设备安全运行问题带来的挑战性方面，具体包括经济压力、对安全缺乏责任感、安全/生产权衡、组织破坏、角色职责的混乱、沟通与信息流中的故障、复杂的安全管理系统、能力稀释、雇佣者不熟悉当地的工作环境、缺少特定行业的知识和经验、组织间的差异、分散的决策过程、组织间的不信任和冲突等方面。

1. 组织复杂度概念界定

所谓组织复杂度，具体是指由多组织之间的相互作用所引发的重大设备生产运行、维修维护等环节的安全性问题，这形成了一个复杂的社会技术系统，在这个系统中有多个公司参与到重大设备生产运维工作流程，需要来自不同组织和跨组织边界员工的协作，在多组织协作过程中，由于不同组织的角度等差异，会出现新的不同于单一组织安全管理问题的特点，这种现象被称为组织间的复杂度。

2. 组织复杂度给重大设备安全运行带来的挑战

在社会化的多组织协同式重大设备维修维护中，多组织的参与增加了安全系统的复杂度，虽然社会化维修维护的确可能涉及更大的灵活性、竞争力、专业知识和成本效益等方面的利益，但在技术、工作任务和组织结构增加复杂度的同时，也增加了工作的自由程度和方法，这些方法可能会使复杂系统中的组件相互作用，产生不可预见的复杂情况。由于需要将数量增加的组织接口进行协调，对具有不同背景和实践的员工，套用不同的规则和运作程序，并且需要更多的沟通和信息跨组织的共享等，组织更容易受到组织事故的风险。即在复杂系统中的组织事故可能发生于系统组件之间无法预料的相互作用。

1）缺乏对安全的共同责任感

经济压力恶化了对安全的共同责任感、安全监督和培训合同员工，承包商为了避免有限的就业责任，让合同工人接受比核心员工更少的安全培训。这导致了组织在安全问题上的监管和管理的零散及缺乏系统性。在跨组织的复杂系统中，每一个组织都可以被视为一个利益相关者，发生的事故或错误会对其产生消极影响。因此，组织常常会在遇到事故和错误时尝试逃避责任，如消除潜在错误的痕迹。更为严重的是，企业之间存在着"责备文化"，这种文化导致了组织之间在安全事故之后有相互责备的现象。

2）组织的破坏

具体包括对责任及规则的疑惑、交流及信息流动中出现的失败以及复杂的安全管理系统。具体解释如下：首先，对于角色和责任的疑惑。在不同组织和杂乱工作过程中任务和职责的分工经常含糊不清，这种混乱在跨组织的情况下进一步加重了。其次，组织可能不熟悉与其合作组织的角色和责任。最后，通信故障和信息流不畅问题。组织边界的通信故障和信息流不畅问题是从组织破坏的视角引发安全事故的核心问题。描述的问题中包括关于计划工作任务的误解和不充分的检查，信息被通知主体的不确定性，组织之间不同的通信方式，编制员工和合同工之间的不信任导致的信息交流故障以及信息的延迟。例如，在挑战者号和哥伦比亚号事故中，组织间的通信故障（组织中的信息丢失或没能传达给合适的人）、协调信息的变化问题以及保持文件的更新工作被确定为关键的沟通问题，这些问题导致了事故的发生，并使得组织、通信故障与跨组织边界的慢信息流之间的角色和职责划分出现混乱。在没有任何一个个体拥有总组织全貌的碎片化工作过程中，这可能会造成持续监测系统过程的影响并可能因而阻碍了发现和前去应对安全威胁。组织间的复杂系统之中安全管理系统是更加复杂、更加难以驾驭的。组织间的复杂度会导致组织瓦解，也可能导致重要的安全信息丢失或难以检索。

3）复杂的安全管理系统

多个组织的参与产生更复杂和官僚的安全管理系统。书面程序的需求会随着多个组织的参与而增加，这也导致了过程要求的绝对数量增加。事务性程序增加了员工的负担，程序的烦琐性导致员工难以把握和正确使用程序。太多的程序会导致信息过载和员工找到替代的方式来执行他们的职责。

4）能力稀释

组织的复杂度似乎在影响一个系统的安全素质能力。项目外包使得参与的分包商和临时工人不熟悉当地工作场所、规则和程序。员工的知识和经验已经被强调作为系统能力的重要指标，以应对突发情况。组织间的复杂度似乎影响着可获得能力的质量。不断分包下的临时合同工人更可能缺乏相关能力和特定工作环境下的经验，他们不熟悉正式的规则和程序，企业也缺少对外包人员的安全培训。具体包括员工对当地的工作环境的不熟悉与员工对行业知识和经验的缺乏两方面。第一方面是员工不熟悉当地的工作环境。外包临时工的增加意味着可能不熟悉工作和当地情况的雇员的增加。临时工作人员由于工作地点不停变换，不同的工作地需要不同的能力以及对不同程序和规则设定的熟悉，在不同的工作地点工作变得富有挑战性。这些员工没有经验，没有背景，不熟悉规则并且不了解规则背后的机理，不真正了解工作的危险性。第二个方面是缺乏特定行业知识和经验。分包商企业缺乏特定行业的知识和经验的问题十分普遍。例如，在重大设备设计活动中，分包商公司提供的设计服务或提供设计的部分组件很可能不是核工业的一部分，因此这些员工可能并不知道常见的危害和安全威胁，以及自己的工作可能会影响系统的安全性。此外，工作中要求员工拥有必要的经验和技能来处理新的、意想不到的情况。坚持程序规则解决问题可能会导致员工缺乏经验或能力发展必要的用于处理意料之外的情况的技能。但是程序不能描述在任何给定的情况下所有可能的场景，某些情况下需要创新。盲目地依赖程序可能会妨碍任何工人的理解，从而引发在面对意想不到情况时的不安全行为。承包商和分包商可能缺乏特定行业的知识和经验，不熟悉工业环境和相关的安全隐患，因此没有意识到他们的工作可能会影响系统安全，导致潜在事故条件可能发生或者已经发生但被忽视。

5）组织差异

不同的企业有不同的惯例和不同的工作习惯，组织文化的差异以及关于安全问题的不同的看法可能会引起安全危害。组织差异与不信任、冲突以及来自不同组织员工之间的紧张氛围都会给安全带来影响，具体包括分散决策过程、组织间不信任和冲突等方面。在分散决策过程方面，组织间关于角色、责任和不同领域的专业知识技能的不同会导致意见分歧和决策问题，甚至可能导致在安全措施问题方面难以达成一致，决策方案在很大程度上基于谈判和妥协，其出发点往往是解决利益冲突，而不是确保安全，很可能最终决策方案不是基于安全的最佳方案。另外，在组织之间的不信任和冲突方面，组织差异会影响到不同组织工人之间的信任和安全承诺。人员会认为其是一个团队成员，团队每个人都应获得相同的待遇，而实际待遇却相差很大，于是产生了心理隔阂。并且，不同员工的地位不同也是影响员工们分享与安全需求相关信息意愿的一个因素，如外包工人发现自己的想法很少被重视。

6）组织间的经济压力

产生在各个组织间的生产压力和经济约束可能会破坏共同的安全责任感，并导致责备文化以及引发事故的潜在条件在一个生产系统中被忽视。组织必须不断地平衡生产需求与安全需求。与此同时，不同的组织中可能除了相同的目标外还有不同的目标，这就可能会产生冲突，从而导致交易和在前线员工的双重约束、安全目标与企业生产目标相悖以及员工处理相互冲突目标的方式存在偏差，而这些小变化随着时间的积累可以被描述为一个安全衰退过程。因此，这种情况可能会很难检测并且可能会导致失败的慢漂移，产生安全事件的滚雪球效应。

3.2　流程工业重大设备安全运行影响因素实证研究

在实证研究部分，本书通过文献分析、调研法、专家访谈法、头脑风暴法、德尔菲法收集重大设备维修维护任务复杂度、胜任力指标，设计初始调研问卷；拟以鞍钢、宝钢、盘锦油田、华锦集团、中航工业沈飞集团等为调研对象，以问卷调研法为依托，收集重大设备维修维护任务复杂度和胜任力指标值数据；通过 SPSS 软件，采用相关分析、探索性因子分析、信度分析、效度分析等相结合的多元统计分析方法，初步构建任务复杂度和作业胜任力的指标体系；通过

AMOS 软件，采用结构方程技术，通过验证性因子分析方法及对指标体系的修正与调整，得到具有信度和效度的复杂度和胜任力测量指标体系；以重大设备安全运行客观数据为因变量，通过路径分析法，基于 AMOS 统计分析工具计算胜任要素对安全运行的作用路径系数；通过上述分析计算胜任匹配的影响系数，运用结构方程软件 AMOS 对模型进行验证，为人力资源优化模型中相关参数的确定奠定基础。

3.2.1　被分析对象特点分析

问卷设计恰当与否直接关系到整个问卷调查的成败，从而关系到能否成功构建出重大设备运行及维修维护胜任力及任务复杂度模型。所以本书在进行初始问卷的设计时，先归纳了被分析对象的特殊性，以保证问卷设计的针对性、正确、合理。在此基础上，本书通过对流程工业，主要是指石油石化、钢铁冶金等企业的设备生产线的运行操作、维修操作和维护操作的工作职责及工作说明书的文本梳理得出流程工业重大设备运行及维修维护人员的工作特殊性如下：

重大设备（如大型冶金成套装备、石油化工成套装备等）是复杂巨系统，具有大型化、综合集成化、智能化、自动化等特征，运行操作及维修维护任务面向成千上万的组件、能源系统、物料系统、机电系统等子系统，交叉重叠，错综复杂。以钢铁为例，涉及从采矿、选矿、烧结、焦化到炼铁、炼钢、热轧、冷轧等完整配套的碳钢和不锈钢现代化工艺装备。

人员为知识型工作者。流程工业生产线上分布着数字化、自动化、智能化的设备，设备上分布着成百上千个岗位，对设备的安全操作就是人员以所在岗位为依托，以具体设备为对象，依据工艺流程，基于对生产数据、情境、设备运行参数等的判断、分析，给出的能够实现生产系统安全、可靠、稳定、有效地运行、维修维护的操作行为。该类工作需要脑力劳动和体力劳动协同作用，既不是简单的脑力劳动，也不是单纯的体力劳动，而是体力和脑力相结合的新型工作，不仅需要具备知识工作者所要求的一切胜任力，同时对体力、动手能力等也有极高的要求。因此，他们的工作过程是无形和有形的结合，是脑力和体力的结合，从事的是本专业（如冶金、化工、机械、电气等）和计算机、软件工程、外语等多学科相结合的工作。

点检人员小组与个体作业相结合。点检组要统筹安排维修费，既要保质、保量、按期地完成本年度的生产任务，还要确保不能突破下达的维修费额度。至于这些维修费到底如何使用，即设备故障哪些要修，哪些该如何处理，则由负责该条生产线的点检组即设备维修维护人员（包括机械、电气、仪表等专业）来处理。点检组由点检工长及其所带领的若干不同工种（机械、电气、仪表等）的点检员组成，点检组分别对应管理不同的设备（机械设备、电气设备和仪表装置等），而对检修工程,则处理维修费用管理、检修工程管理、维修资料管理和维修外协管理等涉及所管辖设备的所有相关问题。

安全工作无法单独保障,其安全结果与上下工序操作者工作水平融为一体,形成命运共同体。

3.2.2 流程工业重大设备安全运行的任务复杂度实证研究

1. 初始问卷设计定性分析

在进行问卷设计之前,查阅了大量胜任力研究方面的文献,针对流程工业重大设备安全生产的运行及维修维护人员的特殊性,收集国内外相关研究中出现过的题项,并进行逻辑分析与整理。在此基础上为收集问卷项目,本书先设计了一份开放式问卷对鞍钢、华锦集团等企业进行调查,并且对部分重大设备运行及维修维护的工作人员进行了访谈。在此基础上,采用头脑风暴法、德尔菲法对重大设备运行及维修维护人员的胜任力指标进行总结。在此基础上归纳总结的胜任力指标,作为初始问卷题项的来源之一。流程工业重大设备运行及维修维护操作复杂度正式调查问卷是在初始问卷的基础上,经过对初始调查样本实施调查所得到的数据进行统计分析,并根据分析结果对初始问卷的陈述、顺序、形式、布局等内容进行调整后得到的。

在施测过程中,我们通过电子邮件与部分问卷填答者对测题就三项指标进行一一评定。这三项指标为项目忠实于模型的结构内容、项目的清晰度(避免歧义)和项目的易读性(容易理解性)。然后在此基础上与专家共同对项目进行进一步的删除、修改和增补。根据被测者和专家提出的意见,我们决定删掉题义不清、容易产生歧义的语句及被试长时间停顿易发生混淆的测题。

2. 问卷数据来源及基本统计信息

采用问卷调研法获得对流程工业重大设备运行、维修维护操作的复杂度及胜任力的调研数据。从问卷设计到全部回收历时 4 个月(2016 年 1 月至 2016 年 4 月),在发出的 1 000 份问卷中,通过多次邮件及电话催促回收问卷 502 份,其中 184 份问卷数据缺失相对较为严重,予以撤除,最终保留有效问卷 318 份。

现对流程工业重大设备安全运行影响因素正式调查的样本情况进行介绍。年龄分布:30 岁以下 49 人,30~40 岁 99 人,41~50 岁 109 人,51~60 岁 58 人,另有 3 人未填写此项。性别分布:男性 228 人,女性 48 人,另有 42 人未填写此项。学历分布:技校 51 人,大专 93 人,本科 112 人,硕士 18 人,博士 2 人,其他 38 人,另有 4 人未填答此项。专业分布:材料 5 人,电气 27 人,化工 64 人,机械 60 人,冶金 52 人,自动化 25 人,机械和冶金双专业 1 人,机械自动化 1 人,其他 69 人,另有 14 人未填答此项。职称分布:教授级高级工程师 3 人,高级工程师 7 人，工程师 92 人，助理工程师 19 人，高级技工 41 人，技工 59 人，其他 66 人，另有 31 人未填答此项。工作年限：1 年以内 7 人，1~2 年 9 人，3~5 年 39 人，6~10 年 72 人，11 年及以上 185 人，另有 6 人未填答此项。所在岗位分布：技术管理 65 人，设备点检 45 人，设备维护 26 人，生产操作 64 人，室内操作 31 人，室外操作 11 人，作业长 11 人，设备协力岗 44 人，另有 21 人未填答此项。所在部门分布：钢铁 107 人，化工 177 人，有色金属 6 人，其他 22 人，另有 6 人未填答此项。

3. 任务复杂度信度及探索性因子分析

任务复杂度的信度分析：通过 Cronbach's α 一致性系数检验任务复杂度总体量表的信度和各分指标表的信度，得到的一阶因子及总体的信度分析结果如表 3-2 所示。

表 3-2　流程工业重大设备运维任务复杂度的一阶因子及总体信度分析

因子	F_1	F_2	F_3	F_4	F_5	F_6	F_7	F_8	F_9	F_{10}	F_{11}	F_{12}	F_{13}	总体
α 系数	0.79	0.80	0.75	0.81	0.82	0.78	0.84	0.85	0.83	0.91	0.88	0.94	0.89	0.91

用 SPSS for Windows 22.0 统计软件对预试数据进行探索性因素分析，以考察问卷的结构效度。变量间的相关性是进行因子分析的先决条件，而变量间的相关特点可以通过 KMO（Kaiser-Meyer-Olkin）和 Bartlett 球形检验获得，KMO 样本测度是所有变量的简单相关系数的平方和与这些变量之间的偏相关系数的平方和之差。按照此要求，先对经过项目分析筛选后的全部有效数据进行 KMO 和 Bartlett 球形检验，检验结果见表 3-3。

表 3-3　流程工业重大设备运维任务复杂度 KMO 和 Bartlett 球形检验

取样足够度的 KMO 度量		0.960
Bartlett 球形检验	近似卡方	20 187.717
	df	1 653
	Sig.	0

由此可见，流程工业重大设备运行及维修维护任务复杂度的调研数据满足进行探索性因子分析的条件，因此，采用主成分分析法，经过最大正交旋转，提取特征值大于 1 的因子，共提取出 13 个因子，累积方差解释率为 78.673%，结果如表 3-4 所示。

表 3-4 流程工业重大设备运维任务复杂度一阶的 13 个因子分析

因素	复杂度指标及其因子载荷	因素	复杂度指标及其因子载荷
目标复杂度	对理想的最终状态/目标的多路径（0.753）	变化复杂度	任务期望结果新颖性（0.701）
	多样的最终状态/目标（0.748）		任务新颖性（0.674）
	竞争性的路径或选择（0.791）		任务多样性（0.804）
	竞争性目标（0.855）		任务影响要素多样性（0.811）
	路径和目标之间冲突的相互依赖（0.910）	结构复杂度	任务结构层级复杂（0.766）
	可能犯错的任务多样（0.674）		任务秩序/组织（0.781）
	目标的数量（0.812）		任务规则（0.755）
	任务总体的数量（0.544）		存在冲突规则（0.723）
	不相似任务的数量（0.674）		成分关系的任务逻辑（0.748）
步骤复杂度	独特行为的数量（0.711）		结构多样性（0.698）
	独特步骤的数量（0.912）	时间复杂度	完成任务的时间压力（紧迫性）（0.721）
	独特投入的数量（0.755）		完成任务需要的时间长短（0.695）
	独特产出的数量（0.638）	知识复杂度	专业领域知识（0.722）
规模复杂度	信息提示的数量（0.711）		知识深度（0.685）
	任务元素/成分的数量（0.698）		工程决策知识（0.803）
	信息的数量（0.744）	人机界面复杂度	仪器操作信息（0.791）
	信息强度（0.655）		误导性/缺失性信息（0.763）
	问题空间的大小/范围/传播（0.741）		同质性/逻辑呈现（0.812）
	子任务数（0.714）	程序复杂度	程序数量（0.701）
	变量数（0.705）		程序异质化（0.907）
	记忆要求（0.685）		程序可执行性（0.584）
不确定性	路径/过程和结果的不确定性（0.731）	动态复杂度	任务的不可预测性（0.691）
	先验的判定方法（0.711）		环境的不可预测性（0.812）
	已知因子数（0.709）		噪声/无关信息量（0.741）
	已知连接数（0.611）		故障屏蔽（0.705）
	信息/任务透明度（0.598）		任务变化（0.684）
	信息完整性（0.699）		任务稳定性（0.692）
逻辑关系复杂度	元素/成分之间的关系（0.711）	相互作用复杂度	过程/路径动力学（0.612）
	投入和产出之间的关系（0.693）		任务表述歧义（0.598）
	元素/成分之间的连接数（0.722）		个体之间的互动/沟通量（0.577）
	元素/成分之间的连接强度（0.833）		个体之间的协调需求（0.695）
	任务或元素/成分之间的依赖关系（0.664）		个体之间的相互依赖（0.715）

因子分析是研究如何以最少的信息损失，将众多原有变量浓缩成少数几个因子，并使得因子具有一定的命名解释性的多元统计分析方法。因子分析模型中，每个原始变量（即复杂度指标）由两部分组成——共同因子和特殊因子。共同因子是各个复杂度指标共同拥有的因子，因子载荷系数是复杂度指标与因素之间的

相关系数。相关系数越大,该因子能够代表该复杂度指标的程度越强。一般而言,因子载荷系数大于 0.4 则说明该因子有意义。表 3-4 中的各指标的因子载荷系数均大于 0.4,则因子有意义。

由表 3-4 的任务复杂度一阶因素相关矩阵可以看出,各因子之间存在较大的相关性。也就是说,一阶 13 个因子结构可能含有更有解释力的高阶因子,因此可以进行二阶因素分析。把一阶因子分析得出的 13 个因子得分另存为新变量,按照同样的因素分析方法,抽取出特征值大于 1 的 4 个二阶因子,累积方差解释率为 61.345%,流程工业重大设备运维任务复杂度二阶因子分析结果如表 3-5 所示。因子载荷矩阵表示各个原始变量的因子表达式的系数,表达提取的公因子对原始变量的影响程度,一般要求系数大于 0.5,此时,二阶因子相当于因子模型的因子,一阶因子相当于因子模型的指标。

表 3-5 流程工业重大设备运维任务复杂度二阶因子分析结果

项目	二阶因子			
	工作量复杂度 F_1	不可控复杂度 F_2	计算机相关复杂度 F_3	人员相关复杂度 F_4
目标复杂度	0.851			
步骤复杂度	0.754			
规模复杂度	0.866			
不确定性		0.763		
逻辑关系复杂度			0.648	
变化复杂度		0.704		
结构复杂度	0.874			
时间复杂度				0.774
知识复杂度				0.785
人机界面复杂度			0.837	
程序复杂度			0.754	
动态复杂度		0.844		
相互作用复杂度				0.698

因子工作量复杂度和测量指标目标复杂度的相关系数是 0.851,和测量指标步骤复杂度的相关系数是 0.754,和测量指标规模复杂度的相关系数是 0.866,和测量指标结构复杂度的相关系数是 0.874,说明工作量复杂度是上述指标的共同因子,具有意义。

因子不可控复杂度与测量指标不确定性的相关系数(因子载荷)是 0.763,与测量指标变化复杂度的相关系数(因子载荷)是 0.704,与测量指标动态复杂度的相关系数(因子载荷)是 0.844,说明因子不可控复杂度有意义。

因子计算机相关复杂度与测量指标逻辑关系复杂度的相关系数（因子载荷）是 0.648，与测量指标人机界面复杂度的相关系数（因子载荷）是 0.837，与测量指标程序复杂度的相关系数（因子载荷）是 0.754，说明计算机相关复杂度因子有意义。

因子人员相关复杂度与测量指标时间复杂度的相关系数（因子载荷）是 0.774，与测量指标知识复杂度的相关系数是 0.785，与测量指标相互作用复杂度的相关系数是 0.698，说明人员相关复杂度这一因子具有意义。

任务复杂度的信度分析：通过 Cronbach's α 一致性系数检验任务复杂度总体量表的信度和各分指标表的信度，得到的二阶因子及总体的信度分析结果如表 3-6 所示。

表 3-6　二阶因子及总体的信度分析结果

二阶因子	F_1	F_2	F_3	F_4	总体
α 系数	0.86	0.88	0.91	0.86	0.90

通过对流程工业重大设备运行及维修维护操作的任务复杂度的二阶因子分析发现，可以把任务复杂度分为四大类：与任务工作量有关的复杂度，与任务的不可控性相关的复杂度，与任务的各类控制计算机系统有关的复杂度，与工作人员相关的复杂度。

4. 流程工业重大设备运维任务复杂度验证性因子分析

任务复杂度结构方程模型采用递归模型，操作复杂度结构方程模型的卡方值（Chi-square）为 3 760.671，自由度为 855，显著性水平为 0。

流程工业重大设备运维复杂度结构方程模型潜变量之间的相关系数和协方差如表 3-7 所示。

表 3-7　流程工业重大设备运维复杂度结构方程模型潜变量之间的相关系数和协方差

因子之间关系			协方差	S.E.	C.R.	P	系数
F_1	<—>	F_2	1.000				0.343
F_1	<—>	F_3	0.241	0.046	16.060	***	0.229
F_4	<—>	F_1	0.333	0.036	20.226	***	0.361
F_2	<—>	F_3	0.247	0.047	15.951	***	0.119
F_4	<—>	F_2	0.330	0.036	20.076	***	0.342
F_4	<—>	F_3	0.457	0.044	12.664	***	0.454

***显著性水平 0.1%

流程工业重大设备运维复杂度测量模型可以通过路径分析来解释，运维复杂度结构方程路径分析结果如表 3-8 所示。

表 3-8 运维复杂度结构方程路径分析结果

因子与测量指标			Estimate	S.E.	C.R.	P	标准化 Estimate
A_1	<—	F_1	1.000				0.911
A_2	<—	F_1	0.916	0.035	26.061	***	0.892
A_3	<—	F_1	0.731	0.032	23.093	***	0.852
A_7	<—	F_1	0.956	0.038	25.055	***	0.879
A_4	<—	F_2	0.985	0.035	27.960	***	0.914
A_6	<—	F_2	0.877	0.035	25.227	***	0.882
A_{12}	<—	F_2	0.844	0.032	26.304	***	0.895
A_5	<—	F_3	0.843	0.035	24.260	***	0.869
A_{10}	<—	F_3	0.932	0.035	26.440	***	0.897
A_{11}	<—	F_3	0.864	0.032	27.299	***	0.906
A_8	<—	F_4	0.830	0.031	26.728	***	0.900
A_9	<—	F_4	0.962	0.035	27.635	***	0.910
A_{13}	<—	F_4	0.939	0.034	27.365	***	0.907

***显著性水平 0.1%

流程工业重大设备运行及维修维护任务复杂度结构方程的数据与理论模型的拟合指数见表 3-9。

表 3-9 流程工业重大设备运行及维修维护任务复杂度拟合指数

模型	CMIN	df	P	CMIN/DF	NFI	RFI	IFI	TLI	CFI	PRATIO	PNFI	PCFI
缺省模型	3 760.671	855	0	4.398	0.743	0.716	0.789	0.765	0.788	0.904	0.672	0.712
饱和模型	0	0			1.000		1.000		1.000	0	0	0
独立模型	14 636.523	946	0	15.472	0	0	0	0	0	1.000	0	0

5. 流程工业重大设备运行及维修维护复杂度解析

1）流程工业重大设备运行及维修维护复杂度第一维度：工作量复杂度

流程工业重大设备运行及维修维护工作量复杂度维度主要包括目标复杂度、步骤复杂度、规模复杂度和结构复杂度。具体解释如下：第一，目标复杂度。主要包括对理想的最终状态/目标的多路径、多样的最终状态/目标、竞争性的路径或选择、竞争性目标、路径和目标之间冲突的相互依赖、可能犯错的任务多样、目标的数量、任务总体的数量、不相似任务的数量等方面。例如，在所负责的运行操作、维修维护操作工作中，需要同时保障多个目标，既要考虑设备的长期目标，也要兼顾设备的短期目标，并且要考虑经济性、安全性、可靠性、效益性等，目标的多样性、矛盾性使相关工作更具复杂度。第二，步骤复杂度。它是指独特行为的数量、独特步骤的数量、独特投入的数量和独特产出的数量。第三，规模复杂度。它是指信息提示的数量、任务元素/成分的数量、信息的数量、信息强度、问题空间的大小/范围/传播、子任务数、变量数和记忆要求。第四，结构复杂度。它是指重大设备运行及维修维护工作中组成整体的各部分的搭配和安排方面的特征所带来的完成任务过程中的复杂度。

2）流程工业重大设备运行及维修维护复杂度第二维度：不可控复杂度

流程工业重大设备运行及维修维护复杂度第二维度是不可控复杂度，具体包括不确定性、变化复杂度和动态复杂度。具体解释如下：第一，不确定性。它是指流程工业重大设备运行及维修维护操作的任务完成过程中应采取的工作技术路径、工作过程中会发生的情况，以及工作的结果存在一定的不确定性。采用基于经验、直觉等方法在运行操作及维修维护工作中也带来了所做操作的不确定性。影响运行及维修维护操作的高绩效的因子的多少、因子及目标之间的作用关系的多少等都给操作带来了不确定性。并且，在工作中会遇到任务信息的不透明性、不完整性等情况，这些都给工作带来了不确定性。第二，变化复杂度。它是指任务期望结果新颖性、任务新颖性、任务多样性和任务影响要素多样性。第三，动态复杂度。它是指任务的不可预测性、环境的不可预测性、噪声/无关信息量、故障屏蔽、任务变化、任务稳定性、过程/路径动力学和任务表述歧义等方面。

3）流程工业重大设备运行及维修维护复杂度第三维度：计算机相关复杂度

流程工业重大设备运行及维修维护复杂度第三维度是指计算机相关复杂度，具体包括逻辑关系复杂度、人机界面复杂度和程序复杂度。具体解释如下：第一，逻辑关系复杂度。其具体包括任务不同元素之间的关系，任务的投入和产出之间的关系，任务的各个元素之间的相互作用数，任务的各个元素之间的相互作用强度，任务的各个元素之间的依赖与被依赖关系。第二，人机界面复杂度。其具体包括仪器操作信息是否复杂，操作信息中的误导性或者缺失性信息是否较多，操作界面中的逻辑性是否合理，同质性是否较多。第三，程序复杂度。具体体现在程序数量、程序异质化、程序可执行性等方面。

4）流程工业重大设备运行及维修维护复杂度第四维度：人员相关复杂度

在流程工业重大设备运行及维修维护任务的人员相关复杂度方面，主要包括时间、知识和相互作用复杂度。具体解释如下：第一，时间复杂度。主要包括完成任务过程中一共给的时间比较短以及完成任务的截止日期非常紧迫两个方面。第二，知识复杂度。主要包括任务中所涉及的机械、电气、物理化学反应等专业领域知识和对于某一专业知识而言，有关深度的要求以及将每一项工作作为项目来看待时所需的工程决策相关的知识。第三，相互作用复杂度。主要包括人员个体之间的互动/沟通量、个体之间的协调需求以及个体之间的相互依赖。

安全视角流程工业重大设备运行、维修维护操作胜任力实证研究流程如图 3-1 所示。

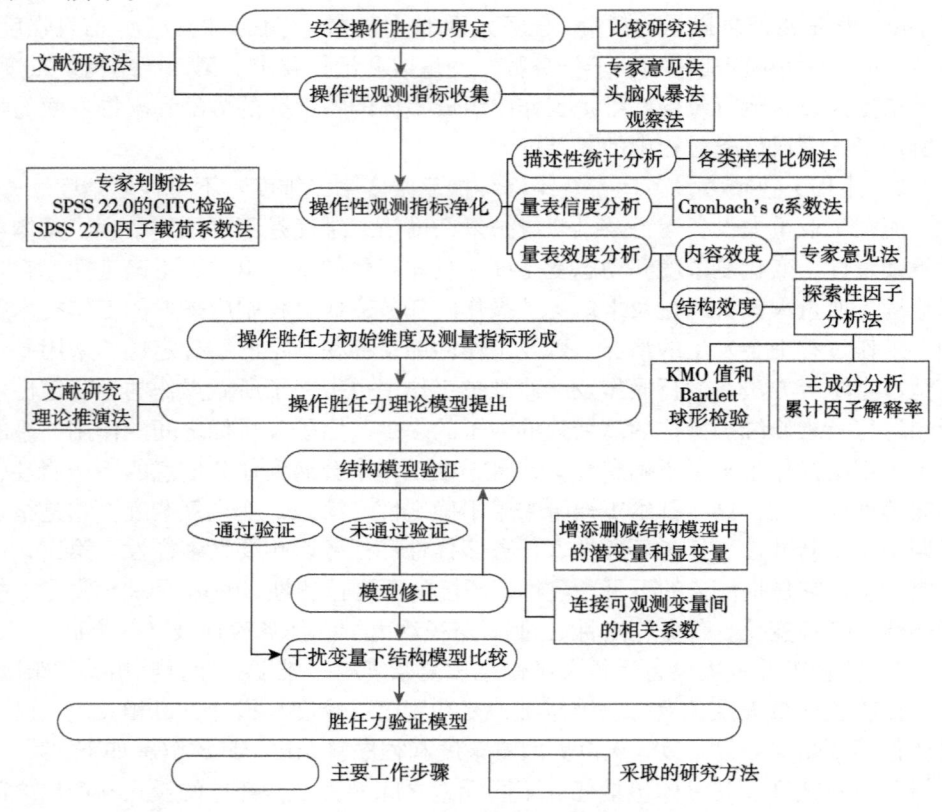

图 3-1 流程工业重大设备运行、维修维护操作胜任力实证研究流程

3.2.3 流程工业重大设备运行操作胜任力实证研究

以钢铁、石化、核电等为代表的流程工业是关系国民经济命脉与国家能源安全的支柱产业。流程工业生产常以若干关键重大设备组成的高危工艺自动生产线为载体，生产过程是物理化学过程，不可分，伴随高温（如钢水温度 1 600 ℃）、高压、氯化、氨化、氧化、聚合等易燃易爆化学反应，一旦发生事故，则造成生命死伤（如鞍钢钢水喷爆致使 13 人死亡，17 人受伤[①]）、环境污染（如松花江水污染事件）、经济损失（每年造成的经济损失达 800 亿元）、国家形象受损。因此，在大型流程装备生产运行中：①安全红线不可逾越。国家领导人高度重视安全生产，多次阐述"发展决不能以牺牲人的生命为代价"。史上最严

---

① http://www.gov.cn/jrzg/2012-02/24/content_2076121.htm.

《中华人民共和国安全生产法》等法律法规的出台与执行,将安全生产置于前所未有的国家战略高度。基于海因里希法则,20%的事故是由物的不安全状态导致的,而物的事故归根到底还是由人没有预判、处理风险等导致的。②物联网、自动化下的操作决策具有复杂度。物联网的实时性、感知性、透明性及大数据等特征使操作者无须亲临现场,通过鼠标键盘即可完成任务。人是创造者、规划者、决策者,确定生产规则、参数、方式、控制指令,预测设备情况,诊断与排除故障。面临的决策问题规模大、要素关系错综复杂、操作路径及步骤众多且相互矛盾,要解决任务顺序和组织结构、不同操作相互作用、涉及元素动态不确定性、风险性等诸多难题,人一旦误操作,将严重影响设备安全、稳定、可靠、经济、高质量运行。③人因可靠性至关重要。随着脑科学与认知科学的发展,基于脑能优势理论,每个人都有自己独特的、稳定的、难以改变的优势与劣势。根据海因里希法则,设备运行80%的事故由人因导致,操作者的劣势对于保障设备系统安全可靠运行有决定性影响,大型流程装备生产运行要追求安全性、可靠性、经济性等多种目标,其运行本质上是"设备-科技-人力"三系统合一的过程,既要考虑心理与行为的优势与劣势特征,也要满足安全的资源配置成本需求,以安全为源头,推进资源优化配置。其中,大型流程装备运行操作人员工作范畴如图 3-2 所示。

图 3-2 大型流程装备运行操作人员工作范畴

1. 流程工业重大设备运行操作胜任力问卷内容条目初始设计

安全操作是保障流程工业重大设备安全运行的操作。安全操作胜任力概念是抽象的、潜在的。测量指标是具体的、可观察的。当我们通过一些方法收集一些看得见的资料为胜任力所代表的属性指派数字时,就是对流程工业重大设备操作胜任力这个概念的测量。指派数字采用一个逻辑上与概念密切相关的指标作为替代物间接测量概念,本书通过问卷量表来测量操作胜任力。操作胜任力是较为复杂的概念,包含了几个维度,而每个维度都是不可直接观察的概念。本书采用潜因子模型,先通过指标估计子维度,再用子维度估计多维概念,通过探索性因子分析和验证性因子分析估计参数。为更深入地揭示上述测量指标的具体含义，本书在上述研究基础上，开发出上述研究的基层测量指标，并进行了探索性因子分析和验证性因子分析及路径分析以证明其科学性。

设备操作人员的胜任力可以分为应急能力、技术能力、实操能力、计划决策水平、协调沟通能力、安全意识等具体要素。为了构建流程工业重大设备操作胜任力理论模型，现对设备操作人员从身体素质、经验分享、团队合作、坚韧性、果断性、自我控制、创新能力、分析判断能力、危机处理能力、决策能力、系统思维能力、难题处理能力、对自动生产控制系统的掌握、对生产工艺流程的掌握、对设备运行机理的掌握、对数字化工厂的掌握、安全操作工作责任心、敬职敬业、操作条理性、注重细节、执行力等方面进行研究。

2. 安全视角下流程工业重大设备运行操作胜任力数据来源分析

采用问卷调研法获得对流程工业重大设备运行、维修维护操作的复杂度及胜任力的调研数据。从问卷设计到全部回收历时四个月（2016 年 1 月至 2016 年 4 月），在发出的 1 000 份问卷中，通过多次邮件及电话催促回收问卷 502 份，其中 184 份问卷数据缺失相对较为严重，予以撤除，最终保留有效问卷 318 份（本部分调查样本与 3.2.2 小节调查样本相同）。

3. 流程工业重大设备运行操作胜任力探索性因子分析

量表的信度即可靠性是指在测量当中可以避免产生随机误差，能够提供前后一致的数据的程度。信度分为"外在信度"和"内在信度"两大类。外在信度通常指在不同测量时间，量表一致性的程度，再测信度是外在信度最常用的检验法；内在信度是指调查表中的一组问题是否在测量同一个概念，即这些问题的内在一致性如何，能否稳定地衡量这一概念。当今，学术界普遍采用 Cronbach 于 1951 年开发的 "Cronbach's α" 系数（内部一致性系数）来检验量表的信度。量表的内部一致性系数反映了各条款题目间的关联性。采用 Cronbach's α 一致性系数检验总量表的信度和各分量表的信度，结果如表 3-10 所示，说明量表具有可信性。

表 3-10 流程工业重大设备运行操作胜任力调查问卷信度指标

因子	F_1	F_2	F_3	F_4	总量表
α 系数	0.912	0.806	0.712	0.884	0.907

探索性因子分析适用于研究者不知道变量背后有几个因子的情境。依托 IBM SPSS Statistics 软件，通过对 318 份问卷进行探索性因子分析，计算 KMO 值为 0.940，证明数据适合做因子分析，结果见表 3-11。

表 3-11　流程工业重大设备运行操作胜任力 KMO 和 Bartlett 球形检验

取样足够度的 KMO 度量		0.940
Bartlett 球形检验	近似卡方	4 412.428
	df	136
	Sig.	0

采用主成分分析法提取流程工业重大设备运行操作胜任力 4 个因子的时候，累计方差解释率达到 78.897%，认为提取的 4 个因子能够代表原数据总体信息，比较合适。表 3-11 结果表明本数据适合做探索性因子分析。考虑到因子之间存在某种程度的相关性，采用主成分分析法，斜交/转轴法进行旋转，提取特征值大于 1 的因子，共提取了 4 个因子，累积方差解释率为 67.243%，说明正式问卷具有较好的结构效度。结果如表 3-12 所示。

表 3-12　流程工业重大设备运行操作胜任力解释的总方差

成分	初始特征值			提取平方和载入			旋转平方和载入
	合计	方差的	累积	合计	方差的	累积	合计
1	9.685	56.973%	56.973%	9.685	56.973%	56.973%	7.587
2	1.474	8.669%	65.642%	1.474	8.669%	65.643%	7.028
3	1.308	7.694%	73.336%	1.308	7.694%	73.336%	6.997
4	0.945	5.561%	78.897%	0.945	5.561%	78.897%	7.043

因子载荷是指不同的因子能够代表一个变量的能力。采用主成分分析法，旋转后的流程工业重大设备运行操作胜任力因子载荷矩阵如表 3-13 所示。

表 3-13　流程工业重大设备运行操作胜任力旋转成分矩阵

测量指标	成分			
	1能力	2心理	3知识	4态度
自我控制	0.185	0.790	0.190	0.284
经验分享	0.248	0.809	0.197	0.219
行动果断	0.342	0.756	0.216	0.200
团结合作	0.290	0.784	0.177	0.313
责任心	0.149	0.300	0.227	0.783
敬职敬业	0.212	0.367	0.227	0.753
工作条理性	0.303	0.210	0.239	0.790

续表

测量指标	成分			
	1能力	2心理	3知识	4态度
注重细节	0.243	0.187	0.289	0.782
分析判断能力	0.672	0.316	0.239	0.305
风险管理能力	0.767	0.307	0.246	0.229
创新能力	0.816	0.158	0.235	0.172
系统思维能力	0.815	0.223	0.282	0.195
疑难问题处理能力	0.696	0.322	0.313	0.198
自动生产控制系统	0.273	0.220	0.808	0.219
生产工序工艺	0.224	0.221	0.807	0.239
设备保障机理	0.262	0.217	0.785	0.291
新技术应用	0.384	0.131	0.745	0.233

注：旋转在6次迭代后收敛

提取方法为主成分分析法和旋转法（具有Kaiser标准化的正交旋转法）

4. 流程工业重大设备运行操作胜任力验证性因子分析

结构方程分析包括测量模型和结构模型，若只考虑因子之间的相关，不考虑因子之间的因果关系，即没有结构模型这部分，结构方程分析就是因子分析。当用于检验数据是否符合某个预先设定的先验模型时，结构方程分析便成为验证性因子分析。

通过探索性因子分析，本书初步构建了流程工业重大设备运行及胜任特征模型，但是模型各个因素之间究竟是什么样的结构关系以及理论模型与实际样本数据是否拟合仍需要进行验证，因此采用结构方程模型的软件AMOS 4.0对正式量表中的因子结构进行验证分析。其中路径分析结果如表3-14所示。

表3-14 流程工业重大设备运行操作胜任力验证模型的路径系数分析

测量指标	回归	因子	路径系数	S.E.	C.R.	P	标准化路径系数
团结合作	<—	心理素质	1.000				0.880
行动果断	<—	心理素质	1.036	0.054	19.286	***	0.833
经验分享	<—	心理素质	0.985	0.049	19.926	***	0.849
自我控制	<—	心理素质	0.927	0.050	18.420	***	0.811
注重细节	<—	工作态度	1.000				0.841
工作条理性	<—	工作态度	1.128	0.059	19.076	***	0.869
敬职敬业	<—	工作态度	1.074	0.057	18.783	***	0.860

续表

测量指标	回归	因子	路径系数	S.E.	C.R.	P	标准化路径系数
责任心	<--	工作态度	0.946	0.056	16.888	***	0.803
疑难问题处理能力	<--	工作能力	1.000				0.825
系统思维能力	<--	工作能力	1.221	0.064	19.025	***	0.875
创新能力	<--	工作能力	1.180	0.070	16.739	***	0.804
危机处理能力	<--	工作能力	1.166	0.061	18.979	***	0.873
分析判断能力	<--	工作能力	1.023	0.060	16.944	***	0.810
新技术应用	<--	作业知识	1.000				0.831
设备保障机理	<--	作业知识	0.981	0.052	19.025	***	0.872
生产工艺	<--	作业知识	0.980	0.054	18.201	***	0.847
自动生产控制系统	<--	作业知识	1.011	0.053	18.949	***	0.870

***显著性水平 0.1%

流程工业重大设备运行操作胜任力验证性因子分析还研究了隐变量之间的相关关系。结果如表 3-15 所示。

表 3-15　流程工业重大设备运行操作胜任力因子之间相关关系系数

因子	关系	因子	相关系数
心理素质	<-->	工作态度	0.700
工作态度	<-->	能力	0.672
知识	<-->	能力	0.732
心理素质	<-->	能力	0.707
知识	<-->	心理素质	0.603
知识	<-->	工作态度	0.693

为了证明数据"方差矩阵"和"理论结构方程"的一致性，通过拟合函数（或误差）的最小值来测量，误差越小，估计出来的方差矩阵与观察到的方差矩阵的拟合程度越高，也就是理论结构模型越正确。模型拟合度常用如下指标综合衡量。本结构方程模型各个拟合指数值如表 3-16 所示。通过和拟合成功标准进行对比，可知本模型拟合效果非常好，各指标都达到并超过了拟合标准值。

表 3-16　流程工业重大设备运行操作胜任力结构方程模型各个拟合指数值

模型	NPAR	CMIN	df	P	CMIN/DF	NFI	RFI	IFI	TLI	CFI	RMSEA
缺省模型	57	316.545	113	0	2.801	0.931	0.906	0.954	0.938	0.954	0.075
饱和模型	170	0	0			1.000		1.000		1.000	0.301
独立模型	17	4 576.982	153	0	29.915	0	0	0	0	0	

5. 流程工业重大设备运行操作胜任力解析

重大设备运行操作胜任力第一维度：心理素质。流程工业重大设备运行操作胜任力的心理素质维度主要包括自我控制、经验分享、行动果断和团结合作。

（1）自我控制。它是指在遭受诱惑、阻力、敌意、压力时，保持冷静、抑制负面情绪和行动的能力。具体包括：①抗压性。即使在压力的情况下也会以正面的方式来面对问题。②保持冷静的能力。在压力的情况下保持冷静，寻找可以接受的方法缓解压力。③不容易被激怒。不容易冲动，可以抵御不适当行为的诱惑。

（2）经验分享。它是指拥有开放的心态，乐于与人分享安全操作经验。具体包括：①信息获取。保持对新信息的掌握和了解，能够利用多种途径搜集和获取信息。②开放的知识结构。知识结构呈网络化，使得新信息可以快速融入已有的知识结构当中，知识、技能和观念更新迅速；有强烈的好奇心和探究欲，乐于了解和接受新鲜事物。③勇于尝试。喜欢以开创性的方式探索提升工作效率的方法。④乐于分享。乐于向他人学习，也乐于将自己的心得体会以及经验教训与他人共享，相信分享对彼此都有益。

（3）行动果断。它是指在困难中辨别事物的真相，迅速、适时做出正确决定和积极采取行动的意志品质。果断性品质是以勇敢和深思熟虑为前提的。具体包括：①敢作敢为。能够准确地切中问题的要害，及时做出决策，对不同的意见进行理性的说服。②变革勇气。敢于正视问题、否定自我，能够克服变革创新过程中的困难和阻力。③当机立断。能够预见结果和风险，做好应对风险的措施，当突发危机来临时能够迅速反应，立即采取有效的行动。

（4）团结合作。它是指团结同事，并支持配合同事完成工作任务。具体包括：①建立信任。②善于沟通。③角色调适。④集体荣誉感。能够为整条生产线的安全运行尽心竭力；不计较个人得失，能够以设备整体利益为重。

重大设备运行操作胜任力第二维度：工作态度。重大设备运行操作胜任力第二维度具体包括注重细节、工作条理性、敬职敬业和责任心。

（1）注重细节。它是指关注事实和细节，而不是抽象的概念；既考虑到全局，又深入了解关键细节，以细节的完美作为重要的努力方向。具体包括：①精益求精。学习并督促下属掌握各种可以提升和改进细节的方法，努力做到更好。②严谨求实。工作作风严谨务实，有强烈的寻求事实依据的倾向，愿意看到并尊重事实。③细节取胜。相信有可操作的细节作为保障，才能确保整个计划的成功；对操作各个环节进行多角度、全方位的考虑，确保操作的严密性。

（2）工作条理性。它是指重视规则和秩序；对工作中的各项操作按照紧迫性、重要性区分优先等级，进而有计划、有步骤地安排操作进程，确保操作有条不紊地进行。具体包括如下方面：①工作认知。了解其操作对实现设备安全运转的重要性,清晰地知道自己的角色和职责。②统筹能力。根据事务的重要性和紧迫程度,对人力、物力及时间等资源进行相应的规划与安排,确保在规定的时限内按质、按量地完成操作事务。③计划性。详细周到地考虑工作计划——确定实现工作目标的具体手段和方法,预定出目标的进程及步骤。④自我控制。对目标保持良好的坚持性,不因额外因素的干扰而经常改变操作,从而确保自己的工作行为与工作目标实现的方向一致。

(3)敬职敬业。热爱自己的职业,有良好的职业道德和强烈的职业使命感,兢兢业业、任劳任怨,为了自己的职业而奉献。具体包括:①组织接纳。理解和认同企业文化与价值理念,为自己身为企业一员而感到骄傲。②职业使命感。对自己在组织中所扮演的角色与承担的职责有清晰的认识和强烈的使命感,能够积极地将个人的目标与工作职责有机地结合。③追求绩优。不论是大事,还是日常的琐碎工作,都试图做得更好,力求精益求精。④乐于奉献。为了保证整体目标的实现,不计较甚至牺牲"小我"的利益,兢兢业业、任劳任怨地工作。

(4)责任心。责任心是指认识到自己的操作工作在流程工业关键设备安全运行中的重要性,把实现生产线的安全运行当成是自己的目标。具体包括:①安全操作工作认知。对设备操作工作内容、操作工作权利和职责有清晰而深刻的认识,了解自己所从事的操作对实现关键设备安全运行的重要性。②安全操作成就感。③热爱操作工作。④杜绝侥幸心理、麻痹心理、偷懒心理、逞能心理、莽撞心理、心急心理、烦躁心理、粗心心理、自满心理。

重大设备运行操作胜任力第三维度:工作能力。工作能力具体包括疑难问题处理能力、系统思维能力、创新能力、风险管理能力和分析判断能力。

(1)疑难问题处理能力。具体是指对于工作中出现的问题,能够抓住其本质,提出创造性的解决方案,并付诸实施。具体包括:①客观界定问题。②依靠团队。有团队意识,懂得利用团队成员之间的社会助长效应,突破个人的思维定式,激发灵感,创造性地解决问题。③解析备选方案。鼓励提出各种备选解决方案,并对每一方案的利弊做出合理评估,迅速缩小"最优解决方案"的范围。④决断与行动。能够快速做出合适的决定,促成团队迅速采取行动;在解决问题的过程中,有适当的冒险精神。⑤总结与提升。善于并乐于总结经验教训,在以往成败经验的基础上,不断提升对变革的应对能力和问题解决能力。⑥应变能力。头脑反应敏捷,对工作中的突发事件或意外事件有一定的应急处理能力。

(2)系统思维能力。它是指在分析和处理问题时,能够掌握全局,系统分析各部分和各环节中的复杂因果关系,选择和制订系统的方案计划。具体包括:①把握方向。善于排除干扰,抓住问题的关键,清晰地把握思考与决策的方向和目的。②打破常规。不故步自封,能够摆脱以往经验的束缚,打破思维定式,建立开放性的思维方式，跳出现有框架，创造性地解决问题。③全局思考能力。在开展工作时，要做到整体与部分的统一，既能考虑到有利因素，也要考虑到负面情境发生的可能性及应对方案。④当机立断。对实际工作中出现的问题，能够比较快地抓住关键，寻求可行的最佳解决方案，并尽快执行。

（3）创新能力。它是指不受陈规和以往经验的束缚，不断改进操作方法，以适应新生产系统和设备运行的要求。具体包括：①开放性。对信息持开放的心态，密切关注业内外的新动态和新发展。②挑战传统。敢于质疑传统和常识，能够提出与众不同的观点、见解和方法。③敢于冒险。敢于承担风险去制定新政策、采取新措施和尝试新方法。④危机意识。对潜在的危机较敏感，通过自身不断革新和发展，积极应对挑战。⑤鼓励创新。积极营造创新氛围，对新观点、新方法的提出表示欢迎和赞同。

（4）风险管理能力。该能力是指能够在信息不完备的情况下判断风险，采取行动规避及应对风险，以减轻不可避免的风险产生的不良后果。具体包括：①危机预测。能够在正常的情况下，对潜在的风险进行预测。②危机处理。面对突发性事件能沉着冷静，抓住事件的关键，充分利用企业各种资源。③预警机制。建立内在风险防范预警机制，制订多种应对方案，做到未雨绸缪。

（5）分析判断能力。具体是指对已知的事实进行分析推理，把握事情的本质。具体包括：①理解能力。能够根据外界提供的信息，结合自己以往的经验与认知，对事物的性质、内涵、状态等形成清晰的认识。②判断能力。能够对事物的是与非、对与错、好与坏、真与假等品质做出恰当的评判和区分。③推理能力。对事物经过分析、理解、判断及综合等逻辑思维过程后，得出结论。④决断力。对零散结论性信息进行整合加工，分析利弊，做可行性比较，选择最合适的方案。

重大设备运行操作胜任力第四维度：作业知识。在流程工业重大设备运行作业知识方面，主要包括新技术应用知识、设备保障机理知识、生产工序工艺知识、自动生产控制系统知识。

（1）新技术应用知识。它是指能大概了解应用新技术时的情况，在设备进行新技术应用时可以做到顺利融入。

（2）设备保障机理知识。它是指了解设备的使用说明书，适应生产全线自动化、数字化的需要。具体包括：①对设备使用说明书的了解。②对设备构件的了解。③设备管理。对设备的控制系统、自动化系统有一定的了解，对自动化级、过程控制级、生产控制级等内容有所把握。

（3）生产工序工艺知识。它是指具备并精通数控操作、数控工艺编程和数控设备维护、维修所需要的综合知识，精通生产工艺流程关键设备的机械结构设计和数控系统的电气设计，掌握数控机床的机电联调；能自行完成设备数控系统的选型、设备的安装、调试、维修和精度优化；能独立完成设备的数控化改造。具体包括：①技术管理。按照工艺标准组织生产，执行工艺规程，组织质量控制与攻关活动，做好质量中控，使用和维护好机具，组织学习并交流技术知识、操作技能，开展合理化建议和技术改进活动。②对工艺规程的认识。熟悉生产工艺流程，严格执行、认真贯彻纪律性文件。③对生产物流的认识。对原材料、中间产品的危险性及化学反应原理认识了解。

（4）自动生产控制系统知识。具体是指对自动生产控制系统 [如PLC（programmable logic-controller，可编程逻辑控制器）、DCS] 的安装调试（单机调试和系统调试）、参数设置等的掌握水平。具体包括：①硬件调试检查和单机调试。主要包括操作者需要了解各类设备诊断程序，熟悉各个设备的标准功能测试方法，熟悉电源卡的电压测量方法和检查方法，了解设备的输入和输出卡，能够对设备的运行精度进行调试和检查，能够对信号实施调整作业。②方法功能检查和调试。主要包括会使用运行显示及打印功能，会进行用户界面的检查、自动格式报表的检查、控制方案的检查和调试，具备其他用户组态的程度的检查和调试的能力。③控制或优化控制应用软件的在线调试。在工艺装置开车平稳后进行，制订调试方案，保证工艺生产的平稳安全。反复调整参数，使控制系统和联锁保护投入自动状态，达到应有的使用效果。

3.2.4 流程工业重大设备安全运行的维修维护胜任力实证研究

流程工业重大设备维修维护胜任力的问卷收集数据与运行操作胜任力的数据来源相同，研究过程与思路也比较一致，为了避免重复论述，将探索性因子分析和验证性因子分析的结果阐述如下。

1. 流程工业重大设备维修维护胜任力信度分析

采用 Cronbach's α 一致性系数检验总量表的信度和各分量表的信度，结果如表 3-17 所示，说明量表具有可信性。

表 3-17　流程工业重大设备维修维护胜任力调查问卷信度指标

因子	F_1	F_2	F_3	F_4	总量表
α 系数	0.906	0.901	0.807	0.912	0.910

2. 流程工业重大设备维修维护胜任力探索性因子分析

在流程工业重大设备维修维护胜任力方面，其 KMO 和 Bartlett 球形检验的 KMO 值为 0.952，说明流程工业重大设备维修维护胜任力数据适合做因子分析，结果见表 3-18。

表 3-18 流程工业重大设备维修维护胜任力 KMO 和 Bartlett 球形检验

	取样足够度的 KMO 度量	0.952
Bartlett 球形检验	近似卡方	25 829.556
	df	2 346
	Sig.	0

采用主成分分析法,从流程工业重大设备维修维护胜任力因子中提取了 4 个因子,累计方差解释率达到 66.214%,见表 3-19。

表 3-19 流程工业重大设备维修维护胜任力解释的总方差

成分	初始特征值			提取平方和载入			旋转平方和载入		
	合计	方差的	累积	合计	方差的	累积	合计	方差的	累积
1	37.681	54.610%	54.610%	37.681	54.610%	54.610%	17.954	26.020%	26.020%
2	3.109	4.506%	59.116%	3.109	4.506%	59.116%	10.969	15.898%	41.918%
3	2.711	3.930%	63.046%	2.711	3.930%	63.045%	10.095	14.630%	56.548%
4	2.187	3.169%	66.214%	2.187	3.169%	66.214%	6.670	9.666%	66.214%

流程工业重大设备维修维护胜任力因子载荷矩阵,也就是流程工业重大设备维修维护胜任力探索性因子分析计算结果如表 3-20 所示。

表 3-20 流程工业重大设备维修维护胜任力因子载荷矩阵

外生变量	成功通用特质 F_1	外生变量	职业素养 F_2	自动生产线知识 F_3	风险管控能力 F_4
力量素质	0.699	DCS 安装	0.213	0.622	0.105
反应速度	0.588	DCS 调试	0.207	0.666	0.080
抗疲劳度	0.592	DCS 运行维护	0.145	0.673	0.151
动手能力	0.595	了解设备自控系统	0.161	0.634	0.145
忍耐抗压	0.707	工艺流程	0.421	0.480	0.310
包容	0.684	工艺参数	0.432	0.482	0.313
心态平和	0.583	工艺配方理化反应	0.457	0.468	0.184
情绪稳定	0.556	工艺调控	0.418	0.485	0.304
接受新观点事物	0.750	设备操作说明	0.446	0.534	0.236
知识融合	0.717	设备构造	0.425	0.557	0.181
思考尝试	0.710	设备支持系统	0.417	0.598	0.041
乐于分享	0.669	机械设备操作点检	0.249	0.740	0.161
机智勇敢	0.701	电气设备操作点检	0.233	0.807	0.115
沉着应对	0.619	自控系统操作点检	0.233	0.811	0.115
当机立断	0.642	关联装置故障诊断调控	0.301	0.723	0.250
角色适应	0.701	安全责任意识	0.519	0.295	0.452

第3章 流程工业重大设备安全运行的人因要素实证分析

续表

外生变量	成功通用特质 F_1	外生变量	职业素养 F_2	自动生产线知识 F_3	风险管控能力 F_4
善于沟通	0.640	安全操作自豪感	0.631	0.216	0.134
建立信任	0.650	遵守劳动纪律规范	0.660	0.227	0.389
利他行为	0.658	主动查找排除隐患	0.621	0.358	0.332
理解能力	0.671	吃苦耐劳	0.709	0.156	0.063
判断能力	0.442	乐于奉献	0.685	0.215	0.074
推理能力	0.597	职业使命感	0.724	0.160	0.161
归纳总结	0.578	追求绩优	0.703	0.102	0.167
勤于思考	0.648	明确轻重缓急	0.651	0.290	0.086
善于改进	0.572	计划性	0.578	0.270	0.123
管理创新	0.581	遵守工作步骤流程	0.625	0.297	0.157
把握方向	0.683	严格执行命令	0.625	0.300	0.300
全局思维	0.640	精益求精	0.697	0.243	0.140
全面思维	0.567	严谨求实	0.655	0.280	0.168
界定问题	0.659	严格遵守操作规定	0.543	0.278	0.424
依靠团队	0.624	风险意识	0.278	0.106	0.730
解析备选方案	0.692	风险预测	0.289	0.161	0.722
决断行动	0.558	风险识别	0.276	0.144	0.757
善于提升	0.622	风险分析评估	0.219	0.170	0.687
		风险隐患处理	0.149	0.246	0.747

3. 流程工业重大设备维修维护胜任力验证性因子分析

流程工业重大设备维修维护胜任力测量模型路径系数如表3-21所示。

表3-21 流程工业重大设备维修维护胜任力测量模型路径系数

显变量	关系	隐变量	路径系数	标准误差	C.R.	显著水平	Label	标准路径系数	显变量	关系	隐变量	路径系数	标准误差	C.R.	显著水平	Label	标准路径系数
a_1	<—	F_1	1.000					0.696	a_9	<—	F_1	1.128	0.080	14.070	***	par_8	0.814
a_2	<—	F_1	0.825	0.069	12.031	***	par_1	0.690	a_{10}	<—	F_1	1.036	0.077	13.380	***	par_9	0.773
a_3	<—	F_1	0.819	0.067	12.256	***	par_2	0.703	a_{11}	<—	F_1	1.079	0.075	14.324	***	par_10	0.829
a_4	<—	F_1	0.752	0.064	11.666	***	par_3	0.669	a_{12}	<—	F_1	1.004	0.074	13.560	***	par_11	0.784
a_5	<—	F_1	1.067	0.075	14.211	***	par_4	0.823	a_{13}	<—	F_1	1.106	0.082	13.421	***	par_12	0.775
a_6	<—	F_1	1.079	0.078	13.889	***	par_5	0.804	a_{14}	<—	F_1	0.965	0.073	13.244	***	par_13	0.765
a_7	<—	F_1	0.951	0.074	12.925	***	par_6	0.746	a_{15}	<—	F_1	0.970	0.071	13.704	***	par_14	0.792
a_8	<—	F_1	0.902	0.069	13.013	***	par_7	0.752	a_{16}	<—	F_1	0.994	0.072	13.841	***	par_15	0.801

续表

显变量	关系	隐变量	路径系数	标准误差	C.R.	显著水平	Label	标准路径系数	显变量	关系	隐变量	路径系数	标准误差	C.R.	显著水平	Label	标准路径系数
a_{17}	<—	F_1	0.906	0.066	13.633	***	par_16	0.788	b_6	<—	F_2	0.266	0.031	8.609	***	par_43	0.764
a_{18}	<—	F_1	0.931	0.070	13.323	***	par_17	0.770	b_5	<—	F_2	0.260	0.030	8.567	***	par_44	0.755
a_{19}	<—	F_1	1.003	0.073	13.660	***	par_18	0.790	b_4	<—	F_2	0.300	0.035	8.553	***	par_45	0.752
a_{20}	<—	F_1	0.995	0.070	14.149	***	par_19	0.819	b_3	<—	F_2	0.304	0.035	8.689	***	par_46	0.781
a_{21}	<—	F_1	0.762	0.061	12.528	***	par_20	0.722	b_2	<—	F_2	0.333	0.038	8.857	***	par_47	0.820
a_{22}	<—	F_1	0.929	0.072	12.935	***	par_21	0.747	b_1	<—	F_2	0.330	0.038	8.781	***	par_48	0.802
a_{23}	<—	F_1	0.887	0.069	12.910	***	par_22	0.745	c_1	<—	F_3	1.000					0.645
a_{24}	<—	F_1	0.984	0.069	14.188	***	par_23	0.821	c_2	<—	F_3	1.497	0.124	12.035	***	par_49	0.775
a_{25}	<—	F_1	0.933	0.067	14.006	***	par_24	0.810	c_3	<—	F_3	1.279	0.112	11.406	***	par_50	0.725
a_{26}	<—	F_1	0.898	0.065	13.859	***	par_25	0.802	c_4	<—	F_3	1.115	0.101	11.005	***	par_51	0.695
a_{27}	<—	F_1	1.051	0.074	14.227	***	par_26	0.823	c_5	<—	F_3	1.630	0.129	12.651	***	par_52	0.826
a_{28}	<—	F_1	1.004	0.073	13.843	***	par_27	0.800	c_6	<—	F_3	1.684	0.132	12.722	***	par_53	0.832
a_{29}	<—	F_1	0.952	0.070	13.580	***	par_28	0.784	c_7	<—	F_3	1.572	0.124	12.665	***	par_54	0.827
a_{30}	<—	F_1	0.977	0.069	14.075	***	par_29	0.814	c_8	<—	F_3	1.499	0.125	12.025	***	par_55	0.774
a_{31}	<—	F_1	1.015	0.075	13.600	***	par_30	0.786	c_9	<—	F_3	1.440	0.117	12.294	***	par_56	0.796
a_{32}	<—	F_1	1.050	0.076	13.901	***	par_31	0.804	c_{10}	<—	F_3	1.459	0.119	12.276	***	par_57	0.795
a_{33}	<—	F_1	0.954	0.070	13.581	***	par_32	0.784	c_{11}	<—	F_3	1.233	0.108	11.396	***	par_58	0.725
a_{34}	<—	F_1	0.938	0.069	13.504	***	par_33	0.780	c_{12}	<—	F_3	1.089	0.102	10.697	***	par_59	0.672
b_{15}	<—	F_2	0.249	0.029	8.570	***	par_34	0.757	c_{13}	<—	F_3	1.606	0.123	13.022	***	par_60	0.857
b_{14}	<—	F_2	0.269	0.031	8.613	***	par_35	0.766	c_{14}	<—	F_3	1.444	0.118	12.256	***	par_61	0.793
b_{13}	<—	F_2	0.270	0.031	8.636	***	par_36	0.771	c_{15}	<—	F_3	1.045	0.097	10.733	***	par_62	0.674
b_{12}	<—	F_2	0.273	0.032	8.532	***	par_37	0.749	d_1	<—	F_4	1.000					0.876
b_{11}	<—	F_2	0.297	0.034	8.708	***	par_38	0.786	d_2	<—	F_4	1.006	0.044	23.080	***	par_63	0.898
b_{10}	<—	F_2	0.282	0.032	8.690	***	par_39	0.782	d_3	<—	F_4	1.030	0.043	23.971	***	par_64	0.914
b_9	<—	F_2	0.284	0.033	8.720	***	par_40	0.788	d_4	<—	F_4	0.971	0.046	21.220	***	par_65	0.863
b_8	<—	F_2	0.265	0.031	8.571	***	par_41	0.756	d_5	<—	F_4	0.839	0.045	18.768	***	par_66	0.809
b_7	<—	F_2	0.293	0.034	8.669	***	par_42	0.777									

***显著性水平0.1%

流程工业重大设备维修维护胜任力结构模型各隐变量之间的相关系数如表3-22所示。

表 3-22 流程工业重大设备维修维护胜任力结构模型各隐变量之间的相关系数

因子之间关系			协方差	S.E.	C.R.	P	Label	相关系数
成功通用特质	<—>	自动生产线知识	1.000					0.834
风险管控能力	<—>	成功通用特质	0.290	0.034	8.645	***	par_67	0.749
成功通用特质	<—>	职业素养	0.187	0.024	7.905	***	par_68	0.820
自动生产线知识	<—>	职业素养	0.574	0.057	9.998	***	par_69	0.800
风险管控能力	<—>	自动生产线知识	0.777	0.071	10.941	***	par_70	0.637
风险管控能力	<—>	职业素养	0.157	0.020	7.859	***	par_71	0.676

***显著性水平 0.1%

流程工业重大设备维修维护胜任力验证性因子分析的结构方程模型拟合度评价结果如表 3-23 所示。

表 3-23 流程工业重大设备维修维护胜任力结构方程模型拟合指数

模型	NFI	RFI	IFI	TLI	CFI	RMSEA	PCLOSE	NPAR	CMIN	df	P	CMIN/DF
缺省模型	0.626	0.602	0.680	0.658	0.678	0.097	0	213	10 623.321	2 271	0	4.678
饱和模型	1.000		1.000		1.000	0.167	0	2 484	0	0		
独立模型	0	0	0	0	0			69	28 389.69	2 415	0	11.756

4. 流程工业重大设备维修维护胜任力解析

首先，流程工业重大设备维修维护胜任力的成功通用特质。流程工业重大设备维修维护胜任力成功通用特质主要包括力量素质、反应速度、抗疲劳度、动手能力、忍耐抗压、包容、心态平和、情绪稳定、接受新观点事物、知识融合、思考尝试、乐于分享、机智勇敢、沉着应对、当机立断、角色适应、善于沟通、建立信任、利他行为、理解能力、判断能力、推理能力、归纳总结、勤于思考、善于改进、管理创新、把握方向、全局思维、全面思维、界定问题、依靠团队、解析备选方案、决断行动、善于提升。对于上述具体因素，可以大致进行归类，具体解释如下。

第一类主要体现在身体遗传因素方面，具体包括力量素质、反应速度、抗疲劳度、动手能力。力量素质是操作员在肌肉活动中表现出来的力量等机能。反应速度是指人体对各种信号刺激的快速应答能力和神经系统反射弧的接通机能水平。一个人抗疲劳度差，常常表现为四肢无力、注意力不集中、感知不清晰、动作紊乱失调、记忆和思维障碍、意志衰退等。疲劳使操作员对信息的反应技能下降，反应时间长，可能导致操作不及时或误操作。动手能力则能够体现出灵敏素质，是操作员在各种突然变换的条件下，能够迅速、准确、协调改变身体运动的能力。

第二类是心理素质脾气性格方面的，主要包括忍耐抗压、包容、心态平和和情绪稳定。

第三类是创新方面的，具体包括能够接受新观点，能够做到不同领域不同知识的交叉融合，能够不断思考尝试新方法、新方案。具备经验开放性和开放的知识结构。能够做到不受陈规和以往经验的束缚，不断改进操作方法，以适应新生产系统和设备运行的要求。

第四类是应急能力，主要包括机智勇敢、沉着应对和当机立断。

第五类是人际情商方面，具体包括建立信任、利他行为、角色适应、善于沟通和乐于分享。能够以务实勤恳的工作作风、诚信守言的良好品行、严谨的专业形象等赢得他人的信任和尊重；同时能够以开放的心态对待合作者，懂得欣赏他人、信任他人。可以出于自愿而不计较外部利益帮助他人。利他行为者可能需要做出某种程度的个人牺牲，但却会给他人带来实在的益处。具备调整自己的角色行为使之与角色期望逐渐吻合的能力。能够在较短时间里，找到自己对于设备运行的最佳贡献区，并承担起相应的角色职责。拥有开放的心态，乐于与人分享安全操作经验。善于通过正式及非正式的形式与他人进行沟通，及时了解他人需要和观点，澄清自己的要求和认识，以便迅速明确问题，达成默契，开展工作。

第六类是理性逻辑能力方面的，具体包括理解能力、判断能力、推理能力、勤于思考、善于改进和归纳总结能力。

第七类是管理能力方面的，具体包括管理创新、把握方向、全局思维、全面思维和界定问题能力。其内涵如下：制定新政策、采取新措施和尝试新方法。在界定问题方面，具体是指能够客观地审视情境，剥离表面现象，迅速理清各种有利与不利因素，判断问题产生的根源，澄清问题的关键。

其次，流程工业重大设备维修维护胜任力的职业素养。流程工业重大设备维修维护胜任力成功通用特质维度主要包括安全责任意识、安全操作自豪感、遵守劳动纪律规范、主动查找排除隐患、吃苦耐劳、乐于奉献、职业使命感、追求绩优、明确轻重缓急、计划性、遵守工作步骤流程、严格执行命令、精益求精、严谨求实和严格遵守操作规定。可以大致划分为四个类别，具体解释如下。

第一类别是安全素养方面的，具体包括安全责任意识、安全操作自豪感、主动查找排除隐患。从安全操作过程中寻求自身的价值和满足；完成生产线安全可靠运行能给自己带来巨大的满足感和优越感。热爱操作工作，主动排除隐患，把安全操作当成是自己的事业来做，愿意把流程工业生产线关键设备作为发展自己的舞台。

第二类别是工作执行力方面的，具体包括严谨求实、遵守劳动纪律规范、遵守工作步骤流程、严格执行命令和严格遵守操作规定。

第三类别是工作品格方面的，具体包括职业使命感、追求绩优、明确轻重缓急、计划性、精益求精。学习并督促自己掌握各种可以提升和改进细节的方法，努力做到更好。

第四类别是品德方面的，具体包括乐于奉献和吃苦耐劳。乐于奉献，能够在攸关企业和团队整体利益的时刻做出贡献。

再次，流程工业重大设备维修维护胜任力维度的风险管控能力。其具体包括风险意识、风险预测、风险识别、风险分析评估和风险隐患处理。具体解释如下：风险意识是指对风险的感受，风险意识比较强的人对风险感受比较敏感，容易识别细小的风险，能在事故发生之前将风险扼杀在萌芽之中。风险预测是指在工作之前对工作过程中以及工作结果可能出现的事物异常情况进行预测，制定对策，从而预防事故发生的一种措施。风险识别是指在风险事故发生之前，人们运用各种方法系统地、连续地认识所面临的各种风险以及分析风险事故发生的潜在原因。风险识别过程包含感知风险和分析风险两部分。在此基础上，采取一定的对策措施控制风险。

最后，流程工业重大设备维修维护胜任力维度的自动生产线知识。主要包括DCS安装、DCS调试、DCS运行维护、了解设备自控系统、工艺流程、工艺参数、工艺配方理化反应、工艺调控、设备操作说明、设备构造、设备支持系统、机械设备操作点检、电气设备操作点检、自控系统操作点检和关联装置故障诊断调控。

第4章 流程工业重大设备安全运行的人员优劣势结构识别及需求预测

4.1 流程工业重大设备安全运行的人员优劣势匹配理论框架

4.1.1 流程工业重大设备安全运行的人员优劣势匹配必要性

以化工行业、冶金行业等为代表的流程工业是一项高危行业，流程工业重大设备运行及维修维护的终极目标是确保生产设备的连续稳定运行。其危险性主要体现在介质的有毒有害、易燃易爆、高温高压和设备高速运转可能造成的意外伤害等。因此，流程工业重大设备的运行操作、检修维修工作必然也存在众多的不安全因素。人力资源是保障重大设备安全运行的首要因素，人能够在发现设备存在安全隐患甚至发生危险的时候第一时间采取应急措施，逆转不安全态势，转危为安。然而，操作人员也是双刃剑，在众多影响流程工业重大设备运行的不安全因素中，人是重中之重，而其中，人的弱项是导致风险的重要因素，人员很可能误操作或者决策不当，导致安全生产事故的发生。金无足赤，人无完人，每个人都有自己的优势，也有自己的劣势，可见，对于流程工业重大设备安全运行而言，人力资源具有较高保障甚至破坏安全潜力的异质性特征，这种异质性特征尤其表现在个性化、差异化、稳定性的人力资源内部的心理行为的优势与劣势方面。从人力资源的优势与劣势的个性化差异出发，运用管理科学与工程的建模优化方法，结合流程工业重大设备安全运行对人员的具体心理行为方面的人力资本的要求，实现人力资源的安全配置，对于流程工业重大设备安全运行至关重要。

流程工业企业如果能够掌握重大设备生产运行及维修维护人员的优势与劣势，就能更好地选拔、培训与优化配置人力资源，个人就能依据优势与劣势的实际情况进行决策，从而有效提高人力资本质量与价值。然而，实践中人们往往忽视了人力资本的内质及其优势，出现了很多所学非所善学，所做非所善做的现象，造成了人力资本的浪费。

4.1.2 流程工业重大设备安全运行的人员优劣势内涵释义

为了体现人的价值性，引入人力资本的相关理念。自20世纪60年代正式确立人力资本理论以来，形成了不同的人力资本学派，其中有代表性的学派及人物有：古典经济学派的代表人物威廉·配第，将能力纳入经济学研究范畴，提出劳动力的经济价值存在差异。亚当·斯密将有用才能作为人力资本，将社会分工理论和人力资本相结合。在新古典学派，马歇尔认为"健康和强壮"是人力资本的基础，"一般能力"和"专门技能"是人力资本的关键。现代人力资本理论对人力资本质量进行了深入分析。舒尔茨认为人力资本是人的能力和素质，并给不同质量差异赋予经济学意义。贝克尔研究了教育对形成人力资本的重要作用。卢卡斯提出"干中学"专业化人力资本积累增长模型。人力资本的概念及其价值要素是本书的逻辑起点。与人力资源所描述的人力自然存在及其状况不同，人力资本主要侧重的是人的各种知识、技能及能力的积累与运用。人力资本作为能够获得剩余价值的人力资源价值，表现为人所具有的创造剩余价值能力或生产能力。事实上，技能是价值的基础，价值是技能的体现，价值和技能具有一体性。

人力资本内质结构是优势结构识别的范围规定性，然而，现有文献对优势的界定常指对系统动态运行最具影响力的因素。将关联分析和理想点分析相结合，按照实际因素与虚拟理想因素的关联度的大小能够判别优势的大小。组织目标的实现是员工努力的结果，发挥组织个体的优势对提高组织管理的效率至关重要。根据美国盖洛普公司从成功心理学角度对个体优势所做的解释，从个体优势的定义、组成、才干特点阐述开始，本书界定了优势建设的内涵及其特征，为基于个体优势管理研究和组织人力资源管理奠定了基础。

为了突出价值导引功能，引入人力资本优势与劣势结构来刻画人员心理行为的优势与劣势结构。先从人力资本结构的概念谈起，目前刻画人力资本结构的方式主要是外在结构，如学历结构、职称结构、年龄结构、性别结构等，这些结构对人力资本的刻画是表面的而不是实质的，难以反映人力资本的价值创造本质，真正决定人力资本实质功能的应该是人力资本的内质结构。传统人力资本理论侧重于宏观层面，导致不同人员能力内在质的差异被湮没于同质性范畴之下而难以体现其独立价值，事实上，工作分工能够带来各人"才能上的巨大差异"及具有更高价值的"非凡技巧和智能"。《国家中长期教育改革和发展规划纲要（2010—2020年）》在实施部分中明确指出"优先发展教育，建设人力资源强国"，表明人力资本对我国经济发展的重要性。因此本书以"扬长避短、发挥优势"的人本思想为指导，基于分工理论、人力资本异质性理论及人力资本专用性理论，构建基于心理行为的人力资本优势劣势结构的概念（刻画人力资本内质优势与劣势相对程度）。

人力资本的优势与劣势结构，是指人力资本相对于物资资本，或不同的人力资本类型的人力资本内部结构之间，在资本存量方面，除了具有整体存量大小的差异外，还具有由于内部优势与劣势结构的差异而导致的保障重大设备安全运行的价值差异，这种内部结构的差异性可以用某一类型人力资本内部的各个基本要素之间的水平高低比较强弱结构来体现。由于个体的差异性，不同的人具有不同的优势与劣势特征，如何识别被评价对象的个体优势与劣势特征是了解不同个体的人力资本情况、有效进行人力资源优化配置的前提和关键，现有的评价方法缺乏对个体优势特征的挖掘，不利于个体竞争优势的识别与培育。如果能够掌握个体的优势与劣势，流程工业重大设备人员配置决策者就能更好地实现人岗优势匹配和团队成员优势互补，个人就能依据优势与劣势的实际情况进行人员组合，从而有效提高重大设备安全运行水平。反之，如果忽视了人力资源的能力内质及其优势，就会出现很多所做非所善做的现象，在造成人力资本的巨大浪费的同时，也给安全生产带来了巨大隐患。由基因及后天的学习与工作积累形成的个体胜任力各要素发展的不均衡使得同一个体在面对不同任务需要时表现出很大差异，个体的劣势是导致流程工业重大设备存在安全风险的关键所在，也是需要着重突出和关注的方面。在明晰的个体劣势结构下，组织可以基于此给人员指派让其扬长避短的工作，个人可以基于此补齐短板，实现安全操作，或者在短板方面提高警惕。实践中，人们往往不自觉地按照劣势结构避免安排某些短板任务，但在具体的做法上不成体系，尤其是在劣势识别方面常常采取凭借直觉的方式，缺少具有可操作性的理论模型作决策支持。由此可见，从承认个人劣势的视角出发，全方位识别人员的劣势结构，是管理实践中迫切需要解决的问题。

识别与分析流程工业重大设备安全运行及维修维护操作人员的优势及劣势是对人员进行优化配置的基础，有助于人力资本所有者基于优劣势，在利用优势提高价值的同时有效应对劣势，发掘自身才能的最佳生长点；有助于因材施用，用人所长，更好地进行人力资本的优化配置和定位，形成优势互补的团队；能够全面、深入、客观掌握组织人力资本态势，为调控提供支持，为人力资源的有序开发及更好地体现人的价值提供决策支持。

通过上面的分析与说明，本书给出流程工业重大设备安全运行的人员人力资本优势与劣势的概念：①优势是经过比较后具有优良的形势；结构是系统构成要素相互关联和作用的方式。人力资本的优势结构是一个相对概念，是一种内质结构，是在确定的价值理念下，表现人力资本价值最大化的结构关系。人力资本优势结构的表现形式可以从人力资本的内在质量指标体系出发，按照最大程度认可人力资本价值的原则，描述人力资本自身优势的数学结构特征，主要包括数量比例、排列次序等关系。人力资本优势结构的识别方法是基于社会组织对人力资本质量价值准则，依据人力资本的相关信息，对人力资本优势结构分析、判断并给出推断结论的方法。人员不同，人员所具有的人力资本质量不同，人力资本内质的优势结构也不同。人员人力资本优势结构是指对流程工业重大设备安全运行而言，以被分析对象所从事岗位的胜任力综合评价指标体系的各个指标的正（或负）理想值为对标标准，从最有利于被分析对象的角度，使得被分析对象得到最好的岗位胜任力综合评价值的各项指标的价值参数结构。人员人力资本优势是指在上述权重结构中，每项指标对应的价值参数系数大小。该值越大，则说明被分析对象在该项指标上的优势越大；该值越小，说明被分析对象在该项指标上的优势越不明显。②与之相对应的，人员劣势结构是指对流程工业重大设备安全运行而言，以被分析对象所从事岗位的胜任力综合评价指标体系的各个指标的正（或负）理想值为对标标准，从最不利于被分析对象的角度，使得被分析对象得到最差的岗位胜任力综合评价值的各项指标的价值参数结构。为了研究方便，或者为了不给读者造成概念上的困扰，本部分不给出人员劣势强度的概念，因为优势与劣势是一个相对的概念，如果被分析对象在某项指标上的优势强度值很小，也可以认为该被分析对象在该项指标上具有劣势。

对人员人力资本优势与劣势的概念具体解释如下：人员的优势可以分为绝对优势和相对优势。人员的绝对优势是指该人员在某项工作上所具有的比其他人员能更加有效率地（即单位投入的产出水平比较高等）创造某种价值的能力。人员分工的基础是有利的先天禀赋或后天习得的能力。先天禀赋和后天能力可以使得某人在具体的工作中处于比其他人员绝对有利的地位。如果流程工业重大设备生产运行中的每个人员都按照各自的优势进行工作分工和协作交换，组织的人力资本将会得到最有效的利用，将会大大提高劳动生产率和增加设备运行的安全性。人员的相对优势可以表述为：在两个人之间，劳动生产率的差距并不是在任何岗位上都是相等的。对于处于绝对优势的人员，应集中力量从事优势较大的工作或任务；处于绝对劣势的人员，应集中力量从事劣势较小的岗位，然后通过团队成员之间的合作，取长补短，彼此都节省了劳动时间，提高了劳动效率，实现优势互补。相对优势原理给流程工业重大设备人员分工的启示是，即使在任何胜任力评价指标上都没有最高值的情况下，仍然可以从相对的角度找到自己可以发挥特长的任务，并且通过分工和交换使团队中各个成员都获益。个体优势与劣势结构识别的功能如图 4-1 所示。

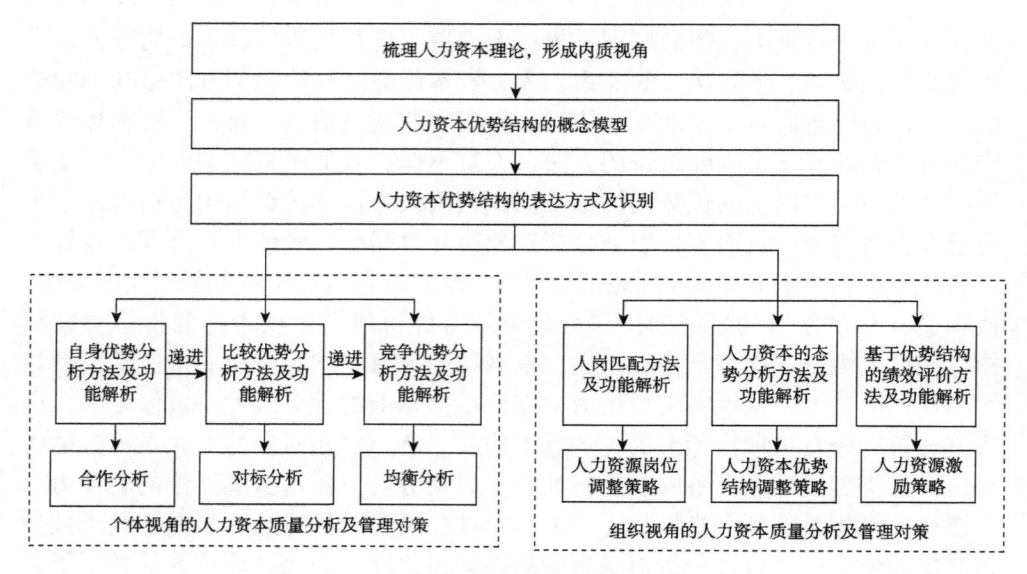

图 4-1　个体优势与劣势结构识别的功能

4.1.3　基于优劣势的流程工业重大设备安全运行资源配置逻辑

从人力资源的实际信息入手，着眼于人力资本内质，本书提出优势与劣势结构的概念，立足于人力资本质量的提升，从管理学的视角分析人力资本结构，完善人力资本管理的模型方法，构建人力资本优势结构的识别方法；从组织的视角，为"用人所长""优势互补"思想在管理实践中的落实提供具体方法流程的支持，特别是在量化方法上取得一定的突破。隐性人力资本理论与实践在国内外的研究尚属起步阶段，无论在概念体系还是研究方法上都没有形成完善的框架。从以往的研究来看，对隐性人力资本的研究主要是从经济学的角度，沿用经济学的理论与方法，探讨隐性人力资本的价值度量问题，而相对忽视了企业管理层面上隐性人力资本显性化和组织化的问题。

在人力资本优势结构概念的基础上，进一步深入分析概念的内涵和外延及其管理要义，人们对物质资本已经拥有优化的思想和若干优化技术方法，对人力资本的管理也应该体现优化的原则。因此，人力资本优势结构的概念应该至少具有三点作用：一是区别于目前的人力资本的外在结构表现而强调内质结构，引导人们探索和挖掘人力资源具有的更深层次的潜力；二是体现人力资本的相对性，更符合人力资本的特性；三是促进管理按照人力资本优势结构来发挥人的作用。

由于人力资本是以知识存量（技术、信息）为物质内容通过一定的技能和能力来表现的,这种能力可通过实践活动得以观察。人力资本优势结构识别方法属于具体的处理手段。所谓"优势"必然以某种价值标准为前提,而不同的价值准则将导致不同的优劣结果,从内质出发,挖掘最有利于认可被识别人员人力资本的优势内核,体现人本;与传统的结构仅指要素构成不同,通过数学结构表达人力资本内质特征,清晰明了。人力资本优势结构识别结果要体现各个要素比较而言的强弱程度,并且该强弱程度能够客观、量化地体现不同要素的优势量和劣势量,只有做到量化可比较,才能有的放矢地提高个体的人力资本水平。

个体明确自身的优势与劣势,有助于在职业生涯决策中选择最适合自身优劣势的岗位,让人力资本所有者清楚应该利用其拥有的优势资本提高自己的价值,同时避免其所拥有资本的劣势方面或弥补资本的劣势;基于分析结果,提出扬长避短的匹配策略;另外,如果识别出的劣势是制约个体发展的关键要素,那么就要采取均衡发展策略,弱化短板对于自身成功的制约作用。

人力资本配置的有效程度,直接制约着人力资本生产能力的实现过程和实现程度。人力资本的错置将降低人力资本的使用效率。做到人尽其才、才尽其用,是一个系统工程。每一类岗位需要的人力资本特质不同,人员也有不同的人力资本优势结构。以岗位人力资本理想结构为匹配目标,保证成员最大限度地发挥自己的优势,通过有效的人员安排,实施人员调整,实现整体人员配置的优化,最大限度地让成员处在能发挥优势的岗位,能够实现组织和个人的双赢,相得益彰。人力资本优势结构匹配度的高低,影响着人力资本效能的发挥。人员在发展各阶段外部环境需要的各项能力的结构与该人员内质结构的匹配程度,该人员的内质优势结构与岗位需要的优势结构的匹配度,都在不断变化,需要动态评价。人力资本的态势主要体现在组织中人员的精力分配模式及优势的相对集中程度方面,由于不同的人在遗传基因、后天习得能力等各方面的不同,不同成员的人力资本优势结构不同。但当成员较多时,相近的岗位职责可能导致在相同岗位上的人员具有一定的行为相似性。人力资本态势分析有助于了解整体发展态势与组织发展战略的匹配程度,为组织人力资本调控激励提供决策支持。

传统的统一标准的综合评估方法容易导致人力资源竭力弥补短处,事倍功半。在同样的绩效指标体系下,依据评议专家给出的评价值,按照群识别模型及民主综合评价的方式,识人之长,容人之短,分别从最有利于突出每位候选人资本的角度进行综合评价,能更好地激励人们发扬优势,转变人们看待评价的观念,更加容易形成以评促建的良性循环。

综上所述,人力资本优势结构的识别逻辑如下:以人力资本优势结构的概念界定为逻辑起点,以人力资本优势结构的识别方法为核心,以人员与岗位的匹配为主要实现方式,以个体人力资本价值提升和团队人力资本效能优化为两条主线,形成基于优势结构的人力资源管理方法、策略体系。人力资本优势结构按照具体的价值准则，将人力资本优势结构用数学模型表达出来，再运用最优化技术对其求解，形成以价值准则和优化方法为标识的识别技术。在基于优势结构的匹配决策方法方面，本书基于人力资本内质差异性及分工理论，遵循人力资本的优势结构，构建包括人力资本优势结构特征空间、相似性度量和最佳匹配方案评价三个方面的匹配决策技术。

综合上述分析，基于心理行为优势结构的人员配置管理框架如图 4-2 所示。

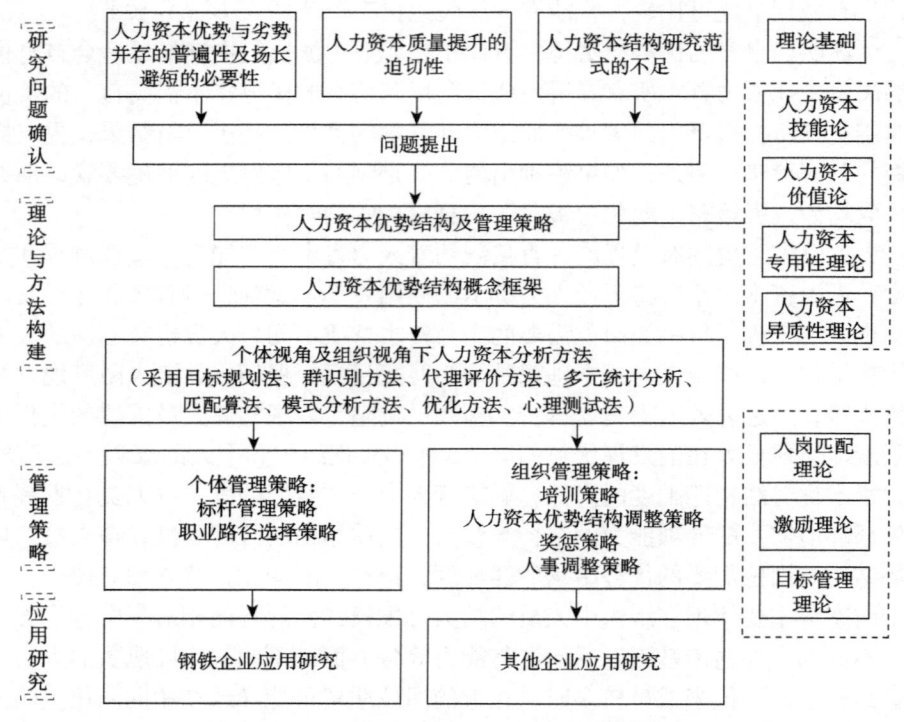

图 4-2 基于心理行为优势结构的人员配置管理框架

4.2 流程工业重大设备安全运行的优劣势结构识别的数学模型

4.2.1 流程工业重大设备安全运行的优势结构的识别思路

结构主义是发展经济学的一个重要流派，不同行为主体人力资本内质优势结构的差别，把人力资本分为若干基本要素，不同的内质结构差异体现了不同人力资本主体的差异性。流程工业重大设备安全运行的人力资本优势结构识别的操作步骤：①确定流程工业重大设备安全运行的人力资本内质要素内容。由于不同的企业、车间、工厂关注不同的人力资本内容，难以形成具有普适性的质量指标体系，但可以采用成熟的构建技术（如专家咨询法、结构方程法），根据岗位需要，把关注的内质内容提炼为具体的心理行为指标体系。②构建相应的人力资本价值评估模型。可以根据效用函数理念，构建基于线性加权思想、距离函数思想等不同范式下的人力资本综合价值度量模型。③基于群决策和 360 度评价思想，通过群识别的方式获得各项指标值。④基于优化思想，求解评估模型的反函数，模型的解是人力资本优势结构的数学表达式。以理想点模型为例说明其可行性，记 F 为人力资本内质指标集，F^* 为理想值，W 是指标权重集，则人力资本优势结构可以表达为

$$\arg\left\{\min_{w} d(F,F^*;W)\middle| W\in\Omega\right\} \quad (4\text{-}1)$$

其中，$d(F,F^*;W)$ 为 F 与 F^* 用权重 W 集成的距离函数；Ω 为各种可行权重组成的集合；arg 为求反函数算子。式（4-1）的含义是按照与最理想的状态距离越小越好的评价范式，在所有可行的权重中，使距离最小的指标权重结构即人力资本优势结构。人力资本优势结构的获取就转变为利用最优化技术求解数学规划问题。

以某一微观个体的优势劣势结构为研究对象，通过 360 度评价及基于目标界定的客观识别个性特征的方法，本书采用聚类分析技术，得到众人对某一个体优势与劣势结构的意见。该方法改变了习惯上多个评价对象相互比较的传统思维，强调从自身的角度识别劣势结构，为组织及个人实现人尽其才、用人之长提供识别与技术支撑。第一，依据 360 度评价思想，选择多个评价主体，在既定的流程工业重大设备安全操作指标体系框架下，针对不同的岗位胜任力指标体系，对评价对象在各项指标上的表现进行打分。第二，以实际值和理想值的差距最大化为目标函数，保证得到的最优解（指标权重）为在该实际数据下的最差结构。个体劣势特征是相对的结果，个体劣势特征突出、个体劣势特征一般和缺乏个体劣势特征是和自身各项相比较而言的。评价对象对应于不同指标的权重大小体现了其擅长方面的不同，权重越大，说明该项能力上的相对自身的其他方面的能力就越弱。第三，将每个主体识别的最差结构进行整合，即形成一个评价矩阵。该矩阵的横向指标为目标岗位各个能力指标项的权重，纵向为不同的评价主体。第四，通过对评价意见的评价主体的聚类分析，得到众人对该人员的评价意见，进而确定他人眼中该人员的劣势结构。第五，通过对以上步骤得到的劣势结构的分析，确定具体的人员使用及开发策略。

不同考评者的考评结果之间以及考评结果与实际情况之间并不完全一致，胜任力评价指标值的确定往往依靠评价主体的主观评价，必然会存在晕轮效应、近因效应，导致考评主体评分往往受人为因素影响而使得评价成绩和真实情况之间存在偏差，而从单个个体的角度来说，这种偏差只能通过种种手段减小，完全消除却是一种难以实现的理想状态。然而，由于考评的得分可以看作真分和误差分的线性组合，每个评价主体的误差是随机的且方向不同，所以，从理论上讲，只要评价主体样本足够大，其误差便会相互抵消，从而逼近真分。一方面，综合多评价主体的评价意见，由于具有更多的信息渠道，从统计学的角度看，其结果较为客观公正，可以减少个人偏见及评分误差。另一方面，在实施过程中先进行深入沟通交流使得评价主体明确该评价的初衷只是为了更好地了解评价对象相对自身的优劣势结构，这既对评价对象的未来发展有所助益，也对评价主体有意义，因为可以在组织范围内寻找可以劣势互补的对象，这样评价者从主观意愿上倾向于给出公正、客观的分值。由于人们认识问题的有限性的客观存在，不同的评价主体依据自己的经验进行评价，依然无法跨越感性的思维。由于本书的人员评价体系不涉及竞争及利益，可以最大限度地降低评价过程中由于人际关系造成所给评价分数失真现象，从而评价者从主观意愿上倾向于给出客观真实的分数；由于考评着眼于各个不同的侧面，对任何一位组织成员都测量了多次，平均误差渐趋于零，进而在一个评价团队中，团队成员多样性越大，测量误差越小；鉴于研究的中心是了解人员的优势与劣势结构，该结构强调的是和自身相比的强弱项，由此可见，整体评分的偏高或偏低不会影响对评价对象的劣势结构识别。

4.2.2 流程工业重大设备安全运行的优势结构识别的数学过程

（1）流程工业重大设备安全生产的运行及维修维护人员优势结构识别问题描述。

影响因素指标是隐性的，难以通过客观数据度量，而要通过专家意见了解指标信息。对影响因素各指标的评价采用利克特量表法，"1"分表示"非常弱"，"2"分表示"弱"，"3"分表示"一般"，"4"分表示"强"，"5"分表示"非常强"。在评价指标体系中，最高层指标为 z，中间层指标分别为 $y_1, y_2, \cdots, y_m$；每一个中间层指标都由若干个基层测量指标 x 支撑，其中，支撑 y_1 的基层指标有 p_1 个，分别为 $x_{11}, x_{12}, \cdots, x_{1p_1}$；支撑 y_2 的基层指标有 p_2 个，分别为 $x_{21}, x_{22}, \cdots, x_{2p_2}$；支撑 y_m 的基层指标有 p_m 个，分别为 $x_{m1}, x_{m2}, \cdots, x_{mp_m}$，如图 4-3 所示。

第4章 流程工业重大设备安全运行的人员优劣势结构识别及需求预测

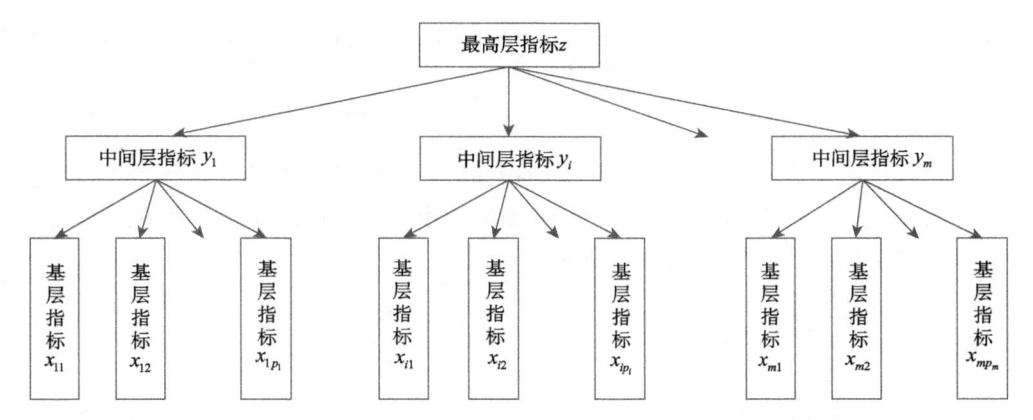

图 4-3 流程工业重大设备安全运行的心理行为人力资本综合评价指标体系

设有 n 位专家对流程工业重大设备的运行及维修维护的操作人员在各项指标上的具体表现水平给出评分 $\boldsymbol{X}^i = \left[x^i_{(t,j)}\right]_{n \times (p_1 + p_2 + \cdots + p_m)}$ （$i = 1, 2, \cdots, n$）。其中，$x^i_{(t,j)}$（$t = 1, 2, \cdots, m$；$j = 1, 2, \cdots, p_t$）为第 i 位专家对流程工业重大设备安全运行的心理行为人力资本内质指标在第 t 个中间层指标下第 j 个基层指标的评价值。

（2）基于第 i 位专家对需要识别的流程工业重大设备安全运行的操作或维修维护人员在第 t 个中间层指标 y_t 上给出的各个基层指标的水平的观察值，被分析对象的中间层指标下的各个基层指标的优势结构特征的识别方法为

$$\min_{\lambda} d_t^{(i)2}\left(x^*_{(t,j)} - x^{(i)}_{(t,j)}\right) = \sum_{j=1}^{p_t} \left(\lambda^{(i)}_{(t,j)}\right)^2 \left(x^*_{(t,j)} - x^{(i)}_{(t,j)}\right)^2$$

$$\text{s.t.} \quad \sum_{j=1}^{p_t} \lambda^{(i)}_{(t,j)} = 1 \qquad (4\text{-}2)$$

$$\lambda^{(i)}_{(t,j)} \geq 0$$

$$j = 1, 2, \cdots, p_t$$

其中，$d_t^{(i)2}\left(x^*_{(t,j)} - x^{(i)}_{(t,j)}\right)$ 为专家给出的在该项指标上的水平值 $x^{(i)}_{(t,j)}$ 与期望理想标杆值 $x^*_{(t,j)}$ 的距离。为了研究方便，考虑到利克特量表的各级指标对应的属性值，期望标杆理想值确定为"5"分。模型的最优解 $\lambda^{(i)*}_{(t,j)}$ 是使距离函数越小越好的指标权重系数，体现了对流程工业重大设备安全生产的运行及维修维护的操作人员的积极保护认可作用，同时该权重系数的大小比较差异度也体现了与自身比较而言不同指标的优势强度大小的差异。

（3）流程工业重大设备安全生产的运行及维修维护人员的最高层指标的优势结构分析。

中间层指标值的大小需要在其所隶属的基层指标值和优势结构权重的基础上

集成而来，基于第 i 位专家给出的各个中间层指标下测量指标的评价值，按照线性加权评价法 $y_t = \sqrt{\sum_{j=1}^{p_t} \left(\lambda_{(t,j)}^{(i)}\right)^{*2} \left(x_{(t,j)}^* - x_{(t,j)}^{(i)}\right)^2}$ 获得流程工业重大设备安全运行的被分析操作人员在各个中间层指标下的指标值，当中间层指标下各个基层指标都达到理想值时，该中间层指标即达到理想值，中间层指标的理想值是 0。因此，最高层指标的综合评价值确定方法为

$$\min_{\mu} d_t^{(i)2} \left(y_t^* - y_t^{(i)}\right) = d_t^{(i)2} \left(0 - y_t^{(i)}\right) = \sum_{t=1}^{m} \left(\mu_t^{(i)}\right)^2 \sum_{j=1}^{p_t} \left(\lambda_{(t,j)}^{(i)*}\right)^2 \left(x_{(t,j)}^* - x_{(t,j)}^{(i)}\right)^2$$

$$\text{s.t.} \quad \sum_{t=1}^{m} \mu_t^{(i)} = 1$$
$$\mu_t^{(i)} \geqslant 0$$
$$t = 1, 2, \cdots, m$$
（4-3）

其中，$d_t^{(i)2}\left(y_t^* - y_t^{(i)}\right)$ 为从第 i 位专家给出的水平出发，中间层指标的评价值与中间层指标理想值 y^* 之间的距离。模型的最优解 $\mu_t^{(i)*}$ 即各指标的优势结构权重。

（4）模型的解。

根据 KKT 条件，模型的解：①当 $x_{(t,j)}^{(i)}$ 中有达到理想值 $x_{(t,j)}^*$ 的时候，该流程工业重大设备安全运行的心理行为人力资本指标对应的权重系数为 1，如果有多个基层流程工业重大设备安全运行的心理行为指标值是标杆理想值，则可以采用简单平均的方式获得各个指标的优势系数，未达到理想值的测量指标所对应指标的权重系数值为 0；②当流程工业重大设备安全运行的各项指标 $x_{(t,j)}^{(i)}$ 中没有达到理想值 $x_{(t,j)}^*$ 的指标时，各个流程工业中重大设备安全运行的心理行为指标的指标权重系数为

$$1 \bigg/ \left(\sum_{j=1}^{p_t} \frac{1}{\left(x_{(t,j)}^* - x_{(t,j)}^{(i)}\right)^2} \cdot \left(x_{(t,j)}^* - x_{(t,j)}^{(i)}\right)^2 \right)$$
（4-4）

如果有多个专家对被分析对象进行评价，则可以对各个专家的重要程度赋予权重，并在此基础上，既考虑专家权重，又考虑不同专家指标值下求得的优势结构特征，得出需要指派的被分析人员的个性化、差异化的个体安全操作心理行为人力资本的优势结构。

（5）流程工业重大设备安全运行的心理行为人力资本综合评价方法。

流程工业重大设备安全运行的心理行为人力资本综合评价方法就是以优势结构特征为评价指标权重，在此基础上，得到各级指标的综合人力资本价值评价值。

（6）流程工业重大设备安全运行的中间层某指标心理行为综合评价方法为

$$D(y_t) = \frac{1}{n}\sum_{i=1}^{n} d(x_{(t,j)}^i, x_{(t,j)}^*)$$
$$= \frac{1}{n}\sum_{i=1}^{n} \sqrt{\sum_{j=1}^{p_t} (\lambda_{(t,j)}^*)^2 (x_{(t,j)}^* - x_{(t,j)}^{(i)})^2} \quad (4\text{-}5)$$

（7）流程工业重大设备安全运行的最高层某指标心理行为综合评价方法为

$$D(z) = \sqrt{\sum_{t=1}^{m} \left(\mu_t^*\right)^2 \left(y_{(t)}^* - D(y_t)\right)^2}$$
$$= \sqrt{\sum_{t=1}^{m} \left(\mu_t^*\right)^2 \left(D(y_t)\right)^2} \quad (4\text{-}6)$$
$$= \sqrt{\sum_{t=1}^{m} \left(\mu_t^*\right)^2 \left(\frac{1}{n}\sum_{i=1}^{n} \sqrt{\sum_{j=1}^{p_t} (\lambda_{(t,j)}^*)^2 (x_{(t,j)}^* - x_{(t,j)}^{(i)})^2}\right)^2}$$

4.2.3 流程工业重大设备安全运行的劣势结构识别数学过程

流程工业重大设备安全运行的劣势结构识别模型为

$$\min d_i^2\left(\overline{x}_i, \overline{x}_i^{*-}\right) = \sum_{j=1}^{n} w_{ij}^2 \left(x_j^{*-} - x_{ij}\right)^2$$
$$\text{s.t.} \ \sum_{j=1}^{n} w_{ij} = 1 \quad (4\text{-}7)$$
$$w_{ij} \geq 0; i = 1,2,\cdots,p; j = 1,2,\cdots,n$$

其中，d_i^2 为第 i 个评价主体 $\overline{x}_i$ 与负理想点 $\overline{x}_i^{*-}$ 的 2-范数距离的平方。

若存在某项指标权重分配方案，使得该评价主体对被评价对象在该权重分配方案下的评价结果比在其他任何权重方案下的评价结果都差，则将该指标权重结构定义为被识别对象的个体劣势特征。差距模型主要体现在个体能力集和岗位负理想偏好结局之间的距离。在一定的距离意义下，从第 i 个评价主体 $\overline{x}_i = (x_{i1}, x_{i2}, \cdots, x_{in})^\tau$ $(i = 1, 2, \cdots, p)$ 识别的个性劣势特征出发，从最不利于其评价结果的角度确定 i 的权重系数向量。记 $w_i^* = \left(w_{i1}^*, w_{i2}^*, \cdots, w_{in}^*\right)^\tau (i = 1,2,\cdots,p)$ 为最优解，当目标函数中有等于 0 的变量系数时，最优解为：系数等于 0 所对应的变量之和为 1，其他系数对应的变量均为 0；当目标函数中没有等于 0 的变量系数时，最优解可以通过和优势结构相同的方法得到。并且，在层次结构指标体系下，劣势结构的识别方法可以按照优势结构类推得出。

4.3 流程工业重大设备安全运行的人力资源需求分析方法

4.3.1 流程工业重大设备安全运行的人力资源配置优化的提出

在现代企业的生产中，设备运行的好坏对于流程工业企业至关重要。钢铁、石油化工和有色金属等流程工业是国民经济的支柱产业。流程制造业的主要特点是生产的连续性和时变性。由于流程工业产品的特殊生产工艺，其生产设备往往具有大型化、复杂化、异种设备连接、多种设备耦合的特点。以钢铁企业热轧生产设备为例，整个生产线由加热炉、传送链、粗轧机组、精轧机组、层流冷却设备、卷取设备、平整设备、剪切设备等相互串联组成，为了保证生产安全、平稳地进行，设备的运行操作、维修维护操作的人员需求数量及结构的确定至关重要。设备的运行、维修维护操作需要不同工种的人力资源，不同的岗位通力合作，来保证整个生产过程安全、顺利进行。流程工业重大设备安全运行的生产操作及维修维护人员在工作时需要很强的专业性、很丰富的工作经验以及密切的相互配合，因此，对流程工业重大设备安全生产运行的操作人员不能采取临时聘用及解聘的形式，只有在科学预测的基础上，进行科学的人才规划，才能有效保证重大装备的安全生产运行。

4.3.2 流程工业重大设备安全运行的人力资源配置概述

本节以某钢铁企业人口特征和岗位需求预测为研究对象，通过调查研究，基于实际问题，结合自查资料，建立相关模型（主要包括人力资源总数预测模型、人力资源结构预测模型、岗位需求预测模型、岗位建设效率模型以及流程工业重大设备安全运行下的不同作业区人力资源需求预测模型），解决定量分析流程工业企业人员总数、岗位结构、人员相关安全资源需求、效率等问题。

4.3.3 流程工业重大设备安全运行的人员总数 GM（1，1）模型

1. 问题假设

（1）政治、经济环境在一定时期内保持稳定。

（2）所使用的数据是在重大装备安全运行的情况下的数据。

（3）在模型建立以及模型预测年份，不考虑重大灾难性事件。

第 4 章 流程工业重大设备安全运行的人员优劣势结构识别及需求预测

2. 符号说明

流程工业重大设备安全运行的人员总数灰色预测模型符号说明说明如表 4-1 所示。

表 4-1 流程工业重大设备安全运行的人员总数灰色预测模型符号说明

符号	含义
$x^{(0)}$	原始数据序列
$x^{(1)}$	$x^{(0)}$ 的累加生成数据序列
a	灰色发展系数
μ	灰色作用量
P	小误差概率
C	方差比

3. 模型构建[294]

第一步：确定原始数据矩阵。

$$x^{(0)} = \{x^{(0)}(1), x^{(0)}(2), \cdots, x^{(0)}(n)\} \tag{4-8}$$

第二步：一次累加序列的构成。

由原始数据计算一次累加序列：

$$\begin{aligned} x^{(1)}(1) &= x^{(0)}(1) \\ x^{(1)}(2) &= x^{(0)}(1) + x^{(0)}(2) \\ &\vdots \\ x^{(1)}(n) &= x^{(0)}(1) + x^{(0)}(2) + \cdots + x^{(0)}(n) \end{aligned} \tag{4-9}$$

第三步：数据矩阵 B 和数据向量 Y 的构造。

$$B = \begin{bmatrix} -\frac{1}{2}\left[x^{(1)}(1) + x^{(1)}(2)\right] & 1 \\ -\frac{1}{2}\left[x^{(1)}(2) + x^{(1)}(3)\right] & 1 \\ \vdots & \vdots \\ -\frac{1}{2}\left[x^{(1)}(n-1) + x^{(1)}(n)\right] & 1 \end{bmatrix} \tag{4-10}$$

$$Y = \left[x^{(0)}(2), x^{(0)}(3), \cdots, x^{(0)}(n)\right]^{\mathrm{T}} \tag{4-11}$$

第四步：灰色预测中的发展系数 a 和灰色作用量 μ 的确定。

$$U = \begin{bmatrix} a \\ \mu \end{bmatrix} = (B^{\mathrm{T}}B)^{-1}B^{\mathrm{T}}Y \tag{4-12}$$

第五步：灰色预测模型。

根据灰色理论，预测模型的一般形式为微分方程，即

$$x^{(1)}(k+1) = \left[x^{(0)}(1) - \frac{\mu}{\alpha}\right]e^{-\alpha k} + \frac{\mu}{\alpha} \quad (4\text{-}13)$$

由于该模型求得的各年份预测值为一次累加数据，需将 $\hat{x}^{(1)}(k)$ 还原为原始数据 $\hat{x}^{(0)}(k)$，可得

$$\hat{x}^{(0)}(k) = \hat{x}^{(1)}(k) - \hat{x}^{(1)}(k-1) \quad (4\text{-}14)$$

第六步：灰色预测模型后验差检验。

后验差比值 C 和误差概率 P 是检验模型精度的常用方法，灰色模型检验表如表 4-2 所示。

表 4-2　灰色模型检验表

模型精确度	C 值	P 值
1级（优）	<0.35	≥0.95
2级（合格）	<0.50	≥0.80
3级（勉强）	<0.65	≥0.70
4级（不合格）	≥0.65	<0.70

第七步：模型求解。

某流程工业重大装备安全运行的人口数量如表 4-3 所示。

表 4-3　某流程工业重大装备安全运行的人口数量

年份	2002	2003	2004	2005	2006
人口数/人	48 289	52 775	58 033	63 256	70 124
年份	2007	2008	2009	2010	2011
人口数/人	72 457	74 662	77 827	80 080	82 775
年份	2012	2013	2014	2015	2016
人口数/人	87 110	91 237	95 428	99 501	103 720

根据表 4-3 中人员数实际数据得出如下预测模型：

$$X(k+1) = 124\,541\,391 \cdot e^{0.045\,504\,521k} - 119\,712\,491.4 \, (k=16,17,\cdots,25) \quad (4\text{-}15)$$

通过上述灰色人口预测模型计算得到观测数据与实际人力资源数量的拟合曲线，如图 4-4 所示。

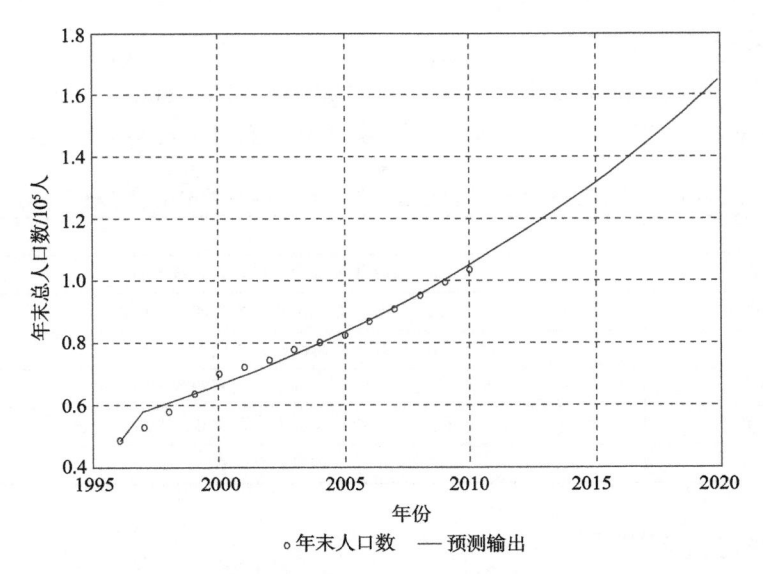

图 4-4 观测数据与实际人力资源数量的拟合曲线

精度检验值：$C=0.299\ 7$，$P=0.937\ 5$，说明模型拟合效果很好

第八步：人力资源总数预测。

根据上述构建的预测模型以及该企业数据，得到该企业的人力资源总数预测，如表 4-4 所示。

表 4-4 该企业的人力资源总数预测

年份	2017	2018	2019	2020	2021
人口数/人	107 938	112 565	117 391	122 423	127 672
年份	2022	2023	2024	2025	2026
人口数/人	127 672	138 853	144 806	151 014	157 488

4.3.4 流程工业重大设备安全运行的人员总数 ARIMA 模型

1. 问题假设

（1）政治、经济环境在一定时期内保持稳定。

（2）所使用的数据是设备安全运行下的数据。

（3）在模型建立以及模型预测年份，不考虑重大灾难性事件。生产需求及产量平稳发展。

2. 符号说明

流程工业重大设备安全运行的人员总数 ARIMA（autoregressive integrated moving average，单整自回归移动平均）模型符号说明如表 4-5 所示。

表 4-5 流程工业重大设备安全运行的人员总数 ARIMA 模型符号说明

符号	含义
Y_t	第 t 年某企业总设备人力资源数
DY_t	第 t 年某企业总设备人力资源数一阶差分
DDY_t	第 t 年某企业总设备人力资源数二阶差分
$\ln Y_t$	第 t 年某企业总设备人力资源数的对数值
$\ln yf$	第 t 年某企业总设备人力资源数的对数预测值
resid	模型拟合误差

3. 模型构建[295]

第一步：模型分析。

1970 年 Box 和 Jenkins 提出 ARIMA 模型，也称为 Box-Jenkins 法。该模型适用于非平稳时间序列，应用中需要通过若干次差分将非平稳时间序列转化为平稳时间序列，其差分次数为 d，再对此平稳时间序列进行定阶和参数估计，得到 p，q 的值（p 表示自回归阶数，q 表示移动平均的阶数），然后依据 ARMA(p,d,q) 模型对时间序列进行预测分析。

用变量 x_t 的当期值减去其滞后值从而得到的新序列的计算方法称为差分。若减数为滞后一期变量则称为一阶差分，若减数为滞后 k 期变量则称为 k 阶差分。

对于随机过程 x_t，一阶差分可表示为

$$x_t - x_{t-k} = D_k x_t = (1 - L^k) x_t = x_t - L^k x_t \tag{4-16}$$

其中，D_k 为 k 阶差分算子；L^k 为 k 阶滞后算子。

一个非平稳的时间序列 $Y_t\{y_1, y_2, \cdots, y_n\}$，通过 $DY_t = Y_t - Y_{t-1}$，$D^2 Y_t = D(DY_t)\cdots$ 依次差分成平稳时间序列 V_t，使得 V_t 满足 ARIMA(p,d,q) 模型：

$$V_t = \varphi_1 V_{t-1} + \varphi_2 V_{t-2} + \cdots + \varphi_p V_{t-p} + e_t - \theta_1 e_{t-1} - \theta_2 e_{t-2} - \cdots - \theta_q e_{t-q} \tag{4-17}$$

即 $\varphi(B)V_t = \theta(B)e_t$。

$$\Phi(B) = 1 - \varphi_1 B - \varphi_2 B^2 - \cdots - \varphi_p B^p \ (\varphi_1, \varphi_2, \cdots, \varphi_p \text{为自回归参数}) \tag{4-18}$$

$$\Theta(B) = 1 - \theta_1 B - \theta_2 B^2 - \cdots - \theta_q B^p \ (\theta_1, \theta_2, \cdots, \theta_q \text{为移动平均参数}) \tag{4-19}$$

若 $\Phi(B)=0$ 和 $\Theta(B)=0$ 的所有根的模大于 1，随机项 e_t 服从均值为 0、方差为 σ_e^2 的正态分布且为相互独立的白噪声序列，则称 V_t 为单整自回归移动平均序列，即 ARIMA(p,d,q)，ARIMA 模型的一般表示形式为

第 4 章 流程工业重大设备安全运行的人员优劣势结构识别及需求预测

$$\Phi(B)(1-B)^d Y_t = \Theta(B)e_t \tag{4-20}$$

综上，ARIMA 模型的使用流程如图 4-5 所示。

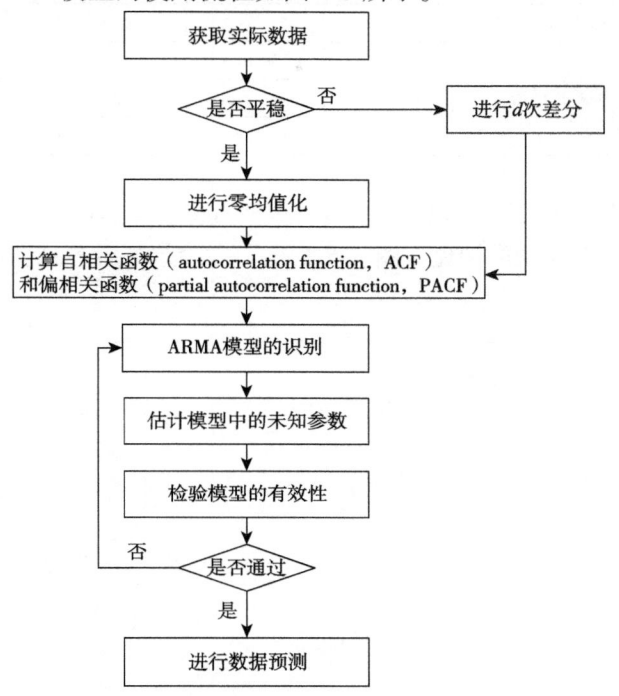

图 4-5 ARIMA 模型的使用流程

第二步：变量平稳化处理。

对该时间序列进行单位根检验，检验结果如表 4-6 所示。

表 4-6 对 Y_t 进行单位根检验的结果

时间序列单位根检验	显著性水平	t	P
增广 Dickey-Fuller 检验统计量		0.518 413	0.984 6
检验指标值	1% level	−3.670 170	
	5% level	−2.963 972	
	10% level	−2.621 007	

由单位根检验定理判断，该序列为非平稳序列，对其进行差分处理，经过二阶差分处理后得到 $D^2 Y_t$ 序列，对其进行单位根检验，结果如表 4-7 所示。

表 4-7　对 D^2Y_t 进行单位根检验的结果

时间序列单位根检验	显著性水平	t	P
增广 Dickey-Fuller 检验统计量		−6.608 818	0
检验指标值	1% level	−3.679 322	
	5% level	−2.967 767	
	10% level	−2.622 989	

此时,序列为平稳序列,可以进行 ARMA(auto-regressive and moving average,自回归移动平均)模型的构建。图 4-6 给出了二阶差分后的总设备人力资源数变化趋势。

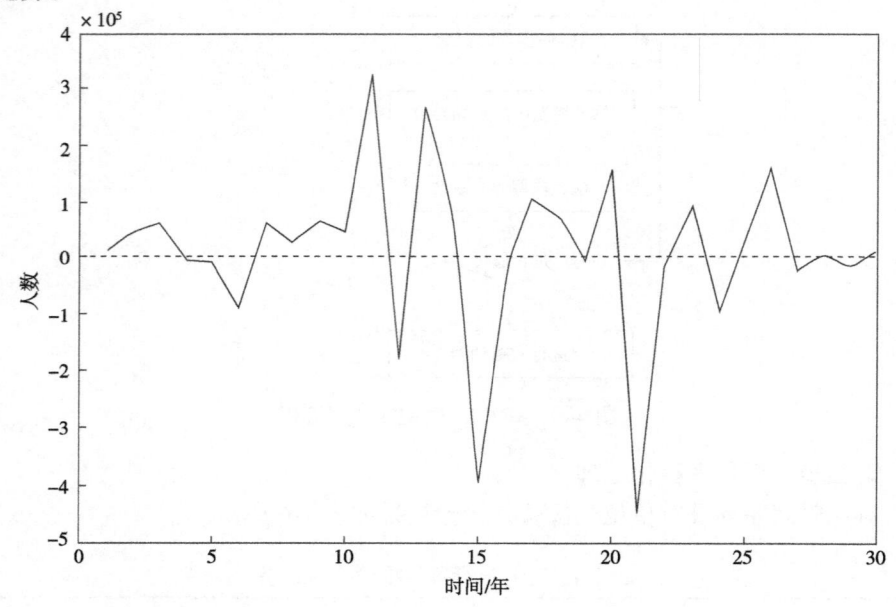

图 4-6　二阶差分后的总设备人力资源数变化趋势

第三步:ARIMA 模型识别。

找出适当的 p、d 和 q 值,运用 Box-Jenkins 方法论最关键的工具是相关图和偏相关图。由平稳性检验可以知道 DDY_2 是二阶单整的,记 $I(2)$,即 $d=2$。为了找到合适的 p、q,对 Y_t 的二阶差分变量 DDY_t 进行自相关和偏相关分析。

自协方差函数计算公式为

$$r_i = \frac{1}{N}\sum_{i}^{N-k} x_i x_{i+k} \quad (k=0,1,\cdots,N-1) \qquad (4-21)$$

自相关函数计算公式为

$$\rho_k = \frac{r_k}{r_0} \quad (k=0,1,\cdots,N-1) \tag{4-22}$$

偏相关函数计算公式为

$$\phi_{kk} = \begin{cases} r_1, & k=1 \\ \dfrac{r_k - \sum\limits_{j=1}^{k=1}\phi_{k-1;j} \cdot r_{k-j}}{1 - r_k - \sum\limits_{j=1}^{k=1}\phi_{k-1;j} \cdot r_j}, & k=2,3,\cdots,N; j=1,2,\cdots,k-1 \end{cases} \tag{4-23}$$

ARMA 模型识别原则如下：

相关图表现为拖尾衰减特征，而偏相关图可以在 p 期后出现截止特征，则该过程是一个 p 阶自回归过程。

相关图在 q 期后出现截止而偏相关图呈拖尾衰减特征，则该过程是一个 q 阶移动平均过程。

相关图与偏相关图都呈现拖尾衰减特征，说明这是一个混合形式的随机过程。ARMA（p, q）模型的 ACF 与 PACF 理论模式表如表 4-8 所示。

表 4-8　ARMA（p, q）模型的 ACF 与 PACF 理论模式表

模型	ACF	PACF
AR（p）	衰减趋于零（几何型或振荡型）	p 阶后截尾
MA（q）	q 阶后截尾	衰减趋于零（几何型或振荡型）
ARMA（p, q）	q 阶后衰减趋于零（几何型或振荡型）	p 阶后衰减趋于零（几何型或振荡型）

根据以上原则，结合相关图和偏相关图确定 $q=1$，$p=1$，即该模型为 ARIMA (1,2,1) 模型。

第四步：模型求解。

首先，参数估计。

对模型进行 OLS（ordinary least square，普通最小二乘法）估计，计算得到模型结果为

$$\begin{aligned} \text{DDY}_t &= 7\,064.15 + 0.59\text{DDY}_{t-1} + \hat{\varepsilon}_t - 0.997\hat{\varepsilon}_{t-1} \\ t &= 3.32 \quad\quad -10.18 \\ R^2 &= 0.216 \quad \text{DW} = 2.08 \end{aligned} \tag{4-24}$$

其次，模型的诊断与检验。

通过计算得到，$Q_{(10)} = 14.373$，因为 $Q_{(10)} = 14.373 < Q_{0.05(k-p-q)} = Q_{0.05(10-1-1)} = 15.507$，所以模型的随机误差序列达到了非自相关的要求，可以把模型（4-24）

作为最终估计结果。

第五步：改进 ARMA 模型。

从 ARIMA(1,2,1) 的估计结果，可以得到 R-squared=0.216 733，Adjusted R-squared=0.156 482，可决系数较小说明模型的拟合效果并不是很好，其主要原因是变量差分后损失了很多信息。

首先，变量平稳化处理。

从尽量避免差分，同时又确保序列平稳的角度，对模型进行优化。经过分析尝试后，对原始数据，即对总数进行对数转化（$\ln Y_t$），对转化后的数据进行 ADF 检验，结果如表 4-9 所示。

表 4-9　$\ln Y_t$ 单位根检验表

时间序列单位根检验	显著性水平	t	P
增广 Dickey-Fuller 检验统计量		−3.826 538	0.013 8
检验指标值	1% level	−4.004 425	
	5% level	−3.098 896	
	10% level	−2.690 439	

其次，模型求解。

对表 4-9 分析可知，$\ln Y_t$ 在 5%的水平下是平稳的，因此可以对该序列进行时间序列分析。通过对自相关图和偏相关图的分析确定模型为 ARMA(1,1) 模型，对其进行 OLS 估计，可得

$$\ln Y_t = 1.003 \ln Y_{t-1} + \hat{\varepsilon}_t + 0.599 \hat{\varepsilon}_{t-1}$$
$$t = 1\,653 \quad 2.605$$
$$R^2 = 0.988 \quad DW = 1.62$$

（4-25）

最后，改进模型的诊断与检验。

通过计算得，$Q_{(10)} = 5.456\,6$，因为 $Q_{(10)} = 5.456\,6 < Q_{0.05(k-p-q)} = Q_{0.05(10-1-1)} = 15.507$，所以模型的随机误差序列达到了非自相关的要求，可以把上述模型作为最终估计结果。

可决系数：R-squared=0.988，Adjusted R-squared=0.987，可以看出模型的拟合效果非常好。

第六步：模型预测。

运用其对数据进行拟合并预测十年的总设备人力资源数，预测结果如表 4-10 所示。

表 4-10 ARMA（1，1）模型预测结果

年份	Y_t	Y_t 预测值	残差
2002	48 289		
2003	52 775	51 100	0.032 246
2004	58 033	53 870	0.074 429
2005	63 256	56 801	0.107 635
2006	70 124	59 901	0.157 557
2007	72 457	63 183	0.136 950
2008	74 662	66 657	0.113 410
2009	77 827	70 334	0.101 227
2010	80 080	74 228	0.075 881
2011	82 775	78 352	0.054 914
2012	87 110	82 720	0.051 707
2013	91 237	87 348	0.043 557
2014	95 428	92 252	0.033 845
2015	99 501	97 449	0.020 830
2016	103 720	102 959	0.007 359
2017		108 801	
2018		114 995	
2019		121 566	
2020		128 536	
2021		135 932	
2022		143 781	
2023		152 112	
2024		160 957	
2025		170 350	
2026		180 325	

4.3.5 流程工业重大设备安全运行的总人数组合预测模型

1. 问题假设

（1）政治、经济环境在一定时期内保持稳定。
（2）生产平稳进行。
（3）在模型建立以及模型预测年份，不考虑重大灾难性事件。

2. 符号说明

流程工业重大设备安全运行的总人数组合预测模型符号说明如表 4-11 所示。

表 4-11　流程工业重大设备安全运行的总人数组合预测模型符号说明

符号	含义
f_j	第 j 年某企业总设备人力资源数（$j=1,2,\cdots,m$）
$\hat{f}_{ij}$	第 j 年第 i 种模型预测的总设备人力资源数（$i=1,2,\cdots,k$）
W_i	第 i 种模型的权重
Z_j	第 j 年组合模型预测的总设备人力资源数
f_1	GM(1,1) 模型方法
f_2	ARMA(1,1) 模型方法

3. 模型构建

不同的预测方法根据相同的信息，往往能提供不同的结果，如果简单地将误差平方和较大的一些方法舍弃掉，将会丢弃一些有用的信息，难以有效利用，应予以避免。组合预测法是指建立一个组合预测模型，把多种预测方法所得到的预测结果进行综合的方法。由于组合预测模型能够较大限度地利用各种预测样本信息，比单项预测模型考虑问题更系统、更全面，所以能够有效地减少单个预测模型受随机因素的影响，提高预测的精度和稳定性。

构造组合预测优化模型如下[37,40]：

$$Z_j = \sum_{i=1}^{k} w_i f_{ij} \quad (i=1,2,\cdots,k; j=1,2,\cdots,m) \tag{4-26}$$

因此，构造组合优化模型的系数确定方程，将在整体误差最小的情况下得到的权重作为最终模型权重值[37,40]。

$$\min_{w} d^2(f_i,\hat{f}) = \sum_{j=1}^{m} w_i^2 (f_j - \hat{f}_{ij})^2 = \sum_{j=1}^{m} w_i^2 (f_j - \hat{f}_{ij})^2$$

$$\text{s.t.} \quad \sum_{j=1}^{m} w_{ij} \tag{4-27}$$

$$w_i \geqslant 0; i=1,2,\cdots,k$$

记 $w_i=(w_1,w_2,\cdots,w_k)^\tau (i=1,2,\cdots,k)$ 为模型（4-27）的最优解，模型（4-27）的最优解 w_i 实际上是多个预测模型的最优结构安排。

4. 模型求解[37,40]

由有界闭区域连续函数的性质可知，模型（4-27）的解是存在的。模型（4-27）的最优解 $w_i=(w_1,w_2,\cdots,w_k)^\tau (i=1,2,\cdots,k)$ 的求解过程如下。

第 4 章 流程工业重大设备安全运行的人员优劣势结构识别及需求预测

当目标函数中有等于 0 的变量系数时，模型（4-27）的最优解为：系数等于 0 所对应的变量之和为 1，其他系数对应的变量均为 0；当目标函数中没有等于 0 的变量系数时，模型（4-27）的最优解按照式（4-28）计算。

$$w_i = \frac{1}{(\hat{f}_{ij} - f_j)^2 \sum_{j=1}^{m} \frac{1}{(\hat{f}_{ij} - f_j)^2}}, i=1,2,\cdots,k; j=1,2,\cdots,m \qquad (4\text{-}28)$$

通过编程求解运算，可以得到最终模型的权重，其计算过程记录如下，通过计算最终确定在组合模型中，GM(1,1) 模型的权重为 0.838 485 794，对数 ARMA(1,1) 模型的权重为 0.161 514 206（表 4-12）。

表 4-12 组合模型权重计算表

年份	实际值	GM（1,1）预测值	ARMA（1,1）预测值	GM（1,1）的权重	ARMA（1,1）的权重
2003	52 775	57 981	51 100	0.093 768 589	0.906 231 411
2004	58 033	60 680	53 870	0.711 972 844	0.288 027 156
2005	63 256	63 505	56 801	0.998 507 721	0.001 492 279
2006	70 124	66 462	59 901	0.886 263 550	0.113 736 450
2007	72 457	69 556	63 183	0.910 877 733	0.089 122 267
2008	74 662	72 794	66 657	0.948 385 139	0.051 614 861
2009	77 827	76 183	70 334	0.954 095 999	0.045 904 001
2010	80 080	79 730	74 228	0.996 441 678	0.003 558 322
2011	82 775	83 442	78 352	0.977 749 763	0.022 250 237
2012	87 110	87 326	82 720	0.997 563 804	0.002 436 196
2013	91 237	91 392	87 348	0.998 403 778	0.001 596 222
2014	95 428	95 647	92 252	0.995 252 228	0.004 747 772
2015	99 501	100 100	97 449	0.921 352 567	0.078 647 433
2016	103 720	104 760	102 959	0.348 165 720	0.651 834 280
		最后结果		0.838 485 794	0.161 514 206

在此，针对表 4-12 计算的最后结果，结合权重确定方程，最终构建了组合优化模型：

$$Z_j = 0.838\,485\,974 f_1 + 0.161\,514\,206 f_2 \qquad (4\text{-}29)$$

将三种模型 2003~2016 年的拟合效果归结，具体见表 4-13。

表 4-13 三种模型拟合效果比较

样本编号	年份	实际人数/人	GM(1,1) 预测值/人	GM(1,1) 相对误差	ARMA(1,1) 预测值/人	ARMA(1,1) 相对误差	组合模型 预测值/人	组合模型 相对误差
1	2003	52 775	57 981	9.865%	51 100	−3.173%	56 869	7.759%
2	2004	58 033	60 680	4.562%	53 870	−7.173%	59 580	2.667%
3	2005	63 256	63 505	0.394%	56 801	−10.204%	62 422	−1.317%
4	2006	70 124	66 462	−5.222%	59 901	−14.577%	65 402	−6.733%
5	2007	72 457	69 556	−4.003%	63 183	−12.799%	68 526	−5.424%
6	2008	74 662	72 794	−2.501%	66 657	−10.722%	71 803	−3.829%
7	2009	77 827	76 183	−2.112%	70 334	−9.627%	75 238	−3.326%
8	2010	80 080	79 730	−0.437%	74 228	−7.307%	78 841	−1.546%
9	2011	82 775	83 442	0.806%	78 352	−5.343%	82 620	−0.187%
10	2012	87 110	87 326	0.249%	82 720	−5.039%	86 582	−0.605%
11	2013	91 237	91 392	0.170%	8 734 826	−4.262%	90 739	−0.546%
12	2014	95 428	95 647	0.230%	9 225 230	−3.328%	95 098	−0.345%
13	2015	99 501	100 100	0.602%	9 744 987	−2.061%	99 672	0.172%
14	2016	103 720	104 760	1.003%	10 295 955	−0.733%	104 469	0.723%

5. 模型预测

运用组合模型对 10 年总设备人力资源数进行预测,并与另外两种模型进行比较,给出各种模型计算的总设备人力资源数的增长率,如表 4-14 所示。

表 4-14 组合预测结果

样本编号	年份	GM(1,1) 预测值/人	GM(1,1) 增长率	ARMA(1,1) 预测值/人	ARMA(1,1) 增长率	组合模型 预测值/人	组合模型 增长率
1	2017	109 637	5.705%	108 801	4.899%	109 502	4.822%
2	2018	114 741	4.656%	114 995	5.694%	114 783	4.827%
3	2019	120 083	4.656%	121 566	5.714%	120 323	4.832%
4	2020	125 674	4.656%	128 536	5.734%	126 136	4.836%
5	2021	131 525	4.656%	135 932	5.754%	132 237	4.841%
6	2022	137 648	4.656%	143 781	5.774%	138 639	4.846%
7	2023	144 056	4.656%	152 112	5.794%	145 358	4.852%
8	2024	150 763	4.656%	160 957	5.815%	152 410	4.857%
9	2025	157 782	4.656%	170 350	5.835%	159 812	4.862%
10	2026	165 128		180 325		167 582	

4.3.6　流程工业重大设备安全运行的人员结构预测模型

1. 模型假设

（1）未来 10 年无重大自然灾害发生。
（2）数据等均真实可靠。
（3）生产平稳进行。

2. 符号说明

流程工业重大设备安全运行的人员结构预测模型符号说明如表 4-15 所示。

表 4-15　流程工业重大设备安全运行的人员结构预测模型符号说明

符号	含义
$X_i(k+1)$	第 $k+1$ 年 i 类人力资源数量
A_i, B_i, C_i	第 i 类人力资源 GM(1,1) 模型系数
$X_j(k+1)$	第 $k+1$ 年运行操作（$j=1$）或维修维护（$j=2$）的人员数量

3. 流程工业重大设备安全运行的人力资源结构分析

灰色系统理论是研究一种带有不确定性现象的理论。主要通过对"部分"已知信息的生成、开发，提取有价值的信息，实现对系统运行行为、演化规律的正确描述和有效监控。人力资源结构预测问题的求解，以灰理论为基础，构建灰色理论人口结构预测模型，并对人力资源岗位结构进行预测，为制定人力资源战略提供更为可靠的依据。

4. 岗位细化结构模型

根据灰色理论，先以 2006 年、2011 年、2016 年的各岗位数据来建立 GM(1,1) 模型。

$$X_i(k+1) = A_i \cdot e^{B_i \cdot k} + C_i \tag{4-30}$$

通过求解得到每个具体岗位的方程系数，结果如表 4-16 所示。

表 4-16　岗位结构模型系数表

岗位具体化	A_i	B_i	C_i
设备操作岗	2 090 938.272 9	0.305 009 177 64	−1 495 609.272 9
设备点检岗	−35 467 246.566	−0.088 253 164 809	38 250 709.566
设备协力岗	10 574 342.368	0.215 297 836 99	−8 211 298.367 6
设备工艺岗	2 128 728.080 9	0.467 680 765 97	−1 342 587.080 9
设备综合管理岗	300 727.944 73	0.762 374 061 51	−26 699.944 731
设备计划岗	209 749.719 61	0.587 606 717 75	−88 858.719 606

续表

岗位具体化	A_i	B_i	C_i
设备检测岗	337 875.966 62	0.251 538 598 77	−276 189.966 62
设备安全管理岗	42 451.094 71	0.500 755 13	−22 899.094 71
设备巡检岗	6 286.439 851 3	0.596 304 716 36	−1 937.439 851 3
设备研发岗	253.462 371 82	0.992 649 389 34	94.537 628 176

5. 模型求解

当 k 分别取 4，5 时，我们可以预测 2021 年、2026 年的该企业不同岗位人数，如表 4-17 所示。

表 4-17　2021 年和 2026 年不同岗位预测人数（单位：人）

年份	设备操作岗	设备点检岗	设备协力岗	设备工艺岗	设备综合管理岗	设备计划岗	设备检测岗	设备安全管理岗	设备巡检岗	设备研发岗
2021	1 372 447	2 511 186	3 907 402	3 234 434	1 579 595	543 255	159 812	75 115	16 893	3 134
2026	1 861 913	2 299 064	4 846 082	5 163 088	3 385 640	977 684	205 519	123 938	30 668	8 457

4.3.7　企业安全投入需求预测联立方程模型

1. 问题假设

（1）产品市场需求平稳增长，企业产量平稳增长。

（2）所使用的数据是真实可靠的，是设备安全运行条件下的数据。

（3）在模型建立以及模型预测年份，设备安全运行；不考虑重大灾难性事件。

2. 符号说明

企业安全投入需求预测联立方程模型符号说明如表 4-18 所示。

表 4-18　企业安全投入需求预测联立方程模型符号说明

符号	含义
safety input$_t$	第 t 年与人相关安全资源投入数
hw$_t$	第 t 年人员工资
he$_t$	第 t 年人力资源总费用（万元）
ln he$_t$	第 t 年人力资源总费用的对数（万元）
pop$_t$	第 t 年人力资源总数（人）
ln pop$_t$	第 t 年人力资源总数的对数（人）
gdp$_t$	第 t 年人均产值

3. 模型构建

首先，模型分析。

联立方程模型在预测方面起着重要作用。经典的线性联立方程假定在整个样本时序上结构参数都是恒定不变的。在单方程确定性变参数模型中，一般都假定变参数是某个变量的线性函数。线性假设虽然简便，但容易造成设定误差。而非参数方法具有很好的稳健性，当回归变量为一维时，有很好的拟合效果，因此其在计量经济学中得到了越来越多的关注。

为了更好地反映出研究因素之间的相互交错的因果关系，根据企业实际情况，建立起资源与产值等因素之间关系的联立方程组，模型如下：

$$\begin{cases} \text{safety input}_t = c_1 + c_2 \text{gdp}_t + c_3 \text{pop}_t + u_1 \\ \text{hw}_t = c_4 + c_5 \ln \text{pop}_t + c_6 \text{safety input}_t + u_2 \\ \text{he}_t = c_7 + c_8 \text{gdp}_t + c_9 \text{hw}_t + u_3 \end{cases} \quad (4\text{-}31)$$

模型（4-31）称为结构模型。结构模型反映了内生变量直接受预定变量、其他内生变量和随机项影响的因果关系。

内生变量：受模型中其他变量的影响，也可能影响其他内生变量，即内生变量是某个方程中的被解释变量，同时可能又是某些方程中的解释变量。

外生变量：只影响模型中的其他变量，而不受其他变量的影响，因此只能在方程中做解释变量。

预定变量（前定变量）：内生变量的滞后值称为预定内变量。预定内变量和预定外生变量统称为预定变量。

其次，模型的识别。

某个结构方程以至结构模型是否可识别，可以利用可识别和不可识别的两种定义方式进行判别，模型结构式的识别要从阶条件和秩条件两方面来进行。

其一，结构方程识别的阶条件。

对结构模型中的第 i 个结构方程，记 K 为结构模型中的内生变量和预定变量的总个数，M_i 为第 i 个结构方程中内生变量和预定变量的总个数，G 为结构模型中内生变量即结构方程的个数。当 $K - M_i \geqslant G - 1$ 时，阶条件成立。当 $K - M_i = G - 1$ 时，如果第 i 个结构方程可识别，则为恰好识别。当 $K - M_i > G - 1$ 时，如果第 i 个结构方程可识别，则为过度识别。当 $K - M_i < G - 1$ 时，如果第 i 个结构方程可识别，则为一定不识别。

根据这个条件，对于模型的结构式来说，$K(5) - M_i(3) = 3 - 1$，所以从阶条件来看，该方程恰好识别。

其二，结构方程识别的秩条件。

对于结构式模型，第 i 个结构方程识别的秩条件步骤如下：①写出结构模型对应的机构参数矩阵 $\boldsymbol{AB}$（常数项可引入虚拟变量 $X_t=1$）。②删除第 i 个结构方程对应系数所在的一行中非零系数所在的各列。③对余下的子矩阵（$\boldsymbol{A}_0\boldsymbol{B}_0$），如果其秩等于 $G-1$，则称秩条件成立，第 i 个结构方程一定可识别；如果其秩不等于 $G-1$，则称秩条件不成立，第 i 个结构方程一定不可识别。

G 个方程的模型系统中，对于其中的任何一个方程来说，根据其被识别的充分必要条件，不包含在该方程中的变量的参数矩阵的秩（用 r 表示）分别为

$$r_1=\begin{vmatrix} 0 & 0 & 0 \\ 1 & 0 & 0 \\ 0 & 1 & -C_9 \end{vmatrix} \quad r_2=\begin{vmatrix} -C_2 & 0 & 0 \\ 0 & 0 & 0 \\ -C_2 & 1 & -C_9 \end{vmatrix} \quad r_1=\begin{vmatrix} 1 & -C_3 & 0 \\ -6 & -C_5 & 1 \\ 0 & 0 & 0 \end{vmatrix}$$

由上可知三方程的秩均为 2，而 $G(3)-1=2$，所以方程恰好识别。由模型的阶条件和秩条件可知该模型是恰好识别的。

最后，参数的估计。

参数估计的方法有很多，本次研究建立的联立方程模型的估计方法主要包括单方程估计法和系统估计法。由于该模型是恰好识别的，所以对模型采用两阶段最小二乘法进行参数估计。两阶段最小二乘法既适用于恰好识别的结构方程，也适用于过度识别的结构方程。两阶段最小二乘法实质上是间接最小二乘法和工具变量法的结合，同时克服了间接最小二乘法不适用于过度识别的结构方程的缺点和工具变量法中工具变量选取中带来的缺点。

具体步骤如下：①对作为解释变量的内生变量 Y_i 的化简方程应用最小二乘法，计算变量的内生变量 $\hat{Y}_i$。②将 $Y_t=\hat{Y}_i+\hat{u}_i$ 代入被估计的结构方程的右边，代替作为解释变量的内生变量 Y_i，再次应用最小二乘法，得到结构参数的估计值。

4. 模型求解

通过 EViews 软件计算求得其估计结果为

$$\begin{cases} \text{safety input}_t = 69.08439 + 0.083089\text{gdp}_t + 0.001514\text{pop}_t \\ \qquad\qquad\qquad (2.383434) \qquad\quad (4.562617) \quad R^2 = 0.988850 \\ \text{hw}_t = 40927.25 - 3149.918\ln\text{pop}_t + 2.679619\text{safety input}_t \\ \qquad\qquad\quad (-1.878588) \qquad\qquad (10.3616) \quad R^2 = 0.926115 \\ \ln\text{he}_t = -21625.62 + 1.471647\text{gdp}_t + 3.294871\text{hw}_t \\ \qquad\qquad\qquad (2.593415) \qquad\qquad (3.305917) \quad R^2 = 0.967383 \end{cases} \quad (4\text{-}32)$$

模型估计结果如表 4-19 所示。

第 4 章 流程工业重大设备安全运行的人员优劣势结构识别及需求预测

表 4-19 模型估计结果

指标	相关系数	标准差	t	P
c_1	−8.115 505	343.654 1	−0.023 615	0.981 2
c_2	0.073 223	0.036 673	1.996 658	0.049 0
c_3	0.001 609	0.000 349	4.606 333	0.000 0
c_4	40 927.25	22 844.05	1.791 594	0.076 7
c_5	−3 149.918	1 676.748	−1.878 588	0.063 6
c_6	2.679 619	0.258 611	10.361 60	0.000 0
c_7	−36 929.53	8 787.019	−4.202 737	0.000 1
c_8	2.750 460	1.097 896	2.505 210	0.014 1
c_9	5.057 527	1.928 307	2.622 781	0.010 3

通过模型计算，得到与人相关的安全资源投入、工资投入和人力资源相关总投入的估计值，汇总见表 4-20。

表 4-20 模型估计值对比（单位：元）

样本编号	年份	与人相关的安全资源投入		工资投入		人力资源相关总投入	
		实际安全资源投入	预测安全资源投入	实际工资投入	预测工资投入	实际人力资源相关总投入	预测人力资源相关总投入
1	2002	7 455	7 366	14 652	13 126	60 052.00	59 760
2	2003	8 288	7 950	14 932	14 511	61 601.00	65 358
3	2004	8 899	8 350	14 975	15 459	67 272.00	68 481
4	2005	9 332	8 674	15 143	16 247	74 468.00	72 046
5	2006	10 294	9 349	15 720	17 846	81 026.00	78 440
6	2007	11 159	10 059	17 135	19 499	94 937.00	86 078
7	2008	12 404	11 058	18 615	21 944	105 817.00	99 117
8	2009	13 588	12 416	21 234	25 267	127 010.00	117 548
9	2010	15 069	13 622	22 895	28 281	115 333.00	133 627
10	2011	16 824	17 653	25 681	38 056	137 847.19	152 468
11	2012	17 553	18 571	43 266	40 444	164 970.23	221 651
12	2013	18 086	19 450	46 877	42 746	223 670.21	245 075
13	2014	19 913	20 276	50 608	44 904	281 265.35	267 902
14	2015	21 399	20 556	53 778	45 601	306 253.61	279 430
15	2016	22 842	23 586	54 081	53 247	336 483.23	295 335

5. 模型预测

首先，人员相关安全资源、工资和人力资源相关费用预测。

运用组合预测模型得到十年人均产值的数值，如表 4-21 所示。

表 4-21　某企业人均产值十年预测值（单位：元）

年份	2017	2018	2019	2020	2021
数值	109 335.7	121 328.9	134 637.7	149 406.4	165 795.1
年份	2022	2023	2024	2025	2026
数值	183 981.5	204 162.8	226 557.8	251 409.4	278 987.0

将组合预测模型得到的未来十年该企业人力资源数量代入结构方程模型中，得到未来十年该企业人员相关安全资源投入、工资以及人力资源相关所有投入的预测值，并计算得到其各自的增长率，见表 4-22。

表 4-22　某企业相关投入等预测结果

样本编号	年份	人员相关安全资源投入预测/元	增长率	人员工资预测/元	增长率	人力资源相关费用总投入预测/元	增长率
1	2017	25 579	6.992%	58 413	7.951%	331 740	9.933%
2	2018	27 368	7.077%	63 057	7.995%	364 693	9.925%
3	2019	29 304	7.163%	68 099	8.042%	400 890	9.922%
4	2020	31 404	7.250%	73 575	8.090%	440 668	9.924%
5	2021	33 680	7.338%	79 527	8.140%	484 398	9.928%
6	2022	36 152	7.426%	86 001	8.192%	532 491	9.937%
7	2023	38 836	7.515%	93 045	8.245%	585 402	9.948%
8	2024	41 755	7.604%	100 717	8.300%	643 637	9.961%
9	2025	44 930	7.694%	109 076	8.355%	707 751	9.977%
10	2026	48 387		118 190		778 364	

其次，各分厂人员相关安全资源预测。

根据各分厂人员相关安全资源比例，结合预测的人员相关安全资源数，可以计算得到未来十年各分厂人员相关安全资源的数量，见表 4-23。

表 4-23　未来十年各分厂人员相关安全资源数量预测

年份	炼钢厂	热轧厂	冷轧厂	镀锌厂	异型管厂
2017	2 803	3 459	2 798	10 113	5 748
2018	2 999	3 701	2 994	10 820	6 150
2019	3 211	3 963	3 205	11 586	6 586
2020	3 442	4 246	3 435	12 416	7 057
2021	3 691	4 554	3 684	13 316	7 569

续表

年份	炼钢厂	热轧厂	冷轧厂	镀锌厂	异型管厂
2022	3 962	4 888	3 954	14 293	8 125
2023	4 256	5 252	4 248	15 354	8 728
2024	4 576	5 646	4 567	16 508	9 384
2025	4 924	6 076	4 915	17 764	10 097
2026	5 303	6 543	5 293	19 130	10 874

4.3.8 基于 DEA 方法的人员相关安全资源投入效率模型

1. 问题假设

（1）政治、经济环境在一定时期内保持稳定。
（2）所使用的数据是真实可靠的。
（3）在模型建立以及模型预测年份，不考虑重大灾难性事件。

2. 符号说明

基于 DEA 方法的人员相关安全资源投入效率模型符号说明如表 4-24 所示。

表 4-24 基于 DEA 方法的人员相关安全资源投入效率模型符号说明

符号	含义
DMU_j	第 j 年人员相关安全资源投入建设情况
u_j	第 j 年总人力资源相关投入的权重
v_j	第 j 年人员相关安全资源投入的权重
X_j	第 j 年人力资源相关总的投入
Y_j	第 j 年人员相关安全资源投入
θ_j	第 j 年人员相关安全资源投入的效率
r	人员相关安全投入增长率

3. 模型构建

设有 n 个决策单元 $DMU_j (1 \leq j \leq n)$，DMU_j 的输入、输出向量分别为 $X_j = (x_{1j}, x_{2j}, \cdots, x_{mj})^T > 0$，$j = 1, 2, \cdots, n$，$Y_j = (y_{1j}, y_{2j}, \cdots, y_{mj})^T > 0$，$j = 1, 2, \cdots, n$。输入和输出向量的权重分别为 $V = (V_1, V_2, \cdots, V_m)^T$，$U = (u_1, u_2, \cdots, u_s)^T$。

构造决策单元相应的效率评价指标：

$$h_j = \frac{u^T Y_j}{v^T X_j}, j = 1, 2, \cdots, n \quad (4\text{-}33)$$

选择适当的权系数 v 和 u，使得式（4-33）满足 $h_j \leq 1, j = 1, 2, \cdots, n$。

在决策单元的效率评价指标均不超过 1 的条件下，计算 $\boldsymbol{v}$ 和 $\boldsymbol{u}$，使得 h_0 最大，于是构造出如下的最优化模型。

$$(\bar{p}) \text{ s.t.} \begin{cases} \max h_0 = \dfrac{\boldsymbol{u}^{\text{T}} \boldsymbol{Y}_j}{\boldsymbol{v}^{\text{T}} \boldsymbol{X}_j} = V_p \\ h_j = \dfrac{\boldsymbol{u}^{\text{T}} \boldsymbol{Y}_j}{\boldsymbol{v}^{\text{T}} \boldsymbol{X}_j} \leqslant 1, j = 1,2,\cdots,n \\ \boldsymbol{v} \geqslant 0, \boldsymbol{u} \geqslant 0 \end{cases} \quad (4\text{-}34)$$

令 $t = \dfrac{1}{\boldsymbol{v}^{\text{T}} \boldsymbol{X}_0}, \boldsymbol{w} = t\boldsymbol{v}, \boldsymbol{\mu} = t\boldsymbol{u}$，则原分式规划转化为

$$(P_1) \begin{cases} \max \boldsymbol{\mu}^{\text{T}} \boldsymbol{Y}_0 = V_{p_1} \\ \text{s.t.} \\ \boldsymbol{w}^{\text{T}} \boldsymbol{X}_j - \boldsymbol{\mu}^{\text{T}} \boldsymbol{Y}_j, j = 1,2,\cdots,n \\ \boldsymbol{w}^{\text{T}} \boldsymbol{X}_0 = 1 \\ \boldsymbol{w} \geqslant 0, \boldsymbol{\mu} \geqslant 0 \end{cases} \quad (4\text{-}35)$$

线性规划问题（P_1）的对偶规划问题为（加入松弛变量 s^+ 及 s^- 以后）

$$(D_1) \begin{cases} \min \theta = V_{D_1} \\ \text{s.t.} \\ \sum_{j=1}^{n} \boldsymbol{X}_j \lambda_j - s^- = \theta \boldsymbol{X}_0 \\ \sum_{j=1}^{n} \boldsymbol{X}_j \lambda_j + s^+ = \boldsymbol{Y}_0 \\ \lambda_j \geqslant 0, j = 1,2,\cdots,n; s^+ \geqslant 0; s^- \geqslant 0 \end{cases} \quad (4\text{-}36)$$

定义：若线性规划问题（P_1）的最优解 $\boldsymbol{w}_0$ 及 $\boldsymbol{u}_0$ 满足 $V_{p_1} = \boldsymbol{u}_0^{\text{T}} \boldsymbol{Y}_0 = 1$，则称 DWU_{j_0} 为弱 DEA 有效；若线性规划问题（P_1）存在某一最优解 $\boldsymbol{w}_0$ 与 $\boldsymbol{u}_0$ 满足 $V_{p_1} = \boldsymbol{u}_0^{\text{T}} \boldsymbol{Y}_0 = 1$，并且 $\boldsymbol{w}_0 > 0, \boldsymbol{v}_0 > 0$，则称 DMU_{j_0} 为 DEA 有效。由定义易知，若 DMU_{j_0} 为 DEA 有效，那么它也是弱 DEA 有效。对于规划问题（D_1）有

（1）DMU_{j_0} 为弱 DEA 有效的充要条件是规划问题（D_1）的最优值 $V_{D_1} = 1$；

（2）DMU_{j_0} 为 DEA 有效的充要条件是规划问题（D_1）的最优值 $V_{D_1} = 1$，并且它的每个最优解 $\boldsymbol{\lambda}^0 = \left(\lambda_1^0, \lambda_2^0, \cdots, \lambda_n^0\right)^{\text{T}}, s^{-0}, s^{+0}, \theta^0$ 都满足 $s^{-0} = s^{+0} = 0$。

对模型进行计算，得到 2002~2026 年的人员相关安全资源建设效率结果。

4. 模型求解

按照上述步骤，求解结果如表 4-25 所示。

表 4-25　历年人员相关安全资源建设效率值

年份	θ_j	年份	θ_j
2002	0.922 695 052	2015	0.597 159 183
2003	1	2016	0.633 856 133
2004	0.996 187 470	2017	0.657 232 179
2005	0.955 988 336	2018	0.651 344 933
2006	0.992 695 059	2019	0.645 784 258
2007	0.980 004 988	2020	0.640 554 344
2008	1	2021	0.635 563 233
2009	0.960 339 977	2022	0.630 855 814
2010	1	2023	0.626 386 999
2011	0.989 082 629	2024	0.622 167 025
2012	0.790 832 299	2025	0.618 170 816
2013	0.614 267 541	2026	0.614 397 227
2014	0.591 919 848		

通过表 4-25 可以看出 2006 年以后安全资源建设的建设效率明显下降，在未来十年必须改变人员相关安全资源投入的增长率，来提高安全资源的建设效率，进而更好地满足人力资源数量增加所带来的安全资源投入需求。

综上所述，本部分围绕流程工业重大设备安全运行的人力资源需求规划及预测相关问题，从分析流程工业某一企业重大装备安全运行的历史人力资源数据出发，运用灰色理论、时间序列分析、组合优化方法及 DEA 方法，建立流程工业重大装备安全运行的人力资源总量及其岗位结构需求预测数学模型。运用 Matlab 软件基于某一流程工业企业历史数据构建 GM（1，1）模型，预测未来 10 年该流程工业企业重大装备安全运行需要的人力资源数量。并运用 EViews 软件，结合时间序列分析理论，构建 ARIMA（1，2，1）模型，根据具体企业的具体数据对其进行改进，其目的在于构建具有较好预测精度的对数 ARMA（1，1）模型。为进一步提高预测精度，构建误差最小化的组合预测模型，以 10 年为例，预测某一具体流程工业重大装备安全运行的人力资源数量，并将预测得到的人力资源数量作为人力资源优化配置的基础数据。事实上，本部分属于组合预测问题。具体的组合预测的步骤如下：首先，基于历史数据，运用 Matlab 软件结合灰色理论，预测某一流程工业企业重大装备安全运行所需要的人力资源的年龄和岗位结构，为后续的人力资源的优化配置数学模型的约束条件的建立奠定基础。其次，基于系统分析和联立方程组的思想，运用 EViews 软件构建某一流程工业企业重大装备安全运行的人员相关安全资源投入、人力资源工资成本、人力资源总投入等因素的联立方程模型，根据人均产值预测值，对上述因素数量进行预测。最后，运用 Matlab 软件，结合 DEA 方法和联立方程组的预测结果，构建人员相关安全资源投入效率模型，满足流程工业重大装备安全运行需求，同时避免短缺和浪费现象的发生。

第5章 流程工业重大设备安全运行的人员逆优化配置

5.1 流程工业重大设备安全运行的人员逆优化配置的必要性

安全对于重大设备运行企业而言是泰山压顶之事,是一切工作的前提和基础,举足轻重。党中央和国务院明确指示安全第一、预防为主。由于重大设备生产运行及维修维护过程具有复杂度、生产智能性、不可替代性、操作人机结合等特征,运行及维修维护成为保障安全、预防事故、排除隐患的前沿阵地,为重中之重。重大设备运行及维修维护是对设备及其设备运行系统的生产操作、检查、调试、维护、维修、大修等活动的统称,该类作业对安全性、时间紧迫性、优势匹配性及劣势兼容性要求极高,匹配不当,极易引发事故,小至重大设备非正常紧急停机,大至群死群伤的灾难性后果。

据统计,有一半以上的事故与运行及维修维护的人员匹配不当有关。例如,维修管理搭配不当而导致的动车"7·23"追尾事故。2017年政府工作报告要求严格安全生产责任制,《安全生产"十三五"规划》和国家安全生产监督管理总局(现为应急管理部)均强调重视维修维护的人员匹配,确保重大设备安全运行。因此,以安全目标值为导向的重大设备运行及维修维护的人员匹配问题,是当前各界共同关注的热点与难点问题。

安全视角下流程工业重大设备运行及维修维护有若干子系统(如备品备件、预算、人员等),由于人的主导性和人对物资、资金等的支配性作用,人员匹配系统决定了其他资源投入的安全保障度和精益度,牵一发而动全身,举足轻重,是起决定性作用的关键子系统。对于该问题,往往基于经验或基于传统优化模型来解决,这些方法对于重大设备运行及维修维护的人员匹配决策缺陷明显:

实业界基于人工经验，采取条块分割法，以作业区为单位，根据工种或从业资质组建团队及分配任务，该方法较少考虑不同专业的协作性，各工种独立工作，缺乏沟通，容易出现差错和作业衔接不当、待工返工问题，进而影响维修维护的工期、质量及安全性。另外，经验方法只能处理规模很小的局部问题。以大型冶金成套装备为例，一项大修工程的任务成百上千，涉及人员众多，预算过亿元。实践的复杂度使得经验管理很难保证科学性和安全性。理论界主要采用传统数学模型的方法，建立安全性越大越好的优化模型。该模型要求参数已知、不变，难以适应实践中资源动态、弹性、可调，甚至无法准确估计参数值的现实；而且，安全永无止境，按照传统的优化模型，安全性追求越高越好，追求绝对安全，则需要投入的资源无穷无尽。

更为遗憾的是，理论和实践都证明，当安全水平达到较高的值以后，再通过增加投入来提高安全水平的做法收效甚微。《中华人民共和国安全生产法》第19条规定，应重视安全生产，落实安全生产责任制。而以追求百分之百的绝对安全为目标，必然导致某些投入的徒劳无功。可见，不惜代价保绝对安全的粗放型安全资源配置模式难以为继，迫切需要转变安全资源管理理念，改变维修维护的资源匹配方法。基于此，本书采用逆向思维，通过逆优化的学术思想和方法，实现既确保安全，又使得维修维护资源最小化，且尽可能小地对原系统调整改变，实现重大装备运行及维修维护人员的逆优化匹配。

重大设备运行及维修维护的人员匹配决策是复杂的"社会-技术-物理"系统，本章将在前文心理行为机理分析的实证研究结论的基础上，与擅长定量分析的优化模型算法相结合，将行为学的原理、方法引入运筹学的优化建模过程，并运用逆优化的学术思想，化解安全与资源投入的矛盾，通过多学科理论方法的交叉融合，解决安全视角下重大设备运行及维修维护的人员匹配决策难题。

优化问题是通过确定决策变量的取值，使目标函数在一定的约束条件和模型参数下达到最优值的问题。逆优化是执行的"反向"过程，即以使得最优解或最优目标值满足预先规定为标准，反推目标函数或约束条件中的一些参数的逆向优化求解过程。对于流程工业重大设备人力资源配置而言，当决策者期望的价值参数或目标成本预算具有某种偏好的数字表示时，逆优化问题就会产生。也就是给定线性规划模型、期望的最佳目标值和一组可行成本向量，需要确定线性规划的成本向量，使得相应的最优目标值最接近期望值。

基于此，本章主要研究不同情形下的重大流程装备安全运行的人员配置逆优化方法。逆优化研究的主要思路如图5-1所示。

第5章 流程工业重大设备安全运行的人员逆优化配置

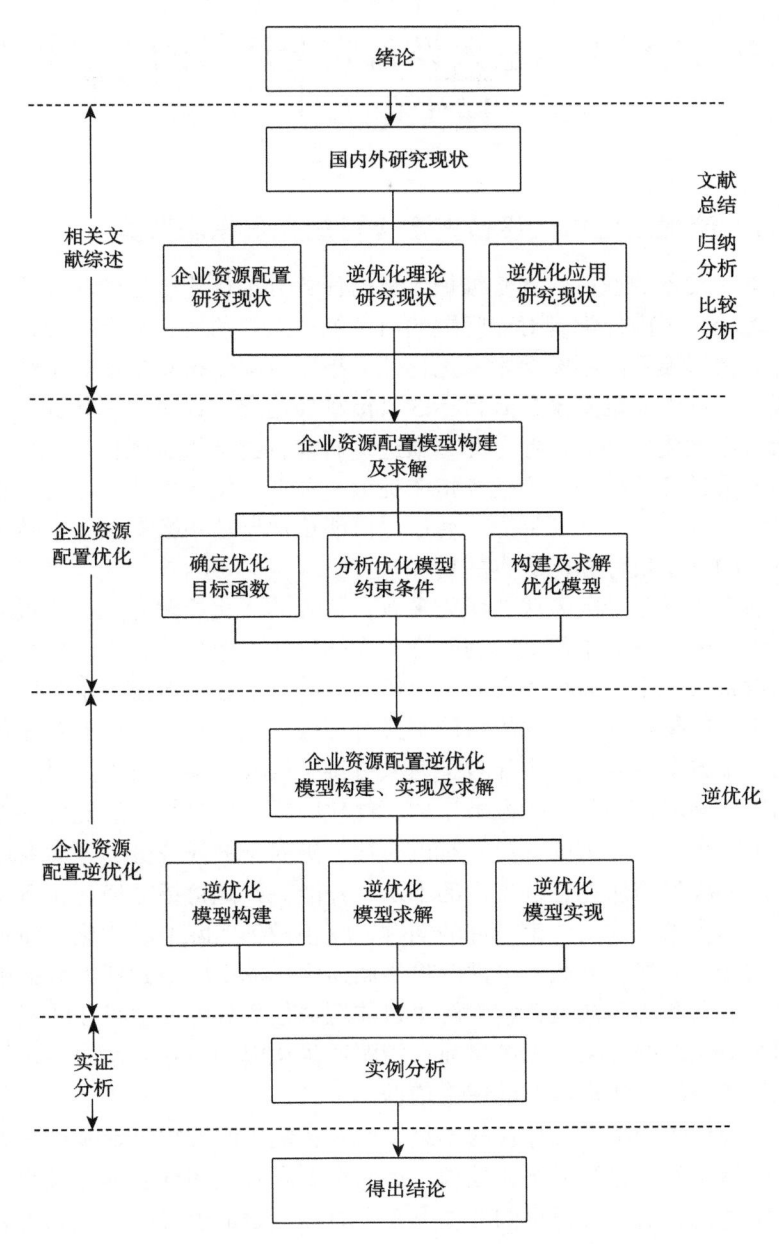

图 5-1 流程工业重大设备人力资源逆优化配置框架

5.2 流程工业重大设备安全运行的人员指派逆优化方法

5.2.1 流程工业重大设备安全运行的人员指派背景

目前重大设备的运行、维修维护人员的任务分配优化方法的相关研究还存在很多不足之处，国内外学者对此问题的研究侧重点和角度也颇有差异，大多数研究仍通过对指派模型的不断探索来优化任务指派方案使得总指派成本最小，忽视了安全视角，不能满足安全达到目标的目标管理需求。针对这一状况，本部分基于人员指派逆优化模型对任务分配方案进行研究，尝试将逆优化的方法引入重大设备运维人员任务分配中，为任务指派提供一种新型优化方法的同时，也是对逆优化方法应用的一种丰富和补充，通过尽可能小地调整系数参数，来达到任务分配方案追求的安全目标和低成本的目标。

就目前对于任务分配方法的研究来看，传统的优化处理方式即通过对指派模型的不断优化来求得成本最低或满意度最大的最佳任务分配方案。但是结合流程工业重大设备安全生产运行问题的实际情况，通过上述指派模型求解出的最佳方案往往由于人的复杂度，实践中可能不具有可操作性，现实中可能存在比求得的指派模型最优方案更安全、更让被指派人员接受的人员指派方案。对此，任务分配方法的研究不应该局限于指派模型的正优化问题，通过引入逆优化的方法将现实存在的更符合人的需求的，更具有可行性、更安全的任务分配方案变成最优，更能够有效解决目前研究在这方面的不足，并能更好地将指派逆优化运用到实际中去，有效解决带有现实约束条件的问题，真正做到实际上的优化，而不是局限于模型上的最优方案。因此，本部分将指派逆优化模型应用到任务分配中去具有深刻的理论意义和实践意义，它为解决目前配送任务分配方法存在的不合理、不灵活等问题提供新的思路，弥补目前在指派逆优化模型实际应用中存在的空缺和不足，为任务分配方法提供新的理论依据。

基于目前任务分配方法存在的不足，引入逆优化的方法对现实存在的特殊约束条件下的指派问题进行逆优化处理，进而达到高安全和低成本的目标，根据一般指派模型优化方法求解得出的最优方案有时并不是最理想的，这就要求我们根据现实存在的情况使得给定的更合理的方案变成最佳方案，选择在建立指派模型的基础上增加逆优化的处理方法。

本部分通过建立合理的指派模型并且设计有效的求解算法来解决这个问题，在满足特定的约束条件下，通过求解计算得到一个最佳的指派方案。指派模型在国内外应用非常广泛，备受各学科领域学者的关注，不仅仅是对于指派问题算法的研究，还包括对于指派问题模型的建立。对资源进行有效分配最终能够使得成本最低或者是经济效益最高，然而单纯的优化已经不能适应现实中对于各种复杂现象提出的新需求，所以在本书中提出指派模型的逆优化问题，对此我们需要根据给定的可行解来改变一些参数使得这个可行解变成最优解，而不是通过已知的参数去求得最优解。对于指派逆优化的配送任务分配方法的研究，我们需要考虑如何指派才能做到配送方案的最优。在任务分配的过程中，存在着很多的现实条件约束和变化，采用逆优化的算法，在已知理想最优解的情况下，改变和调整参数使得其变成最优解，是对于指派模型的补充，更能运用到实际中去给出最优方案。

将逆优化的思想引入指派模型的优化问题中，以期通过逆优化的方法为任务分配目前存在的问题提供一种新的数量化分析方法和技术工具。通过对目前研究状况的分析和存在的问题的了解，确定将逆优化引入指派模型中对任务分配方法具有研究的意义和必要性。对指派模型和逆优化的基础知识进行陈述和总结，包括指派模型的定义和模型的一般形式以及指派模型求解使用方法的分析等。对指派模型和指派逆优化的求解算法进行分析，并进行算例的研究和计算，结合具体的算例对指派逆优化方法的有效性进行检验。对基于指派逆优化的任务分配方法的有效性和实用性进行总结和分析，提出个人对于该问题的见解和尚存问题需要进一步完善之处。

对任务分配方法的文献进行研究发现，目前的配送任务分配方法仍然存在很多不足，普遍采取建立指派模型对配送任务分配方案进行求解，尽管目前指派问题在国内外备受学者关注，在指派问题方面的研究也很广泛，但是就目前指派问题求解配送任务分配方法的结果来看，在很大程度上不能满足现实存在的制约条件和矛盾对任务分配方法进行决策的要求。由于实际存在的目标管理现象，往往存在比计算求得的最优解更合理的指派方案，这就要求引入逆优化的思想，通过尽可能小的调整使得给定的目标既定的方案变成最优方案。

5.2.2 流程工业重大设备安全运行的人员正优化指派建模

在流程工业重大设备安全运行的人员与任务指派问题中，有 n 项工作需要 n 个员工去完成，要求完成指派方案的效率最高（或者说是成本最低）。由于每个人的个性化、差异化的安全操作心理行为优势和劣势，派哪个员工去做哪项工作才能在保障安全的同时保证资源消耗最低或者说是成本最低成为确定指派方案的重要问题，在满足特定约束的条件之下，希望得到的指派方案安全最佳或者是损耗最小。

流程工业重大设备安全运行的人员指派问题数学描述为：有 n 件事，现在要将这 n 件事与 n 个人进行匹配，要求 n 个人和 n 件事达到一一对应，而且在已知第 i 个人做第 j 件事的安全风险系数为 $c_{ij}(i,j=1,2,\cdots,n)$ 的基础之上，一般用矩阵

$C=(c_{ij})_{n\times n}$ 来表示这 n 个人完成 n 件事的不同安全风险系数。假设安全风险系数矩阵 C 中第 i 行中各元素表示第 i 个人做各事的安全风险系数，第 j 列各元素表示第 j 件事由不同人做的安全风险系数，即矩阵中的 c_{ij} 元素表示第 i 个人做第 j 件事的安全风险系数指标，这时可以称矩阵为安全风险系数矩阵。指派问题最终目标都是求得一个使目标函数达到安全风险最小值的指派方案。

引入 n^2 个 0-1 变量来建立指派模型：

$$x_{ij}=\begin{cases}1,\text{指派第}i\text{个人做第}j\text{件事}\\0,\text{不指派第}i\text{个人做第}j\text{件事}\end{cases}(i,j=1,2,\cdots,n)$$

则流程工业重大设备安全风险最小的人员指派问题的数学模型建立如下：

$$\text{obj.}\quad \min f=\sum_{i=1}^{n}\sum_{j=1}^{n}c_{ij}x_{ij}$$

$$\text{s.t.}\begin{cases}\sum_{i=1}^{n}x_{ij}=1, j=1,2,\cdots,n\\ \sum_{j=1}^{n}x_{ij}=1, i=1,2,\cdots,n\\ x_{ij}=0\text{或}1, i,j=1,2,\cdots,n\end{cases}\quad(5\text{-}1)$$

基于模型（5-1）的目标函数可知，此函数是求指派方案的总安全风险最小函数。模型共包括 3 个约束条件，约束条件 1 表示每个事件必须有且仅有 1 个人去做，约束条件 2 表示每个人必须且只能够做一件事，约束条件 3 表示每一个 x_{ij} 变量只能取 0 或 1 中的一个数。对于一般指派问题模型的每一个可行解，基于约束条件 1，安全风险系数矩阵 C 每列各元素中都有且仅有一个 1；基于约束条件 2，每行各元素中都有且仅有一个 1。

5.2.3 流程工业重大设备安全运行的人员指派逆优化建模

流程工业重大设备安全运行的人员指派逆优化的含义是，给定流程工业重大设备安全运行的人员指派问题的一个可行但非最优的方案 X^0，要求在调整人员指派安全风险系数 c_{ij} 等参数的情况下，使之成为新的指派问题的最优方案，并且对于安全风险参数的调整要尽可能小。

设调整后的效率系数为 $\hat{c}$，并记为

$$T(c)=\min x\left\{\sum_{i=1}^{n}\sum_{j=1}^{n}c_{ij}x_{ij}\left|\sum_{i=1}^{n}x_{ij}=1,\sum_{j=1}^{n}x_{ij}=1,x_{ij}=0\text{或}1\right.\right\}\quad(5\text{-}2)$$

则有流程工业重大设备安全运行的人员指派逆优化模型：

$$\min \|\hat{c} - c\|$$
$$\text{s.t.} \quad \hat{c}^T x^0 = T(\hat{c})$$

（5-3）

根据式（5-3），我们可以很容易看出，对于流程工业重大设备人员与任务指派安全风险系数 c 的调整并不能影响原有指派模型所讨论问题的可行域，因此，对于给定的方案，即最终将变成最优方案的 X^0 必须是可行的，必须要满足指派问题中模型的建立及求解过程所要求的必要条件。基于指派逆优化模型对任务分配方法进行研究的思想，相比于传统的优化处理提出的指派方案，更能减少实际问题中某些因素带来的约束限制，通过上述对于安全风险系数的调整使得给定方案变成最优指派方案，因此，指派逆优化的转换能够为任务分配方案的决策提供更好的帮助。

5.2.4 流程工业重大设备安全运行的人员指派逆优化求解算法

在流程工业重大设备安全运行的人员指派模型的众多可行解中，每一种不同的方案都意味着不同的安全运行风险，并且在指派方案的确定过程中，我们必须保证每一项工作必须只能由一个个体去做，同时也必须保证每个个体只能完成一项工作，每个个体与每项工作之间一一对应的关系是指派模型建立的重要因素，由于每项工作的不可拆分性和独立存在，指派问题中的所有决策变量都是 0-1 变量。但是在指派模型的构建过程中，我们需要注意的问题还有很多，如当出现某个个体 p 不能够不做某项工作 q 时，我们需要通过调整安全风险系数 c_{pq} 的值至一个很大的数才能保证个体 p 不被安排去做工作 q，而且对于目标函数是求极大值的情况，我们也可以将其转化为求其最小值来解决这个问题。

流程工业重大设备安全运行的人员指派问题的逆优化的转换作为对原指派模型的一种修正，其背景是在某种特定情况下，给定的方案 X^0 在实际运作过程中比根据安全风险系数矩阵得出的最优解具有更大的意义，说明指派模型中存在的效率矩阵 C 不够准确或者说是存在误差，而逆优化模型作为新提出的修正模型，需要考虑如何对安全风险系数矩阵 C 进行最小范围的调整，并以此作为新的安全风险系数矩阵，进行进一步的优化配置，所以，逆优化的转换就是对指派安全风险系数进行重新考虑，通过改变安全风险系数矩阵 C 中的系数参数，达到给定的方案 X^0 成为最优方案的结果。本书研究的指派逆优化问题仅仅是对一般形式的指派问题进行逆优化的转换和求解[296, 297]。

流程工业重大设备安全运行的人员指派逆优化模型如下：

$$\text{obj.} \quad \min \sum_{i=1}^{n}\sum_{j=1}^{n}(C^+ + C^-)$$

$$\text{s.t.} \begin{cases} \sum_{i=1}^{n}\sum_{j=1}^{n}(t_{ij}^+ \cdot c_{ij}^+) + \sum_{i=1}^{n}\sum_{j=1}^{n}(t_{ij}^- \cdot c_{ij}^-) = 0 \\ t_{ij}^+, t_{ij}^- = \begin{cases} 1, & \text{if } a_{ij} = 0 \\ 0, & \text{otherwise} \end{cases} \\ a_{ij}^+, a_{ij}^- \geq 0 \end{cases} \quad (5\text{-}4)$$

其中，$C^+ = (c_{ij}^+)_{m \times n}$ 为安全风险系数矩阵 C 的增加量矩阵；c_{ij}^+ 为安全风险系数值 c_{ij} 调整后的增加量，且 $c_{ij}^+ \geq 0$；$C^- = (c_{ij}^-)_{m \times n}$ 为安全风险系数矩阵 C 的减少量矩阵；c_{ij}^- 为安全风险系数值 c_{ij} 调整后的减少量，且 $c_{ij}^- \geq 0$；X^0 为给定的最优指派方案；t_{ij}^+ 和 t_{ij}^- 分别为 c_{ij}^+ 和 c_{ij}^- 的约束变量，当 $a_{ij}=0$ 时，j 不参与任务 i，此时的安全风险系数值的调整量 c_{ij}^+ 和 c_{ij}^- 也必须为 0。

目标函数表示的是安全风险系数矩阵的调整量（增加量及减少量）要尽可能达到最小，即尽可能小地调整资源效率；约束条件表示的是在效率矩阵 C 调整后，指派可行的对应关系，保证此方案的可行性和意义性。

对流程工业重大设备安全运行的人员指派模型进行逆优化转换，可以求解出在实际作业中满足条件的最优安全风险系数矩阵，可以发现原指派模型中安全风险系数矩阵存在的误差并进行优化，当安全风险系数矩阵 C 中的参数系数发生变化时，经过逆优化转换后的指派模型得出的指派方案会更符合流程工业重大设备安全运行的人员指派决策，更满足现实存在的条件对人员安排的要求。

5.2.5 流程工业重大设备安全运行的指派逆优化算例

1. 流程工业重大设备安全运行的人员指派优化方法算例分析

设流程工业重大设备安全运行下有 4 个运行操作及维修维护任务和 4 个工作人员，由于人员的优势与劣势不同，以及不同任务的复杂度不同，每个人完成每项任务的安全风险系数是不同的，具体的安全风险系数如下：第 1 个人完成 4 项任务的安全风险系数分别是 2、15、13 和 4；第 2 个人完成 4 项任务的安全风险系数分别是 10、4、14 和 15；第 3 个人完成 4 项任务的安全风险系数分别是 9、14、16 和 13；第 4 个人完成 4 项任务的安全风险系数分别是 7、8、11 和 9。构建一个流程工业重大设备安全运行的人员任务指派模型，并求出最优指派方案使得每个人只能够负责一项任务，且最终的总安全成本最低。作为一个典型的指派问题，依据上述已知条件可以建立如下数学模型：

$$\text{obj.} \quad \min f = \sum_{i=1}^{4}\sum_{j=1}^{4} c_{ij}x_{ij}$$

$$\text{s.t.} \begin{cases} \sum_{i=1}^{4} x_{ij} = 1, j=1,2,\cdots,4 \\ \sum_{j=1}^{4} x_{ij} = 1, i=1,2,\cdots,4 \\ x_{ij} = 0\text{或}1, i,j=1,2,\cdots,4 \end{cases} \quad (5\text{-}5)$$

根据上述给出的不同人员完成不同任务的不同安全风险系数 c_{ij}，可以得到如下效率矩阵 $\boldsymbol{C}$：

$$\boldsymbol{C} = \begin{pmatrix} 2 & 15 & 13 & 4 \\ 10 & 4 & 14 & 15 \\ 9 & 14 & 16 & 13 \\ 7 & 8 & 11 & 9 \end{pmatrix}$$

此指派模型用匈牙利法求解的过程分为三个阶段，具体如下：

第一阶段，经过行列间的变换，效率矩阵的各行各列都出现 0 元素。

第二阶段，进行试指派，寻找和判别最优解。得到以下最优解矩阵：

$$\begin{pmatrix} 0 & 0 & 0 & 1 \\ 0 & 1 & 0 & 0 \\ 1 & 0 & 0 & 0 \\ 0 & 0 & 1 & 0 \end{pmatrix}$$

因此，最优解是 $x_{14} = x_{22} = x_{31} = x_{43} = 1$。最优目标函数值是 $f = 4+4+9+11 = 28$。从而得知最优指派方案是第 1 个人负责任务 4，第 2 个人负责任务 2，第 3 个人负责任务 1，第 4 个人负责任务 3。总成本最小为 28。

第三阶段，画出能够覆盖所有 0 元素的最少覆盖线即用最少的覆盖线将当前效率矩阵中的所有 0 元素都覆盖住。如果最少覆盖线条数等于效率矩阵的阶数，则说明原指派问题已经达到最优解，计算过程到此结束。

2. 流程工业重大设备安全运行的人员指派逆优化方法算例 1

通过对上述提出的流程工业重大设备安全运行的人员指派模型的算例结果分析，发现在现实作业实践中有一种新的人员指派方案更合理，更能满足现实需求，即比模型算例求解出的方案更优，则要对原模型中的安全风险系数矩阵 $\boldsymbol{C}$ 进行重新调整并保证调整量要尽可能小，如操作中发现的实际最优方案 $\boldsymbol{X}^0$ 为

$$\begin{pmatrix} 0 & 0 & 1 & 0 \\ 0 & 1 & 0 & 0 \\ 1 & 0 & 0 & 0 \\ 0 & 0 & 0 & 1 \end{pmatrix}$$

此时，可以根据逆优化模型来考虑如何最小范围地调整安全风险系数矩阵 C 中的系数来进行求解，逆优化模型如下：

$$\text{obj.} \quad \min \sum_{i=1}^{4}\sum_{j=1}^{4} c_{ij}^{+} + \sum_{i=1}^{4}\sum_{j=1}^{4} c_{ij}^{-}$$

$$\text{s.t.} \begin{cases} \sum_{i=1}^{4}\sum_{j=1}^{4}(t_{ij}^{+} \cdot c_{ij}^{+}) + \sum_{i=1}^{4}\sum_{j=1}^{4}(t_{ij}^{-} \cdot c_{ij}^{-}) = 0 \\ t_{ij}^{+} \cdot t_{ij}^{-} = \begin{cases} 1, & \text{if } a_{ij} = 0 \\ 0, & \text{otherwise} \end{cases} \\ a_{ij}^{+} \cdot a_{ij}^{-} \geqslant 0 \\ \sum_{i=1}^{4} x_{ij} = 1, j = 1,2,3,4 \\ \sum_{j=1}^{4} x_{ij} = 1, j = 1,2,3,4 \\ x_{ij} = 0 \text{或} 1, i,j = 1,2,3,4 \end{cases} \quad (5\text{-}6)$$

基于以上提出的求解算法，求解该模型，可得

$$C^{+} = (c_{ij}^{+})_{4\times 4} = \begin{pmatrix} 0 & 0 & 0 & 1 \\ 0 & 0 & 0 & 0 \\ 0 & 0 & 0 & 0 \\ 0 & 0 & 0 & 0 \end{pmatrix}$$

$$C^{-} = (c_{ij}^{-})_{4\times 4} = \begin{pmatrix} 0 & 0 & 7 & 0 \\ 0 & 0 & 0 & 0 \\ 0 & 0 & 0 & 0 \\ 0 & 0 & 0 & 0 \end{pmatrix}$$

因此，将系数矩阵 C 修正为 C^0：

$$C^0 = C + C^{+} - C^{-} = \begin{pmatrix} 2 & 15 & 6 & 5 \\ 10 & 4 & 14 & 15 \\ 9 & 14 & 16 & 13 \\ 7 & 8 & 11 & 9 \end{pmatrix}$$

此时，X^0 为指派模型的最优解，根据以上的求解结果可得，只需对第 1 个

人完成任务 3 和 4 的安全风险系数进行调整,即将第 1 个人完成任务 3 的成本调至 6,完成任务 4 的成本调至 5,即可达到将给定方案通过尽可能小地改变安全风险系数矩阵 C 中参数使其最优的目标。

根据所建立指派模型的公式 $\min f = \sum_{i=1}^{4}\sum_{j=1}^{4} c_{ij} x_{ij}$ 计算可得,此时的指派方案所需的最小成本 $f = 6 + 4 + 9 + 9 = 28$,即调整后的指派方案的最小成本为 28。

3. 流程工业重大设备安全运行的人员指派逆优化方法算例 2

前面研究的指派问题中人员数量与任务数量一一对应的情况在实际问题中并不常见,现实情况之下经常会出现的是指派模型的不平衡现象,如现有 5 个人,要完成的工作只有 4 项,但是每项工作必须由每个人独立去完成,每个人也只能完成 1 项工作,势必会出现有 1 人不工作的情况。对于这样的不平衡现象,我们在求解的过程中可能需要更复杂的计算和分析,现假设如下:某重大设备运行及维护现有 4 项任务需要安排,有 5 个人员可供选择,第 1 个人完成这 4 项任务的安全风险系数分别为 4,8,5,11;第 2 个人完成 4 项任务的安全风险系数分别为 5,2,6,8;第 3 个人完成 4 项任务的安全风险系数分别为 12,4,3,9;第 4 个人完成 4 项任务的安全风险系数分别为 7,15,4,6;第 5 个人完成 4 项任务的安全风险系数分别为 3,8,9,15。现需结合以上安全风险指派成本数据考虑如何分配任务才能使总安全风险成本最低,但是由于现实情况的约束,现给定一个更合理的人员指派方案:

$$X^0 = \begin{pmatrix} 0 & 0 & 1 & 0 \\ 0 & 0 & 0 & 1 \\ 0 & 1 & 0 & 0 \\ 1 & 0 & 0 & 0 \\ 0 & 0 & 0 & 0 \end{pmatrix}$$

为了使其变成最优方案就要进行逆优化的转换和求解。

先建立一个流程工业重大设备安全运行的人员指派模型:

$$\min f = \sum_{i=1}^{5}\sum_{j=1}^{4} c_{ij} x_{ij}$$

$$\text{s.t.} \begin{cases} \sum_{i=1}^{5} x_{ij} = 1, j = 1, 2, \cdots, 5 \\ \sum_{j=1}^{4} x_{ij} = 1, i = 1, 2, \cdots, 4 \\ x_{ij} = 0 \text{ 或 } 1, i = 1, 2, \cdots, 5; j = 1, 2, \cdots, 4 \end{cases} \quad (5\text{-}7)$$

由已知条件的 c_{ij} 值,可以得到如下安全风险系数矩阵:

$$C = \begin{pmatrix} 4 & 8 & 5 & 11 \\ 5 & 2 & 6 & 8 \\ 12 & 4 & 3 & 9 \\ 7 & 15 & 4 & 6 \\ 3 & 8 & 9 & 15 \end{pmatrix}$$

根据指派模型的求解算法匈牙利法得出,目前的指派模型得出的最优解矩阵为

$$\begin{pmatrix} 1 & 0 & 0 & 0 \\ 0 & 1 & 0 & 0 \\ 0 & 0 & 1 & 0 \\ 0 & 0 & 0 & 1 \\ 0 & 0 & 0 & 0 \end{pmatrix}$$

最优解是 $x_{11} = x_{22} = x_{44} = x_{33} = 1$。最优目标函数值是 $f = 4+2+3+6 = 15$。从而得知最优指派方案是第 1 个人负责第 1 项任务,第 2 个人负责第 2 项任务,第 3 个人负责第 3 项任务,第 4 个人负责第 4 项任务。指派方案总的安全风险成本最小为 14。

给出的实际期望的人员指派方案:

$$X^0 = \begin{pmatrix} 0 & 0 & 1 & 0 \\ 0 & 0 & 0 & 1 \\ 0 & 1 & 0 & 0 \\ 1 & 0 & 0 & 0 \\ 0 & 0 & 0 & 0 \end{pmatrix}$$

要想使其变成最优方案,需要引入如下逆优化模型:

$$\min \sum_{i=1}^{5}\sum_{j=1}^{4} c_{ij}^{+} + \sum_{i=1}^{5}\sum_{j=1}^{4} c_{ij}^{-}$$

$$\text{s.t.} \begin{cases} \sum_{i=1}^{5}\sum_{j=1}^{4}(t_{ij}^{+} \cdot c_{ij}^{+}) + \sum_{i=1}^{5}\sum_{j=1}^{4}(t_{ij}^{-} \cdot c_{ij}^{-}) = 0 \\ t_{ij}^{+} \cdot t_{ij}^{-} = \begin{cases} 1, & \text{if } a_{ij} = 0 \\ 0, & \text{otherwise} \end{cases} \\ a_{ij}^{+} \cdot a_{ij}^{-} \geqslant 0 \\ \sum_{i=1}^{5} x_{ij} = 1, j = 1,2,3,4 \\ \sum_{j=1}^{4} x_{ij} = 1, i = 1,2,3,4,5 \\ x_{ij} = 0 或 1, i = 1,2,3,4,5; j = 1,2,3,4 \end{cases} \quad (5\text{-}8)$$

求解该模型可得

$$\boldsymbol{C}^+ = (c_{ij}^+)_{5\times 4} = \begin{pmatrix} 0 & 0 & 0 & 0 \\ 0 & 0 & 0 & 0 \\ 0 & 0 & 0 & 0 \\ 0 & 0 & 0 & 0 \\ 0 & 0 & 0 & 0 \end{pmatrix}$$

$$\boldsymbol{C}^- = (c_{ij}^-)_{5\times 4} = \begin{pmatrix} 0 & 0 & 1 & 0 \\ 0 & 0 & 0 & 4 \\ 0 & 1 & 0 & 0 \\ 3 & 0 & 0 & 0 \\ 0 & 0 & 0 & 0 \end{pmatrix}$$

因此，将系数矩阵 $\boldsymbol{C}$ 修改为 $\boldsymbol{C}^0$：

$$\boldsymbol{C}^0 = \boldsymbol{C} + \boldsymbol{C}^+ - \boldsymbol{C}^- = \begin{pmatrix} 4 & 8 & 4 & 11 \\ 5 & 2 & 6 & 4 \\ 12 & 3 & 3 & 9 \\ 4 & 15 & 4 & 6 \\ 3 & 8 & 9 & 15 \end{pmatrix}$$

此时，$\boldsymbol{X}^0$ 为指派模型的最优解，根据以上的求解结果可得，只需对第 1 个人完成任务 3 的安全风险系数调整至 4，对第 2 个人完成任务 4 的安全风险系数调整至 4，对第 3 个人完成任务 2 的安全风险系数调整至 3，对第 4 个人完成任务 1 的安全风险系数调整至 4，即可达到将给定方案通过尽可能小地改变矩阵 $\boldsymbol{C}$ 中参数使其最优的目标。

根据所建立指派模型的公式 $\min f = \sum_{i=1}^{5}\sum_{j=1}^{4} c_{ij}x_{ij}$ 计算可得，此时的指派方案所需的最小成本 $f = 4+4+3+4 = 15$，即调整后的指派方案的最小安全风险成本为 15。

4. 算例小结

从以上两个算例的求解计算可以看出，将逆优化方法应用到流程工业重大设备安全运行的人员任务分配方法的求解中去，通过指派逆优化模型建立起问题中指派安全风险系数关系，结合实际需求对原有指派模型进行逆优化处理，尽可能小地调整参数使得给定最优方案成为最佳——逆优化方法的引入能够更好地解决任务分配在安全需求作用下的不断调整；能对目前的任务指派方案和影响参数进行适当调整，使其在满足安全需求下达到任务分配方案提出的低成本。相比于传统的优化方法而言，逆优化的引入具有更强的实际意义和作用。

为了缩小指派模型在解决实际问题时与现实情况之间的差距，本节提出将逆优化的方法引入基于指派模型的任务分配方法的研究中去，提出了指派模型逆优化的求解算法。研究结果表明，应用逆优化的方法能够有效地修正目前指派模型对配送方案进行求解时存在的不足，具体表现为该方法可以通过尽可能小地调整参数使实际作业中更合理的方案成为最优方案，并以此作为依据去改变和调整实际模型中存在的不准确性，本节通过以上论述和算例分析为任务分配方法的研究提出了指派逆优化的求解新思路。

5.3 资源调整型流程工业重大设备安全运行的人员配置逆优化

5.3.1 问题提出

钢铁企业重大设备生产过程由炼铁、炼钢、轧钢等各环节要素组成，各环节依托不同的生产关键设备，需要不同的运行操作及维修维护作业人员，各环节要素之间存在有机联系并且是重大设备安全生产运行的组成部分。本书围绕流程工业关键设备安全生产的运行及维修维护操作人员配置决策问题，以"保障安全"为核心，将心理学、行为学、人力资本理论、运筹学、逆优化方法有机结合，形成流程工业重大设备安全运行的人力资源优化配置线性规划逆优化方法。从流程工业关键设备安全运行目标和人力资本心理行为优势与劣势考虑，开展流程工业重大设备人员配置逆优化方法的研究，即调整参数使得预期方案成为安全性最好的方案，并且保障流程工业重大设备安全生产运行顺利实现。

资源配置的最优化模型依赖精确的数学方程式和严密的数学过程来分析和评价各种可选方案，从数学上实现所得到的方案是针对该问题的最佳选择。最优化模型通过精确的运筹学方法设计数学模型求出决策问题的最优解。在给定了假设前提和足够的数据后，优化模型能够保证求出最优解。对优化模型进行分类，按优化变量的不同又可以分为两类：一类是连续型线性规划问题；另一类是整数规划问题。连续型优化模型中进行了一系列的假设和简化，因此最后得出的最佳坐标点往往需要修正，或作为选择初始方案的参考依据。整数规划模型由于变量空间的不连续，模型的求解过程中存在组合爆炸问题，一般需要应用数值逼近方法或现代优化方法，而且只能得到近似的满意解。线性规划方法作为运筹学中理论最完善、方法最成熟、应用最广泛的一个分支，通过运用数学方法和工具，对所研究的问题求出最优解，寻求最佳的行动方案。线性规划所研究的问题主要有两类：一类是已给定一定数量的人力和物力资源，如何用这些资源完成最大量的任务;另一类是已给定一项任务,如何统筹安排,才能以最小量的资源去完成这项任务。然而,由于实际流程工业重大设备安全运行的人力资源配置系统的复杂度,一个线性规划数学模型往往无法包含现实问题中所有的约束与影响条件,需要进行一系列的假设。这些假设的制定又反向影响到模型最优解的现实可行性,也就是很多数学模型的最优解在企业实践中不具有可操作性。另外,能提供数学最优解的模型虽然看起来最好,但是无法保证模型的真实性与客观性,也就使得有时理论上的最优解对现实的系统没有意义。例如,流程工业重大设备的人员配置问题,在数学模型求出的最优点上,可能刚好最优方案中所指派的人员请病假。在资源配置优化中,存在许多不确定因素,有时数学上的最优解并不能解决实际问题。

流程工业重大设备安全运行的人力资源配置优化问题是指根据重大设备作业环节的流程,分析其作业任务需求和作业流程要求,规划能完成这些任务所需要的作业人员的数量。此问题属于企业作业资源配置优化问题。目前相关研究大多针对实际作业情景,以效益最大或成本最低为目标,采用线性规划模型建模及求解。根据重大设备生产运行资源,构建不同的模型,会对各环节的最佳解产生直接的影响,因此,有必要将给出的解与实际情况进行比较,以期能够获得最接近于实际情况的模型,使所求得的解具有一定的合理性。

采用线性规划模型进行资源配置优化存在如下不足:首先,在线性规划模型中各作业流程资源拥有量及单位流程资源消耗量都是作刚性处理,而在现实中是可调节的,因此线性规划无法解决某些流程资源过剩造成高成本而其他流程资源不足无法满足任务需求的问题。其次,线性规划模型可将现有资源按照最大效益或最低成本原则在多项作业任务中分配,但并不能够解决如何合理组织现有资源来最大限度地满足总体任务安全需求的问题。所以,在实际操作中可能会发现某些实际最佳解不是线性规划模型的最优解,甚至有可能不是可行解。

而线性规划逆优化问题是给定流程工业重大设备安全运行的人力资源配置线性规划的一个可行但非最优的解,要求在某种范数下,通过对目标函数中价值系数参数做尽可能少的调整,使得指定的人力资源配置方案成为在新参数下的优化模型的最优方案的问题。事实上,在人员配置问题上,线性规划能够给出一个最优解,但是由于人的复杂度,线性规划算出的最优解未必是符合真实条件状况下的最好的配置方案。因此线性规划在人员配置上不能够灵活地运用给定的需求和任务进行调整。实际上最好的匹配方案可能是该线性规划的可行解或非可行解。这就要求我们运用逆优化来校准原模型,在尽可能少地调整参数的情况下使实际最佳配置方案成为改动后的模型的最优解。这正是对线性规划的刚性处理的补充。即逆优化能够更加灵活地根据实际情况进行人员配置,给出最佳方案。

在资源配置的相关问题上,本书用已知的线性规划模型的可行解作为最优解来求解逆优化模型及调整成本系数；依据互补最优性条件，调整产品成本系数、资源消耗系数和资源拥有量等参数,使线性规划模型的某些非可行解成为最优解；调整资源效率矩阵使得实际配置方案成为问题的最优解，为制订满足实际作业要求的资源配置计划提出了新思路。张相斌和林萍[298]提出了在网格环境下采用线性规划逆优化方法建立企业资源用量和交易参考价格的决策模型，之后又提出了以线性规划思路建立供应链网络结构优化模型，并基于逆优化的思想进行了优化配置；顾容容[299]以面向服务集成的服务资源为研究对象，建立了多方案选择时的服务资源优化配置模型和基于单一方案选择时的、以服务资源能力值为参数的逆优化配置模型，根据模型运用结果给出服务提供商资源优化配置方案，为服务提供商进行资源优化配置提供有效指导；王金凤等以安全度最大为目标函数，结合煤矿安全生产限制条件构建物流系统安全资源配置优化模型，在此基础上运用双层规划方法将原始模型转化为逆优化模型并求解，为安全资源配置优化提供了新的思路[236]。

本书在不同的问题情景假设条件下，为逆优化的求解提供了不同的方法和思路，为求解计算提供了理论支持。同时，可以从众多的研究中总结出逆优化调整参数的途径或组合：改变价值系数参数；改变右边参数项；改变技术系数参数项。上述研究中多数是采用调整价值系数的方法进行研究的，而少数是通过调整资源参数项进行研究的。

因此，本节从另一个角度——通过改变流程工业重大设备安全运行的人力资源的资源数量约束，也就是线性规划的右边参数项来进行逆优化的求解。选择改变右边参数项作为调整对象的原因如下：改变右边参数项的值，使给定的目标点成为最优解，其本质是对可行域的平行和扩张；而改变价值系数则可行域没有变化；改变技术系数则使得可行域发生形状上的改变。因此改变右边参数项与改变技术系数对给定的目标点没有要求，即可以是非可行解；而改变价值系数则要求目标点必须为可行解。综上，与改变另外两种参数的方法相比较，改变右边参数项既没有对目标点的可行性的要求，也可以从资源供给的视角解决流程工业重大设备安全运行的资源需求问题，这样做能够更加合理地运用人力资源，有利于提高企业的设备运行的安全性。

5.3.2 流程工业重大设备安全运行的人员配置线性规划

线性规划是运筹学中研究较早、发展较快、应用广泛、方法较成熟的一个重要分支，它是辅助人们进行科学管理的一种数学方法。在经济管理、交通运输、工农业生产等经济活动中，提高经济效果是人们不可缺少的要求，而提高经济效果一般通过两种途径：一是技术方面的改进，如改善生产工艺，使用新设备和新型原材料；二是生产组织与计划的改进，即合理安排人力物力资源。

线性规划研究的是在一定条件下，合理安排人力物力等资源，使经济效果达到最好的规划问题。

一般地，求线性目标函数在线性约束条件下的最大值或最小值的问题统称为线性规划。线性约束条件的解叫作可行解，由所有可行解组成的集合叫作可行域。决策变量、约束条件、目标函数是线性规划的三要素。一般形式线性规划模型如下：

$$(\text{LP}) \quad \begin{aligned} & \min \ \boldsymbol{c}^\text{T} \boldsymbol{x} \\ & \text{s.t.} \begin{cases} \boldsymbol{Ax} \geq \boldsymbol{b} \\ \boldsymbol{x} \geq 0 \end{cases} \end{aligned} \quad (5\text{-}9)$$

其中，$\boldsymbol{x}$ 为决策变量，$\boldsymbol{x} \in R_n$；$\boldsymbol{c}$ 为目标函数的价值系数矩阵，$\boldsymbol{c} \in R_n$；$\boldsymbol{b}$ 为约束条件右边参数项，$\boldsymbol{b} \in R_m$；$\boldsymbol{A}$ 为技术系数矩阵，$\boldsymbol{A} \in R^{n \times m}$。

本书以钢铁企业轧钢生产活动为具体的问题情景，分析建立线性规划模型，在钢铁企业炼钢轧钢环节中，在已知任务量、活动流程（任务）、人员工种和各工种的成本的情况下，进行人-任务的分配，使得在完成任务量的情况下用人成本最小化。

一般钢铁生产过程中人员与任务对应关系分为以下三种：①一对一关系。某个工种参与负责的一个环节任务不能由其他工种代替完成。②一对多关系。某个工种参与到多个任务环节。③多对一关系。多个工种均可完成同一个任务环节，多个工种为可替换关系。

假设钢铁生产流程共有 m 个任务环节，整个流程共包含了 n 种工作人员类别（工种），我们以人数作为决策变量，建立一般的线性规划：

$$\begin{aligned} & \min Z = \boldsymbol{CY} \\ & \text{s.t.} \begin{cases} \boldsymbol{Ax} \geq \boldsymbol{B} \\ \boldsymbol{x} \geq 0 \end{cases} \end{aligned} \quad (5\text{-}10)$$

其中，$\boldsymbol{A}$ 为 m 个任务对应 n 个工种，平均每个工种的效率矩阵；$\boldsymbol{x}$ 为由第 j 种工种完成第 i 个任务所需要的人数 x_{ij} 构成的矩阵；$\boldsymbol{B}$ 为 m 个工作环节每个环节每天的任务量；$\boldsymbol{C}$ 为每个任务环节的单位时间成本，工种的某个人当天进行的是哪一种任务就按照该任务的单位时间成本计算该工种某个人的成本；Z 为最优配置方案下的总人工成本；$\boldsymbol{Y} = (y_1, y_2, \cdots, y_n)^\text{T}$ 为每个工种类别当天所需要的总人数，且 $y_j = \sum_{t=1}^{m} x_{ij}$。

5.3.3 流程工业重大设备人力资源配置线性规划逆优化模型

考虑到流程工业重大设备安全运行的人力资源配置逆优化模型的建立是由原

优化模型转换而来的，其转化过程将运用对偶原理等理论，本部分先行介绍转换过程中将用到的数学理论和性质，为后续建立逆优化模型的转化过程奠定基础。

自 1947 年提出对偶理论以来，对偶理论已经成为线性规划的必不可缺的重要的基础理论。对偶理论的思想是每一个线性规划问题都存在一个与其对偶的问题。

规范形式下对偶关系的一般形式：

$$（LP1） \quad \min \ \boldsymbol{cx} \\ \text{s.t.} \begin{cases} \boldsymbol{Ax} \geq \boldsymbol{b} \\ \boldsymbol{x} \geq 0 \end{cases} \quad （5-11）$$

$$（LP2） \quad \max \ \boldsymbol{yb} \\ \text{s.t.} \begin{cases} \boldsymbol{yA} \leq \boldsymbol{c} \\ \boldsymbol{x} \geq 0 \end{cases} \quad （5-12）$$

一般称前者（LP1）为原问题，称后者（LP2）为前者（LP1）的对偶问题。

规范形式下原问题和对偶问题在形式上存在以下变换关系：目标函数由 min 型变为 max 型；对应原问题，每个约束行有一个对偶变量 w_i，$i=1,2,\cdots,m$，即有多少约束行就有多少个对偶变量；对应原问题，对偶问题约束为 $\leq$ 型；原问题的价值系数 $\boldsymbol{C}$ 变换为对偶问题的右端约束项；原问题的右端约束项 $\boldsymbol{b}$ 变换为对偶问题的价值系数；原问题的系数矩阵 $\boldsymbol{A}$ 转置后成为对偶问题的系数矩阵。

逆优化转化的理论基础是对偶原理，对偶问题有五条基本性质，分别为对称性、弱对偶性、强对偶性、最优性和互补松弛性。其中与逆优化转化有关的主要是最优性和互补松弛性。最优性：若 $\boldsymbol{X}^*$ 和 $\boldsymbol{Y}^*$ 分别为原问题和对偶问题的可行解，并且有 $\boldsymbol{CX}^*=\boldsymbol{Y}^*\boldsymbol{b}$，则 $\boldsymbol{X}^*$、$\boldsymbol{Y}^*$ 分别为原问题和对偶问题的最优解。互补松弛性：若 $\boldsymbol{X}^*$ 和 $\boldsymbol{Y}^*$ 分别为原问题和对偶问题的可行解，Xs、Ys 分别为原问题和对偶问题的松弛变量，则当 $\boldsymbol{Y}^*Xs=0$，$Ys\boldsymbol{X}^*=0$ 时，$\boldsymbol{X}^*$、$\boldsymbol{Y}^*$ 分别为原问题和对偶问题的最优解。或者我们可以这么理解，在原问题的最优解中，如果对应某一约束条件的对偶变量值为非零，则该约束条件取严格等式；反之，如果约束条件取严格不等式，则其对应的对偶变量一定为零，即 $\boldsymbol{Y}^*Xs=0$，$Ys\boldsymbol{X}^*=0$。总的来说，互补松弛性说明了如果 $\boldsymbol{X}^*$ 和 $\boldsymbol{Y}^*$ 分别为原问题和对偶问题的可行解，那么它们成为最优解的充分必要条件是

$$\boldsymbol{Y}^*(\boldsymbol{AX}^* - \boldsymbol{b}) = 0 \quad （5-13）$$

$$(\boldsymbol{C} - \boldsymbol{Y}^*\boldsymbol{A})\boldsymbol{X}^* = 0 \quad （5-14）$$

在由线性规划模型转化为逆优化模型的转化思路方面，前文中提到，逆优化是在给定一个实例的一个可行解的情况下，调整实例中的参数值，使得给定的可行解成为调整参数后的该实例的最优解，并且数值的调整量越小越好的一种方法。

本部分采用的是调整右边参数项的逆优化模型，因此我们设当给定的目标点 X^* 成为最优解时，右边参数项的值由 b 变为 b^*，那么得到调整后的线性规划模型为

$$\min \ c^T x \\ \text{s.t.} \begin{cases} Ax \geq b^* \\ x \geq 0 \end{cases} \quad (5\text{-}15)$$

将 b 变为 b^* 的调整过程中的调整量作为目标函数，即 $\min \|b^* - b\|$，其中符号 $\|\ \|$ 是范数符号。这里我们引入范数的概念。范数有很多种，在接下来的推倒转换过程中，将使用在向量范数条件下的 1-范数：$\|x\|_1 = |x_1| + |x_2| + \cdots + |x_n|$，即向量元素绝对值之和。令 $b_i^* = b_i + \mu_i - \beta_i, i = 1, 2, \cdots, m$，这里的 μ_i 和 β_i 分别表示 b_i 的增量和减量，$\mu_i \geq 0$，$\beta_i \geq 0$，因为我们并不知道调整后的数值与原数值相比是变大了还是变小了。我们可将上式变形为 $\min \|\mu_i + \beta_i\|$，考虑到 $\|\mu_i - \beta_i\| \leq \|\mu_i + \beta_i\|$，所以逆优化模型的目标函数为 $\min \|\mu_i + \beta_i\|$。根据 1-范数，将上式转换为 $\min |\mu| + |\beta|$，又因为 $\mu_i \geq 0$，$\beta_i \geq 0$，则有 $\min |\mu| + |\beta|$。其中，x^* 是最优解，所以满足对偶的条件，将 x^* 代入，则有 $Ax^* \geq b^*$，即 $Ax^* - b^* \geq 0$。设 a_i 为系数矩阵 A 的行向量，则可进一步得到 $a_i x^* - b_i^* \geq 0$。根据对偶理论及互补最优性原则，有 $a_i x^* - b_i^* \geq 0$，$y_i^* = 0$。因为 $b_i^* = b_i + \mu_i - \beta_i$，继续代入，则得到逆优化模型的约束条件：$a_i x^* - \mu_i + \beta_i \geq b_i$，$y_i^* = 0$。综上所述，最终的一般形式的线性规划逆优化模型为

$$\min \ \mu + \beta \\ \text{s.t.} \begin{cases} a_i x^* - \mu_i + \beta_i \geq b_i, y_i^* = 0 \\ \mu_i, \beta_i \geq 0 \end{cases} \quad (5\text{-}16)$$

为了体现一般性，我们将流程工业重大设备安全运行的人力资源配置逆优化模型设置为

$$\min \ \mu + \beta \\ \text{s.t.} \begin{cases} a_i x^* - \mu_i + \beta_i \geq b_i, y_i^* = 0 \\ \mu_i, \beta_i \geq 0 \end{cases} \quad (5\text{-}17)$$

5.3.4 流程工业重大设备安全运行的人员配置逆优化的求解

先介绍线性规划模型的求解算法，求解线性规划问题的基本方法是单纯形法，现在已经有了计算标准单纯形法的软件，如 Matlab 等。利用计算机我们可以很好地解决线性规划的求解问题。为了提高求解的效率，线性规划的求解方法又衍生出了人工变量法、对偶单纯形法等。而对于只有两个变量或者三个变量的简单的线性规划问题，我们也可以采用图解法进行求解。下面将介绍单纯形法的基本求

解方法。

单纯形法求解的基本思路：从线性规划的一个基本可行解（可行域顶点）开始，检验它是否为最优解，如果是最优解，计算停止；如果不是最优解，那么或者可以判定线性规划无最优解，或者根据一定步骤得出使目标函数值增大的另一个基本可行解。由于基本可行解的个数有限，总可以通过有限次迭代，得到线性规划的最优基本可行解，或判定线性规划无最优解。

单纯形法求解的基本步骤：

（1）对一般线性规划问题标准化。即线性规划的标准型中，目标函数设定为求极大值函数，约束条件一律为等式（即引入松弛变量和剩余变量），约束条件的常数项要求非负，所有的决策变量要求非负。其表达式为

$$\min \sum_{i=1}^{5} \sum_{j=1}^{4} c_{ij}^{+} + \sum_{i=1}^{5} \sum_{j=1}^{4} c_{ij}^{-}$$

$$\max Z = \boldsymbol{C}^{\mathrm{T}} \boldsymbol{x}$$

$$\text{s.t.} \begin{cases} \boldsymbol{A}\boldsymbol{x} = \boldsymbol{b}, \boldsymbol{b} \geqslant 0 \\ \boldsymbol{x} \geqslant 0 \end{cases} \quad (5\text{-}18)$$

（2）确定一初始基本可行解 $\boldsymbol{x}_0$。系数矩阵中有一个全部由松弛变量列向量构成的单位矩阵，如果右边项系数全部大于或者等于零，只要取该单位矩阵为初始基就可以得到一个初始基本可行解。

（3）如果所有检验数 $\sigma_j \leqslant 0$（σ_j 为 $\boldsymbol{C}_N - \boldsymbol{C}_B \boldsymbol{B}^{-1} \boldsymbol{N}$ 的第 j 个分量），则 $\boldsymbol{x}_0$ 是线性规划问题的最优解，停止计算；否则，转（4）。

（4）如果存在 $\sigma_t < 0$，所对应的系数列向量 $\boldsymbol{p}_t \leqslant 0$，则线性规划问题无最优解，停止计算；否则，转（5）。

（5）按照最大检验数规则：

$$\max_{j}\left\{\sigma_j \middle| \sigma_j > 0\right\} = \sigma_k \quad (5\text{-}19)$$

确定进基变量 $\boldsymbol{x}_k$ 和主列 $\boldsymbol{p}_k$；再按照最小比值规则：

$$\min_{i}\left\{\frac{b_i}{a_{ik}} \middle| a_{ik} > 0\right\} = \frac{b_l}{a_{lk}} \quad (5\text{-}20)$$

确定出基变量 $\boldsymbol{x}_l$ 和主元 a_{lk}；以主元 a_{lk} 进行换基迭代得到一个新的基本可行解 $\boldsymbol{x}_1$，将 $\boldsymbol{x}_1$ 记为 $\boldsymbol{x}_0$ 返回到步骤（3）。

5.3.5 流程工业重大设备资源配置逆优化算例

在线性规划原优化模型方面，某个流程工业重大设备安全运行涉及 4 个任务环节，一共有 4 个工作种类的人员参与。即 $m=4$，$n=4$。每个任务环节所对应的

第 5 章　流程工业重大设备安全运行的人员逆优化配置

标准任务量为 B=（16，14，13，12.75），每个任务的单位时间成本为 C=（1.5，1.5，1，1.2），每个工种对应不同的任务的工作效率矩阵如下：

$$A = \begin{pmatrix} 0.8 & 0.7 & 0 & 0 \\ 0.2 & 0.7 & 0 & 0 \\ 0.5 & 0.65 & 0.65 & 0 \\ 0 & 0 & 0.5 & 0.85 \end{pmatrix}$$

在矩阵 A 中，a_{11}=0.8，表示第一个工种完成第一个任务的工作效率为 0.8；a_{21}=0.2，表示第一个工种完成第二个任务的工作效率是 0.2；a_{22}=0.7，表示第二个工种完成第二个任务的工作效率是 0.7，以此类推。矩阵中为 0 的向量表示其对应的工种不参与该向量对应的任务。工种 1 与任务 1、任务 2、任务 3 的对应关系为一对多关系，工种 1 和工种 2 与任务 2 是多对一关系，且工种 1 和工种 2 在任务 2 中为可替换关系。

该问题的线性规划模型如下：

$$\begin{pmatrix} 0 & 0 & 1 & 0 \\ 0 & 1 & 0 & 0 \\ 1 & 0 & 0 & 0 \\ 0 & 0 & 0 & 1 \end{pmatrix}$$

$$\min z = 1.5y_1 + 1.5y_2 + y_3 + 1.2y_4$$

$$\text{s.t.} \begin{cases} 0.8x_{11} + 0.7x_{12} \geqslant 16 \\ 0.2x_{21} + 0.7x_{22} \geqslant 14 \\ 0.5 + x_{31} + 0.65x_{32} + 0.65x_{33} \geqslant 13 \\ 0.5x_{43} + 0.85x_{44} \geqslant 12.75 \\ x_{ij} \geqslant 0, i = 1,2,3,4, j = 1,2,3,4 \end{cases} \quad (5\text{-}21)$$

其中，$y_1=x_{11}+x_{12}$；$y_2=x_{21}+x_{22}$；$y_3=x_{31}+x_{32}+x_{33}$；$y_4=x_{43}+x_{44}$。其最优解为

$$x = \begin{pmatrix} 20 & 0 & 0 & 0 \\ 0 & 20 & 0 & 0 \\ 0 & 10 & 10 & 0 \\ 0 & 0 & 0 & 15 \end{pmatrix}$$

即当派 20 个工种 1 的人去完成任务 1，派 20 个工种 2 的人去完成任务 2，分别派 10 个工种 2 和工种 3 的人去共同完成任务 3，派 15 个工种 4 的人去完成任务 4 时，可保证完成当天的任务量，此时的最低人工成本为 980。

在逆优化模型方面，某天，因为员工请假，无法按照给出的最优解进行任务分配，给出的 x^* 为

$$x^* = \begin{pmatrix} 18 & 0 & 0 & 0 \\ 0 & 18 & 0 & 0 \\ 0 & 7 & 10 & 0 \\ 0 & 0 & 0 & 12 \end{pmatrix}$$

此时建立的逆优化模型为

$$\min \mu_1 + \beta_1 + \mu_2 + \beta_2 + \mu_3 + \beta_3 + \mu_4 + \beta_4$$

$$\text{s.t.} \begin{cases} -\mu_1 + \beta_1 \geqslant 1.6 \\ -\mu_2 + \beta_2 \geqslant 1.4 \\ -\mu_3 + \beta_3 \geqslant 1.95 \\ -\mu_4 + \beta_4 \geqslant 2.55 \\ \mu_i, \beta_i \geqslant 0; \quad i=1,2,3,4 \end{cases} \quad (5\text{-}22)$$

用 Matlab 求解该线性规划问题，最优解为（0，1.6，0，1.4，0，1.95，0，2.55）。

该最优解表明，将原线性规划模型的右边参数项的值全部向下调整，即 b_1 由 16 变为 14.4；b_2 由 14 变为 12.6；b_3 由 13 变为 11.05；b_4 由 12.75 变为 10.2，可使给定的 x^* 成为下述线性规划模型的最优解：

$$\min z = 1.5y_1 + 1.5y_2 + y_3 + 1.2y_4$$

$$\text{s.t.} \begin{cases} 0.8x_{11} + 0.7x_{12} \geqslant 14.4 \\ 0.2x_{21} + 0.7x_{22} \geqslant 12.6 \\ 0.5 + x_{31} + 0.65x_{32} + 0.65x_{33} \geqslant 11.05 \\ 0.5x_{43} + 0.85x_{44} \geqslant 10.2 \\ x_{ij} \geqslant 0; i=1,2,3,4; j=1,2,3,4 \end{cases} \quad (5\text{-}23)$$

其中，$y_1=x_{11}+x_{12}$；$y_2=x_{21}+x_{22}$；$y_3=x_{31}+x_{32}+x_{33}$；$y_4=x_{43}+x_{44}$。

5.3.6　流程工业重大设备线性规划逆优化模型小结

本书以流程工业重大设备生产运行企业为背景，结合实际生产运作流程，对分摊成本较高的主要流程进行细化、分析，将资源归类，明确各项基本操作环节和资源之间的关系，构建资源配置的线性规划模型以及基于线性模型的逆优化模型，根据逆优化的理论基础，通过改变原来线性模型中的可行解或者非可行解，调整资源效率矩阵，并使调整量最小，进而使其变为原来线性模型的最优解，弥补线性规划模型应用中对数据进行刚性处理缺乏弹性等不足，求出符合实际情况的企业资源配置方案。

5.4 流程工业重大设备安全运行的资源配置线性规划逆优化方法

5.4.1 流程工业重大设备安全运行的资源配置逆优化提出

传统的资源配置方法主要以优化技术为依托，以已知且确定不变的优化模型参数为前提，寻求收益最大或成本最低的决策方案，忽视了决策方案已知、系统参数可调的一类决策问题，基于此，本书提出基于逆优化的决策新方法。该方法针对要实现的方案已知、决策参数信息未精确确定或弹性可调的资源匹配问题进行决策，以流程工业关键设备安全运行为研究背景，以资源配置方案确定为前提条件，以尽可能少地调整模型参数为新的决策目标，通过逆向思维，在保障安全的前提下，实现对系统的扰动最小和资源成本最小化。

本部分的资源配置指的是企业根据流程工业重大设备安全运行的资源需求，对其所掌握的各种资源在质和量上的分配。企业资源的配置会直接影响企业近期的收益和未来的发展，只有把所有资源结合起来，实现合理高效的配置，才能让流程工业企业形成更有力的竞争优势。判断流程工业企业的实力不是看其所有的资源的种类、数量，而是要看其对所拥有的资源的利用效率。后者也是企业运营中所必须具备的条件。资源是否能够有效配置直接影响着流程工业重大设备运行的安全性、可靠性及经济性。流程工业企业需在满足运营成本最低的条件下，合理分配各类资源让重大设备全系统当前运行的安全状态最佳，达到既满足安全性的目标又促进企业降低成本的目的。流程工业重大设备运行企业由于其特有的高危性，企业资源的优化配置问题不仅仅是将资源按照成本最低的原则进行分配的问题，更应该是通过合理调整资源配置各类参数以确保重大设备的安全生产运行的问题，也就是企业资源配置的逆优化问题。因此，企业需针对重大流程装备安全问题的特殊性，通过资源配置的逆优化建模与求解，来使流程工业重大设备安全运营状态最优，满足安全生产的要求。

从理论上来说，现有的资源配置研究主要是从正优化的角度，针对企业资源配置方法、资源配置优化算法等方面进行的，并没有深入考虑企业资源和生产各阶段之间的对应关系。而流程工业重大设备生产过程最主要的特征就是各个生产阶段、各个设备之间的串联关系，企业实际运营中各个阶段的资源拥有量和消耗量都是动态变化的，本书在满足生产运行安全需求的前提下，通过构建资源配置的线性规划逆优化模型，调整线性规划模型的参数，并基于调整后的系统系数，在新的模型下，得到能够应用到实际中的企业资源优化配置方案。

从应用方面来说，我国重大设备生产运行企业的资源有效配置水平还可以改进，究其根本，是系统参数刚性不变造成的；同时也存在着目标管理思想没有与资源优化配置相结合的问题。在确保安全的要求下，一味地加大对流程工业重大设备企业的各种资源的投入带来的企业效益增加的成果并不明显，企业资源投入与安全生产的不匹配以及由此造成的资源冗余等问题严重阻碍了企业的发展，急需调整企业资源的优化配置并使之保持安全稳定的生产运行状态。逆优化方法就能够满足这种需要。因此，本书的研究对提高流程工业重大设备的资源有效配置有着重要的实践意义与应用价值。

逆优化方法可以通过调整模型参数，实现满足系统动态需求的资源优化配置，在资源优化配置方面是可行的，但是上述研究建立的模型多为线性规划模型，资源配置还需要考虑企业资源和运营流程阶段状态的对应变化，在目前市场竞争激烈的情况下，实际各个流程占用的资源类型以及消耗的数量都是可变的；而线性规划模型中则作刚性处理，这样无法解决某些资源配置的冗余、不足以解决由此引发的危险性增加等问题。线性规划模型可将现有资源按照效益最大或成本最低原则对资源在多项任务中进行分配，但是并没有解决如何合理、有效分配资源以尽可能满足各项任务的安全需求问题，所以，实际工作中线性模型的某些解比最优解的效果更优，这时就需要建立资源配置的线性规划逆优化模型，调整线性规划模型的参数，确定调整后的效率矩阵，以此进行结合实际安全需求、符合实际情况的资源优化配置。本小节以流程工业重大设备运行企业的资源优化配置为研究对象，采用线性规划逆优化的方法对企业资源优化配置进行研究，考虑了企业资源与安全的关系，对企业资源目标函数和约束条件进行分析，构建资源配置模型，再利用逆优化模型的构建，对企业资源配置模型调整其参数，进而构建企业资源配置的逆优化模型并且求解。各部分的逻辑关系如图 5-2 所示。

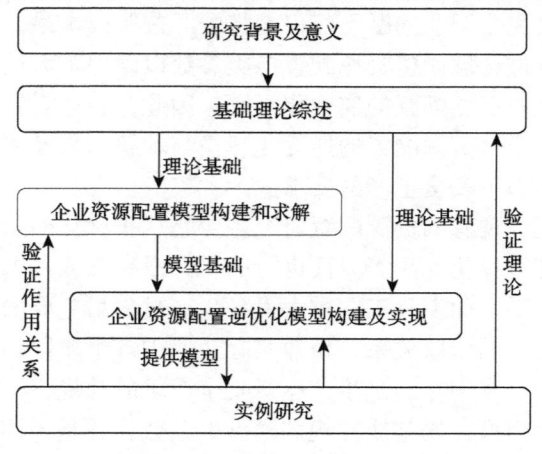

图 5-2　各部分的逻辑关系

在图 5-2 的基础上，通过简化的重大流程装备的设备链的各环节，以总安全风险最低为目标函数，并在规定了相关的标准作业量和效率矩阵等的度量方法的基础上，本节建立了流程工业重大设备安全运行的资源配置的线性规划模型；并将该模型作为原优化模型，基于对偶原理，建立了资源配置的逆优化模型，通过调整各项系数达到了企业安全生产目标下的资源配置的最优状态；然后是算例分析，已知各项资源的基本条件，根据线性规划模型以及逆优化模型进行应用求解，并对解的实际意义进行解释，得出最优的各类资源分配方案。

5.4.2 流程工业重大设备安全运行的资源配置线性规划逆优化基础

流程工业重大设备资源配置逆优化的基本概念：存在一组理想的资源配置方案 X^*，X^* 既可以在可行域内，是原问题的可行解，也可以在可行域 D 之外，即 X^* 为非可行解，此时用 X^* 表示的目标函数值为实际的流程工业重大设备安全目标的理想值。若想把 X^* 变成可行的理想解，则需要调整约束条件内的各类参数，使得 X^* 在可行域内，从而将其转化为逆优化模型。规定流程工业重大设备安全运行的资源配置原始优化模型如下：

$$\min c^T x \\ \text{s.t.} \begin{cases} Ax \geqslant b \\ x \geqslant 0 \end{cases} \quad (5\text{-}24)$$

流程工业重大设备安全运行的资源配置模型的对偶问题有如下表达：

$$\max wb \\ \text{s.t.} \begin{cases} wA \leqslant c \\ w \geqslant 0 \end{cases} \quad (5\text{-}25)$$

原模型的逆优化是指针对先前确定的目标点 X^*，在某种模型的定义下，最小限度地调节原模型的系数 A、b 或 c，让期望目标点变成原模型的最优方案。原线性规划问题是怎样在可行域 D 中确定最优点的问题，逆优化问题是针对已定的目标点，怎样让其变成最优点的问题。要想使给定的目标点 X^* 成为最优点，有三种方法：调整目标函数的价值参数；调整约束条件的右端项参数；调整约束条件的左端系数。第一种方法中问题的可行域不能改变，要求给定解一定是可行解，而对于后面两个方法来说，可行域随之发生了改变，因此给定的解是可行解、非可行解都可以。具体分析如下：

（1）调整目标函数参数。调整原始模型的目标函数中参数 c，让给定的目标点 X^* 成为最优点。因为可行域 D 不能变化，所以预期目标点 X^* 必须是原问题的可行解。当已定的目标点 X^* 成为原模型的最优解时，对应的目标函数参数 c 成为 c^*，此时的优化目标应该是系数 c 改变最少，则对应的逆优化模型可改变为[299]

$$\min \|c^* - c\|$$
$$\text{s.t.} \begin{cases} w^*A \leqslant c^*, x_j = 0 \\ w^*A = c^*, x_j > 0 \end{cases} \quad (5\text{-}26)$$

令 $c_j^* = c_j + \theta_j - \delta_j$（$j=1,2,\cdots,n$），这里 $\theta_j \geqslant 0$ 和 $\delta_j \geqslant 0$ 分别代表 c_j 的增量和减量，考虑到 $\|\theta_j - \delta_j\| \leqslant \|\theta_j + \delta_j\|$，式（5-26）可以改变为[300]

$$\min \|\theta_j + \delta_j\|$$
$$\text{s.t.} \begin{cases} w^*A - \theta_j + \delta_j \leqslant c_j, x_j = 0 \\ w^*A - \theta_j + \delta_j = c_j, x_j > 0 \\ \theta_j, \delta_j \geqslant 0, j=1,2,\cdots,n \end{cases} \quad (5\text{-}27)$$

（2）调整约束条件参数。调整约束条件右端项参数的逆优化方法致力于改变可行域范围从而达到优化的目的，即通过可行域变化，将非可行解转换为最优可行解。具体包括：第二，调整约束条件右端项参数。当确定的目标点 X^* 变成原模型的最佳点时，对应的右端项参数 b 变为 b^*，此时优化目标是参数 b 改变量最少，对应的逆优化模型可改写成

$$\min \|b^* - b\|$$
$$\text{s.t.} \begin{cases} AX^* \geqslant b^*, w_i = 0 \\ AX^* = b^*, w_i > 0 \end{cases} \quad (5\text{-}28)$$

令 $b_i^* = b_i + \sigma_i - \beta_i$（$i=1,2,\cdots,m$），这里 $\sigma_i \geqslant 0$ 和 $\beta_i \geqslant 0$ 分别表示 b_i 的增量和减量，考虑到 $\|\sigma_i - \beta_i\| \leqslant \|\sigma_i + \beta_i\|$，可改写为

$$\min \|\sigma_i + \beta_i\|$$
$$\text{s.t.} \begin{cases} AX^* - \sigma_i + \beta_i \geqslant b_i, w_i = 0 \\ AX^* - \sigma_i + \beta_i = b_i, w_i > 0 \\ \sigma_i, \beta_i \geqslant 0, i=1,2,\cdots,m \end{cases} \quad (5\text{-}29)$$

第二，调整约束条件系数。当确定的目标点 X^* 变成式的最佳点时，对应的约束条件系数 A 变为 A^*，这时应该以 A 的行向量 $a_{i\bullet}$（或者列向量 $a_{\bullet j}$）改变量最少为优化目标，对应的逆优化模型可改写为

$$\min \|A^* - A\|$$
$$\text{s.t.} \begin{cases} a_{i\bullet}^* x^* \geqslant b_i, w_i = 0 \\ a_{i\bullet}^* x^* = b_i, w_i > 0 \end{cases} \quad (5\text{-}30)$$

令 $a_{i\bullet}^* = a_{i\bullet} + \eta_{i\bullet} - \gamma_{i\bullet}$（$i=1,2,\cdots,m$），这里 $\eta_{i\bullet} \geqslant 0$ 和 $\gamma_{i\bullet} \geqslant 0$ 分别表示 $a_{i\bullet}$ 的增量

和减量。

同时，还有多个参数的同时调整，主要包括：

其一，调整目标函数系数 c 和约束条件系数 A。即当已定的目标点 x^* 成为式的最优解时，对应的目标函数的参数 c 成为 c^*，对应的约束条件系数 A 变成 A^*，即行向量 $a_{i\bullet}$（或列向量 $a_{\bullet j}$）变为 $a_{i\bullet}^*$（或列向量 $a_{\bullet j}^*$），此时应以右端项系数 c 和 A 改变量最少为优化目标，对应的逆优化模型可以改为如下[300]：

$$\min \|\eta_i + \gamma_i\|$$
$$\text{s.t.} \begin{cases} (a_{i\bullet} - \eta_{i\bullet} + \gamma_{i\bullet})x^* \geq b_i, w_i = 0 \\ (a_{i\bullet} - \eta_{i\bullet} + \gamma_{i\bullet})x^* = b_i, w_i > 0 \\ \eta_{i\bullet}, \gamma_{i\bullet} \geq 0, i = 1, 2, \cdots, m \end{cases} \quad (5\text{-}31)$$

$$\min \|\eta_i + \gamma_i\| + \|\theta_i + \delta_i\|$$
$$\text{s.t.} \begin{cases} w^*(a_{\bullet j} + \eta_{\bullet j} - \gamma_{\bullet j}) - \theta_j + \delta_j \leq c_j, x_j = 0 \\ w^*(a_{\bullet j} + \eta_{\bullet j} - \gamma_{\bullet j}) - \theta_j + \delta_j = c_j, x_j > 0 \\ \eta_{\bullet j}, \gamma_{\bullet j}, \theta_{\bullet j}, \delta_{\bullet j} \geq 0, j = 1, 2, \cdots, n \end{cases} \quad (5\text{-}32)$$

其二，调整约束条件右端项 b 和约束条件系数 A，也就是当已定的目标点 x^* 成为式（5-31）的最优解时，对应的右端项系数 b 成为 b^*，对应的约束条件系数 A 变为 A^*，即行向量 $a_{i\bullet}$（或列向量 $a_{\bullet j}$）变为 $a_{i\bullet}^*$（或列向量 $a_{\bullet j}^*$），此时应以右端项系数 b 和 A 改变量最少为优化目标，对应的逆优化模型可以改为[299]

$$\min \|\eta_i + \gamma_i\| + \|\sigma_i + \beta_i\|$$
$$\text{s.t.} \begin{cases} (a_{i\bullet} + \eta_{i\bullet} - \gamma_{i\bullet})x^* - \sigma_i + \beta_i \geq b_i, w_i = 0 \\ (a_{i\bullet} + \eta_{i\bullet} - \gamma_{i\bullet})x^* - \sigma_i + \beta_i = b_i, w_i > 0 \\ \eta_{i\bullet}, \gamma_{i\bullet}, \sigma_i, \beta_i \geq 0, i = 1, 2, \cdots, m \end{cases} \quad (5\text{-}33)$$

因为流程工业重大设备安全运行下的资源类型复杂，我们需要确定合适的模型目标函数和约束条件，进而构建合适的资源配置优化模型，求出最优解，最大程度上降低资源冗余，达到安全运行的目的，资源配置的原始问题可以用线性规划模型原模型的形式给出。结合逆优化的基本概念，分析流程工业重大设备安全运行的资源优化配置问题，构建企业资源配置的逆优化模型，也就是针对预先给定的资源配置方案的目标点 x_i^*，在某种意义下，最大可能地使原始模型的系数 A、b 或 c 调整最少，使得预期目标点 x_i^* 成为原模型的最优点。概括地说，流程工业重大设备安全运行的资源配置的优化问题是怎样在可行域中找到最优点的问题，但是资源配置的逆优化问题则是对于预先给定的目标点，怎样使之成为最优点的问题。

5.4.3 流程工业重大设备安全运行的资源逆优化配置前期准备

流程工业重大设备安全运行的各个环节的任务都是需要按顺序执行的，那么按顺序执行完，每种资源所需要的量就是每个环节完成时的最大需求量了。但是不容忽视的是某些环节的任务和人员之间是一对多或者多对多的关系，如果只把各个环节单独完成所需要的资源简单累加，一定会造成很多额外的资源和成本的投入，造成极大的浪费，所以需要合理安排各项资源。

要探讨的问题就是如何结合重大设备生产企业所拥有的各项资源建立模型，并通过模型求解最大限度地合理安排各项资源，以达到保证安全且降低成本的目的。

下面是引入的定义和符号：

m、n 分别表示重大设备生产运行各个环节的数量、资源的种类；

R_p、R_e 分别表示工作人员的种类、设备的种类；

L、W、E 分别表示重大设备各项基本环节、工作人员、设备的集合关系；

L_R 表示环节和资源的 0/1 关系矩阵，行代表具体环节，列代表各种资源，0 代表该种资源不参与该环节的完成，1 则代表该种资源参与该环节的完成。

1）基本环节

重大设备生产中的基本环节被分为 m 个不同但是有顺序的基本流程，定义如下：

$$L = \{l_1, l_2, \cdots, l_i, \cdots, l_m\} \quad (5-34)$$

L 表示各项基本环节，如 l_1 表示采矿，l_2 表示炼铁，l_3 表示热轧，l_4 表示冷轧，l_5 表示包装……l_m 表示后期配送。

2）工作人员

负责不同环节工作的人员 R_p 种的资源集合 W_p 是

$$W_p = \{w_1, w_2, \cdots, w_i, \cdots, w_{R_p}\} (1 \leq i \leq R_p) \quad (5-35)$$

其中，w_i 为第 i 种工作人员，如 w_1 为操作人员，w_2 为点检人员，w_3 为设计人员，w_4 为维修人员。

此处涉及单人完成单项任务、多人完成单项任务、多人完成多项任务等关系，因为有 m 个基本环节，m 行 R_p 列的 0/1 关系矩阵 W 表示为

$$W = (w_{ij})_{m \times R_p} \quad (5-36)$$

其中，w_{ij} 为第 i 种工作人员对应着第 j 种基本工作环节，则 $w_{ij} = 1$ 代表第 i 种工作人员会参与第 j 种基本工作环节，$w_{ij} = 0$ 代表第 i 种工作人员不会参与第 j 种基本工作环节。

3）设备

完成各个基本环节的设备共有 R_e 种，E_e 表示设备资源集合：

$$E_e = \{e_1, e_2, \cdots, e_i, \cdots, e_{R_e}\}(1 \leq i \leq R_e) \quad (5\text{-}37)$$

其中，e_i 为第 i 种设备，如 e_1 代表转炉，e_2 代表热轧机，e_3 代表打捆机，e_4 代表冷轧机，e_5 代表运输设备。

和上面的关系类似，此处有单种环节由单种设备完成、单种环节由多种设备完成、多种环节由多种设备完成（交叉关系）三种关系。m 行 R_e 列的 0/1 关系矩阵 E 为

$$E = (e_{ij})_{m \times R_e} \quad (5\text{-}38)$$

其中，e_{ij} 为第 i 种设备对应于第 j 个基本环节，$e_{ij}=1$ 表示第 i 种设备参与第 j 个基本环节的完成，$e_{ij}=0$ 则表示第 i 种设备不参与第 j 个基本环节的完成。

4）基本生产环节和人力资源

各项流程工业重大设备安全运行的生产环节使用的人力资源有 R 种，资源分为工作人员资源和设备资源两种，则 $R = R_p + R_e$，把式（5-36）和式（5-38）合并，能够得到 m 个基本环节所使用 n 种资源的情况，表示为 L_R 基本环节-资源的矩阵：

$$L\_R = (W \mid E) = (br_{ij})_{m \times R}, R = R_p + R_e \quad (5\text{-}39)$$

其中，br_{ij} 为第 i 种资源对应的第 j 个基本环节，$br_{ij}=1$ 表示第 i 种资源可以完成第 j 个基本环节，$br_{ij}=0$ 则表示第 i 种资源不可以完成第 j 个基本环节。

通过上述分析能够看出，基本环节、人员资源、设备资源之间存在着单一或交叉的多种关系，更重要的是，每个环节由一种或者多种资源完成的效率是不同的。

5）基本环节任务量标准化模型

对流程工业重大设备安全运行的资源配置进行研究，需要建立不同环节的工作标准。建立基本环节任务量标准化模型，该模型用于研究单位时间内，单位资源可完成的标准任务量。设生产的商品型号有 n 种，那么每单位商品对应的每个基本环节的标准任务量 $\mathbf{Nw}$ 可以由 n 行 m 列的矩阵来表示：

$$\mathbf{Nw} = (\mathrm{Nw}_{ij})_{n \times m} \quad (5\text{-}40)$$

其中，第 i 种型号的商品实现第 j 个基本环节所付出的标准化计算任务量 Nw_{ij} 可以在考虑任务复杂度的线性加权的基础上，结合人工经验获得。

那么 m 个基本环节完成了标准化的任务量 B 为

$$\boldsymbol{B} = \left(b_j\right)_m = \left(\sum_{i=1}^{n} \mathrm{Nw}_{ij}\right)_m \quad (5\text{-}41)$$

通过以上的分析，我们能够得到各个基本任务环节作业量的要求 $\boldsymbol{B} = (b_1, b_2, \cdots, b_m)^{\mathrm{T}}$。

人力资源效率就是单个人力资源单位时间内完成的标准任务量。人力资源效率要根据资源和基本任务环节的一对一、一对多或者多对多以及可代替等关系和各个基本环节标准化任务量来进行明确，首先要做的是根据流程工业重大设备安全运行的实际情况，得到每项资源单位时间内能够完成的标准任务量，其次基于各个环节的具体执行方式去整合每个环节基本操作，以此得出资源效率。如果令人员资源的工作效率集合为 U_p，设备资源的工作效率为 U_e，通过组合各个基本环节的具体操作情况，单位时间内人员和设备资源所做完的标准任务量矩阵 $\boldsymbol{A}_p = \left(p_{ij}\right)_{m \times R_p}$ 和 $\boldsymbol{A}_e = \left(q_{ij}\right)_{m \times R_e}$ 能够由资源基本效率得到。

对效率矩阵 $\boldsymbol{A}\_y = \left(\boldsymbol{A}_p \mid \boldsymbol{A}_e\right) = \left(a_{ij}\right)_{m \times R}$ 的具体分析如下：以 a_{11} 为例，人员资源标准作业量矩阵中的第一个环节能够通过人员资源1完成第1、i 个操作来完成，这样就能以实际中各种时间的计量计算出人员资源1对应的操作环节1的效率 p_{11}，前面介绍过人力资源和基本环节以及各项基本操作之间存在着一对多的关系，那么当操作环节1由第2、i、j、k 等操作完成时，每个操作都涉及第 R_p 种人员资源，进一步求得人员资源 R_p 对应操作环节1的效率是 p_{1R_p}。设备资源标准作业量矩阵中的第一个环节能够通过设备1完成第1、i 个操作来完成，这样就可以计量出设备资源1对应的操作环节1的效率 q_{11}，那么当操作环节1由第2、i、j、k 等操作完成时，每个操作都涉及第 R_e 种设备资源，进而得出设备资源 R_e 对应操作环节1的效率是 q_{1R_e}。有了上述说明，将人力资源标准作业量矩阵 $\boldsymbol{A}_p$ 和设备资源标准作业量矩阵 $\boldsymbol{A}_e$ 组合，就得到了 R 种人力资源对应的 m 个基本环节的人力资源效率矩阵 $\boldsymbol{A}\_y = \left(\boldsymbol{A}_p \mid \boldsymbol{A}_e\right) = \left(a_{ij}\right)_{m \times R}$。

6）成本分析

对于成本，可以从流程工业重大设备安全生产运行的基本环节的作业成本来说明，也可以从过程中主要涉及的人员和设备资源方面来说明，此处的成本分析从后者入手。

R 种人力资源的单位人力资源成本：$P\_C = \{pc_1, pc_2, \cdots, pc_R\}$，在流程工业重大设备安全生产运行过程中每种资源的需求量 $P\_Q = \{pq_1, pq_2, \cdots, pq_R\}$，则总成本 F_C 表示为

$$F\_C = \sum_{i=1}^{R} pc_i \cdot pq_i \quad (1 \leqslant i \leqslant R) \quad (5\text{-}42)$$

其中，资源分为每种人员资源和每种设备资源，R_p 种人员资源的单位时间成本为 $Cp = \{cp_1, cp_2, \cdots, cp_{R_p}\}$，$R_e$ 种设备资源的单位时间成本为 $Ce = \{ce_1, ce_2, \cdots, ce_{R_e}\}$。各资源单位时间成本为 $C = (Cp | Ce)$。

人员资源的单位时间成本：

$$Cp = \left(\frac{Sa_i}{Th_i}\right)_{R_p}, 1 \leqslant i \leqslant R_p \quad (5\text{-}43)$$

其中，Sa_i 为第 i 种工作人员的月工资；Th_i 为第 i 种工作人员每月工作小时数。

设备资源的单位时间成本：

$$Ce = \left(Mc_i + \frac{rp_i - lp_i}{Ty_i \cdot Tw_i}\right)_{R_e}, 1 \leqslant i \leqslant R_e \quad (5\text{-}44)$$

其中，Mc_i 为第 i 种设备的单位时间内的运行成本；rp_i 为第 i 种设备的原始单价，lp_i 为第 i 种设备的预计净残值；Ty_i 为第 i 种设备的预计工作年限；Tw_i 为第 i 种设备每年使用的小时数。

5.4.4 流程工业重大设备安全运行的资源配置线性规划模型

前面分析的最终目的是构建线性规划逆优化模型，使各项资源得到合理的配置，以达到整个基本环节运行中的总成本最优。

目标函数表达式：

$$\text{obj.min} Z = CY \quad (5\text{-}45)$$

以总成本 Z 最小为目标，C 是各资源单位时间作业成本。$Y = (y_1, y_2, \cdots, y_R)^T$ 则是 R 种资源各自的工作时长。

$$y_i = \sum_{k=1}^{m} x_{ki} \quad (5\text{-}46)$$

$$X = (X_p | X_e) = \begin{pmatrix} x_{11} & \cdots & x_{1R} \\ \vdots & & \vdots \\ x_{m1} & \cdots & x_{mR} \end{pmatrix}$$ 为 R 种资源所对应的每个基本流程的工时。其中，X_p 为 R_p 种人员资源对应的各自的工时矩阵；X_e 为 R_e 种设备资源对应的在各个基本流程中的工时矩阵。

构建约束条件：

$$\text{s.t.} \begin{cases} A.*X \geqslant B \\ Q_m = \lceil Y./Td \rceil \end{cases} \quad (5\text{-}47)$$

其中，B 为 m 个基本环节的标准任务量；A 为各个资源的效率矩阵；约束条件是一定时间内各个资源完成的任务量要大于等于其标准任务量；在完成了规定任务量的前提下，能够使整个流程的总成本达到最小的一个资源需求量；Td 代表各个资源的日工时；"./"表示两个相同矩阵对应的元素相除；⌈ ⌉ 表示向上取整；Q_m 表示各个资源的需求量。

5.4.5 流程工业重大设备安全运行的资源配置逆线性规划模型

概括地说，资源配置的优化问题是如何在可行域中寻找最优解的问题，而逆优化问题则是对于预先给定的目标点，解决怎样让它成为最优点的问题。在上面的问题里，若实际操作过程中出现比计算结果更优的解，就说明前面线性规划模型中的矩阵系数不完全符合实际，有可以调整的空间，这时，就可以用逆优化模型来确定如何最小化地调整 A 的系数，并通过调整资源和基本环节之间的对应关系，进一步优化资源配置。

线性规划模型设计的逆优化模型如下：

$$\text{obj.min} \sum_{i=1}^{m}\sum_{j=1}^{R}\left(A^{+}+A^{-}\right)$$

$$\text{s.t.} \begin{cases} \left(A+A^{+}-A^{-}\right)*\cdot X^{0} \geqslant B \\ \sum_{i=1}^{m}\sum_{j=1}^{R}\left(h_{ij}^{+}\cdot a_{ij}^{+}\right)+\sum_{i=1}^{m}\sum_{j=1}^{R}\left(h_{ij}^{-}\cdot a_{ij}^{-}\right)=0 \\ h_{ij}^{+},h_{ij}^{-}=\begin{cases}1, a_{ij}=0 \\ 0, a_{ij}\neq 0\end{cases} \\ a_{ij}^{+}, a_{ij}^{-} \geqslant 0 \end{cases} \quad (5\text{-}48)$$

其中，A^+ 为 A 的增加量矩阵，A^- 为 A 的减少量矩阵，两个矩阵的元素都是大于等于零的。X^0 为预先指定的最优解，h_{ij}^+、h_{ij}^- 分别为效率矩阵的增加量矩阵和减少量矩阵的约束变量。整个约束条件是让调整量达到最小，而调整后的矩阵也需满足资源和基本环节的对应关系。逆优化模型得到的方案会更优。

5.4.6 流程工业重大设备安全运行的资源配置算例分析

假设有五个基本操作环节，即 $m=5$，三种人员资源 R_p：操作人员、点检人员、维修维护人员。四种设备资源 R_e：转炉、热轧线、冷轧线、运输设备。即 $R=R_p+R_e=3+4=7$，则 $Y=(y_1,y_2,y_3,y_4,y_5,y_6,y_7)^T$ 是七种资源分别需要工作的总时长。标准化作业量 $B=(67.52,120.17,135.09,100.7,69.3)^T$，七种资源单位时间

使用成本 $C = (17.04, 22.72, 20.3, 18, 14.65, 10.22, 12.4)^T$，七种资源每天的最长工时

$T_{\max} = (8,8,8,9,12,12,8)^T$，效率矩阵 $A = \begin{pmatrix} 5 & 2 & 1 & 0 & 0 & 0 & 0 \\ 2 & 7 & 1 & 5 & 0 & 0 & 0 \\ 1 & 4 & 1 & 0 & 0 & 3 & 0 \\ 0 & 0 & 0 & 4 & 5 & 7 & 2 \\ 1 & 2 & 7 & 2 & 1 & 2 & 5 \end{pmatrix}$，$a_{11} = 5$ 表示资源

1 完成环节 1 的效率是 5。该资源配置的线性规划模型如下：

obj.min$Z = 17.04 y_1 + 22.72 y_2 + 20.3 y_3 + 18 y_4 + 14.65 y_5 + 10.22 y_6 + 12.4 y_7$

$$\text{s.t.} \begin{cases} 5x_{11} + 2x_{12} + x_{13} \geqslant 67.52 \\ 2x_{21} + 7x_{22} + x_{23} + 5x_{24} \geqslant 120.17 \\ x_{31} + 4x_{32} + x_{33} + 3x_{36} \geqslant 135.09 \\ 4x_{44} + 5x_{45} + 7x_{46} + 2x_{47} \geqslant 100.7 \\ x_{51} + 2x_{52} + 7x_{53} + 2x_{54} + x_{55} + 2x_{56} + 5x_{57} \geqslant 69.3 \end{cases} \quad (5\text{-}49)$$

求解代码为

min=17.04*y1+22.72*y2+20.3*y3+18*y4+14.65*y5+10.22*y6+12.4*y7;
5*x11+2*x12+x13>=67.52;
2*x21+7*x22+x23+5*x24>=120.17;
x31+4*x32+x33+3*x36>=135.09;
4*x44+5*x45+7*x46+2*x47>=100.7;
x51+2*x52+7*x53+2*x54+x55+2*x56+5*x57>=69.3

求解的结果为

$$X = (x_{ij})_{5 \times 7} = \begin{pmatrix} 13.50 & 0 & 0 & 0 & 0 & 0 & 0 \\ 0 & 17.17 & 0 & 0 & 0 & 0 & 0 \\ 0 & 0 & 0 & 0 & 0 & 45.03 & 0 \\ 0 & 0 & 0 & 0 & 0 & 14.39 & 0 \\ 0 & 0 & 0 & 0 & 0 & 0 & 13.86 \end{pmatrix}$$

$Y = (13.50, 17.17, 0, 0, 0, 59.42, 13.86)^T$，$Q_m = (2, 3, 1, 1, 1, 5, 2)^T$，$Z = 1388.28$。即当前各个资源配置的情况是：3 种工作人员分别安排 2 人、3 人、1 人，4 种设备分别使用 1 台、1 台、5 台、2 台时，可确保完成任务，此时最低总成本 $Z = 1388.28$。

由于实际作业中各种人员、设备、环节的复杂度，资源的作业效率也不是硬性不变的，有一个实际资源配置方案比上面计算的"最优方案"更优，这时就需要对资源效率矩阵 A 进行调整，实际中发现的最优方案为

$$X^0 = \begin{pmatrix} 12.1 & 0 & 0 & 0 & 0 & 0 & 0 \\ 0 & 14.9 & 0 & 0 & 0 & 0 & 0 \\ 0 & 0 & 0 & 0 & 0 & 15.73 & 0 \\ 0 & 0 & 0 & 0 & 0 & 10.45 & 0 \\ 0 & 0 & 0 & 0 & 0 & 0 & 11.17 \end{pmatrix}$$

这时，可以应用前面建立的线性规划逆优化的模型，当前模型为

$$\text{obj.min} \sum_{i=1}^{5}\sum_{j=1}^{7} a_{ij}^{+} + \sum_{i=1}^{5}\sum_{j=1}^{7} a_{ij}^{-}$$

$$\text{s.t.} \begin{cases} (5 + a_{11}^{+} - a_{11}^{-}) \cdot 12.1 \geq 67.52 \\ (7 + a_{22}^{+} - a_{22}^{-}) \cdot 14.9 \geq 120.17 \\ (3 + a_{36}^{+} - a_{36}^{-}) \cdot 15.73 \geq 135.09 \\ (7 + a_{46}^{+} - a_{46}^{-}) \cdot 10.45 \geq 100.7 \\ (5 + a_{77}^{+} - a_{77}^{-}) \cdot 11.17 \geq 69.3 \\ \sum_{i=1}^{5}\sum_{j=1}^{7}(h_{ij}^{+} \cdot a_{ij}^{+}) + \sum_{i=1}^{5}\sum_{j=1}^{7}(h_{ij}^{-} \cdot a_{ij}^{-}) = 0 \\ h_{ij}^{+}, h_{ij}^{-} = \begin{cases} 1, a_{ij} = 0 \\ 0, a_{ij} \neq 0 \end{cases} \\ a_{ij}^{+}, a_{ij}^{-} \geq 0 \end{cases} \quad (5\text{-}50)$$

求解的结果为

$$A^{+} = (a_{ij}^{+})_{5\times7} = \begin{pmatrix} 0.58 & 0 & 0 & 0 & 0 & 0 & 0 \\ 0 & 1.07 & 0 & 0 & 0 & 0 & 0 \\ 0 & 0 & 0 & 0 & 0 & 5.59 & 0 \\ 0 & 0 & 0 & 0 & 0 & 2.64 & 0 \\ 0 & 0 & 0 & 0 & 0 & 0 & 0 \end{pmatrix}$$

$$A^{-} = (a_{ij}^{-})_{5\times7} = \begin{pmatrix} 0 & 0 & 0 & 0 & 0 & 0 & 0 \\ 0 & 0 & 0 & 0 & 0 & 0 & 0 \\ 0 & 0 & 0 & 0 & 0 & 0 & 0 \\ 0 & 0 & 0 & 0 & 0 & 0 & 0 \\ 0 & 0 & 0 & 0 & 0 & 0 & 0 \end{pmatrix}$$

则系数矩阵变为

$$A^0 = A + A^+ - A^- = \begin{pmatrix} 5.58 & 2 & 1 & 0 & 0 & 0 & 0 \\ 2 & 8.07 & 1 & 5 & 0 & 0 & 0 \\ 1 & 4 & 1 & 0 & 0 & 8.59 & 0 \\ 0 & 0 & 0 & 4 & 5 & 9.64 & 2 \\ 1 & 2 & 7 & 2 & 1 & 2 & 5 \end{pmatrix}$$

应用线性规划模型求解最优资源量得到 $Y = (10.49, 12.30, 0, 0, 0, 37.69, 13.86)^T$，$Q_m = (2, 2, 1, 1, 1, 4, 2)^T$，$Z = 1015.26$，重新配置后的结果更优。

在实际操作中，该逆优化模型可以应用于资源利用不饱和、有冗余的状态及作业环节和标准量有变，需要改变资源效率来调整方案的情况，应用该模型可以达到资源优化配置和节约成本的目的。

结合流程工业重大设备安全生产的各项资源和企业运营状态之间的关系以及重大设备生产高成本的瓶颈，把成本最小化作为目标函数建立重大设备生产运行企业资源配置的线性优化模型，这样做为企业资源的合理化配置提供了模型构建的思路。本书把该类企业资源的线性规划模型转为逆优化模型，以某重大设备生产运行企业为例，进行具体分析，并根据实际情况对效率、标准工作量等指标进行调整，进而最大限度地找出最优方案，帮助企业早日实现资源高效合理化配置；采用逆优化方法，对最初建立的线性模型中的参数不断进行调整，以调整量最小为目标，让原来的线性模型中的非可行解成为满足目标函数的最优解，更好地减少了企业运营中造成的资源冗余和资源短缺问题的发生，也有效地降低了运营成本。

5.5 流程工业重大设备安全运行的资源配置逆价值优化方法

5.5.1 流程工业重大设备安全运行的资源逆价值优化背景

李克强总理在 2014 年政府工作报告中声明"人命关天，安全生产这根弦任何时候都要绷紧。要严格执行安全生产法律法规，全面落实安全生产责任制，坚决遏制重特大安全事故发生"。2016 年 12 月，《中共中央国务院关于推进安全生产领域改革发展的意见》中也指出安全生产是关系人民群众生命财产安全的大事，是经济社会协调健康发展的标志，是党和政府对人民利益高度负责的要求。以石油、化工、钢铁、冶金、电力等为代表的流程工业安全生产态势对于国家整体安全生产举足轻重。

流程工业生产过程具有高度自动化、连续化、规模化、精密化特点，关键设备价格昂贵、装置复杂、制造困难、极少更换。流程工业重大设备生产运行是连续且无中断的，是由不同设备串联组成的一套设备链，如果设备链中的一台设备因故停机，设备的上游和下游的安全性、可靠性和经济性都将受到一定的影响。流程工业重大设备各系统、线段的配合影响着全流程的安全性。流程工业重大设备的安全生产运行是一个复杂巨系统，由一个个子系统组合而成，因此，流程工业重大设备上分布的人力资源也是有机联系、密不可分、互相影响的整体。流程工业在生产过程中某一局部停机会导致全线停机，某一局部发生危险会导致全线危险，一旦发生故障，经济、安全等损失极其严重。流程设备停机有可能是运行人员的误操作或决策失误造成的，也可能是维修维护人员的处理不当造成的。事实上，流程工业重大设备在运行中常常难以做到直接停机排除故障，在很多时候，局部的故障隐患即使已经被知道，在现实中也很难做到停机检修，设备"带小病"运行是常见情形，这也加剧了流程工业重大设备运行的风险性。正是因为流程工业重大设备存在着停机连带性损失的特殊问题，其设备的运行及维修维护的准确性、科学性、有效性就更加重要。

流程工业重大设备设备链上分布着不同的岗位，不同的岗位由于其任务复杂度特征有别，对任务完成人的知识、能力、心理、经验、技能等指标强弱要求不同，而且，不同的工作人员在完成岗位要求的胜任力各项指标上的积累也不平衡，有其擅长的一面，也有其不擅长的一面。

在安全目标值强制性的流程工业重大设备资源配置问题上，资源配置不能采用传统的正优化方法，而要采用新的学术思想，也就是逆优化方法，尤其是逆价值优化方法。鉴于资源配置结果达到安全状态预期值具有强制性，本决策的制定不仅是在现有资源条件下的"寻优"，而是在此基础上，尽可能小地调整模型参数，保障得到资源配置后的安全状态最优值与预期值，或者是与国家、行业规定的安全值无限接近。因此，本问题与模型参数已知、求最优值的常规优化思路相反，是已知优化目标值，基于原有模型参数，如何尽可能小地调整，保障新模型的最优值尽可能地接近预期值的问题，即本书采用反向思维，研究如何科学配置人员，优化人力资本效率，达到流程工业重大设备安全运行的要求，其本质是基于逆优化的资源优化配置问题。本小节在本书实证研究结论的基础上，基于面向心理行为的流程工业重大设备安全操作胜任力指标体系和优势与劣势特征识别结果，将相关结论引入人力资源配置的优化模型，并且针对安全问题的特殊性，采用逆价值优化方法，调整参数，使得决策方案目标值无限逼近预期值，给出了一种新的解决思路，有助于丰富和发展决策理论的研究方法。本书对于确保安全前提下提高人力资本利用效率具有重要现实意义，有利于改善日趋严峻的流程工业安全生产形势，促进流程工业健康发展。

对线性规划优化问题而言，给定一个实例是指其中的参数已经给定，为了使其目标函数值达到最优，我们要找到一个可行解。也就是说，线性规划优化问题为刚性求解（价值参数、技术参数、资源限制参数等固定不变）、不考虑参数可以调整的问题。而逆优化模型的基本思路是通过尽可能小地调整原优化模型的资源系数等模型参数，实现优化目标值达到预期理想值；建立硬性的安全目标和弹性的成本、资源系数等的逻辑联系；并将逆优化资源配置视为实现安全目标的关键策略。依托对偶理论，可证原优化问题的逆优化模型的存在性并得出数学表达式，可以将正优化模型转化为与之对应的逆优化模型，因此，逆优化模型的难点在于如何求解。本书以数学规划对偶原理及互补最优性条件为理论基础，将该问题转化为凹面的最大值或最小值问题，基于线性规划和双线性规划理论，将非线性双层优化问题转化为正常的非线性规划问题，在低层问题中运用 KKT 条件，将互补性和松弛性条件通过惩罚函数应用于高层问题，将其转化为运筹学中具有成熟求解技术的数学规划模型。本书采用满足参数可调性的逆优化方法来解决资源配置问题，先建立线性规划优化模型，再结合双层规划模型及 KKT 条件给出转化的逆优化模型，在求解过程中，引入惩罚函数的概念，建立结合惩罚函数后的逆优化模型，并且利用 LINGO 软件对其进行求解。

5.5.2 流程工业重大设备安全运行的资源配置逆价值优化思路

流程工业重大设备安全运行的资源配置逆价值优化问题的主要研究思路与逻辑是，针对决策要达到的目标已知、决策参数信息未精确确定或弹性可调的资源配置决策问题，提出基于逆优化的决策方法。传统的资源配置决策方法主要以优化技术为依托，以已知且确定不变的优化模型参数为前提，寻求收益最大或成本最低的资源配置方案，忽视了决策实现目标值已经明确、通过调整参数使得已经确定的目标得以实现的一类问题。本书基于此类问题特征，提出基于逆优化的资源配置决策新方法，以流程工业关键设备安全运行问题为研究背景，以安全达到标准为目标，以尽可能地减少模型参数调整量为新目标，采用目标导引型逆向思维，实现安全与人力资本效率提升。对于该类问题的研究，现有成果有很多值得借鉴之处。例如，Lv 等[221]的研究采用了逆价值优化问题的惩罚函数方法，该方法把逆价值优化问题转化为与之等值的非线性的双层规划问题。在低层问题中运用 KKT 条件，将非线性双层优化问题转化为正常的非线性规划问题，将低层问题的互补性和松弛性条件通过惩罚函数应用于高层问题。惩罚函数是求解优化问题一个有效的方法，其主要思想是通过惩罚函数对原模型进行约束使优化问题由约束极值问题变为无约束极值问题，并且惩罚因子的加入增强了求解结果的精确性。

当调整成本向量时,流程工业重大设备安全运行的人力资源配置逆优化问题可以表述如下:令 S 为流程工业重大设备安全运行的人力资源优化配置问题 p 的可行解集合,令 c 为指定成本向量,x^0 为给定的可行解。解 x^0 可能是或可能不是成本向量 c 的 p 范数问题的最优解。逆优化问题是将成本向量由 c 改为 d 使得 x^0 是问题 p 的最优解,同时 $\|d-c\|_p$ 在 L_p 范式下最小。在 L_1 范式(我们最小化 $\sum_{j=1}^{J}|d_j-c_j|_{j\in J}$,其中 J 表示变量 x_j 的指数集合)和 L_∞ 范式(我们最小化 $\max|d_j-c_j|_{j\in J} \max\{|d_j-c_j|:j\in J\}$)下考虑逆优化问题。$L_1$ 范式下的逆线性规划可以转化为双层规划问题,通过消除非绑定约束(相对于 x^0)和施加以下附加的下限和上限约束:$|x_j-x_j^0|\leqslant 1$,对于所有的 $j\in J$,来降低原问题的最小改变量。L_∞ 范式下的逆优化问题,通过消除非绑定约束(相对于 x^0)和施加以下单个附加约束:$\sum_{j=1}^{J}|x_j-x_j^0|_{j\in J}\leqslant 1$,显示了原问题调整的对偶减少量。在合理的规则条件下,如果问题 p 是多项式可解的,则在 L_1 范式和 L_∞ 范式下问题 p 的逆问题也是多项式可解的。类似地,可以表述当调整资源效率矩阵的时候,流程工业重大设备安全运行的人力资源优化配置逆优化问题。

5.5.3 流程工业重大设备资源配置逆价值优化数学基础

(1)最优化及线性规划一般模型。在现实生活中,我们常常会遇到这样一类实际问题,要求在许多的备选方案中选择一个最优的分配方案,如对于资源配置问题而言,怎么分配已有的资源才能使得其分配方案既能满足现实条件又能获得最好的经济效益。这类基于已有资源使得利益最大化或者成本最小化问题被称为最优化问题。最优化问题是应用数学中的一个分支。上述问题在数学中可以写成如下形式:$\min f(x)$,s.t. $x\in \Omega$。其中,s.t.为 subject to 的缩写,意思是满足约束条件;数值函数 f 为目标函数;Ω 为可行域或者决策变量 x 的集合,它是对决策变量 x 的取值范围。可行域一般表示为 $\Omega=\{x\in R^n|C_i(x)=0,\ i\in E;C_i(x)\geqslant 0,i\in \Gamma\}$。

$i\in E$,$C_i(x)=0$ 称为等式约束,E 称为等式约束指标集;$i\in \Gamma$,$C_i(x)\geqslant 0$ 称为不等式约束,Γ 称为不等式约束指标集。

线性规划研究的是在一组线性约束之下,使某个线性目标函数最小或最大的问题。描述线性规划问题的常用和最直观形式是标准型,标准型包括三个部分:一个需要极大化(或极小化)的线性函数、约束条件、非负变量。线性规划问题的标准型如下:

第 5 章　流程工业重大设备安全运行的人员逆优化配置

$$\min \sum_{j=1}^{n} c_j x_j$$
$$\text{s.t.} \begin{cases} \sum_{j=1}^{n} a_{ij} x_j = b_i, i = 1, 2, \cdots, m \\ x_j \geqslant 0, j = 1, 2, \cdots, n \end{cases} \quad (5\text{-}51)$$

在上述线性规划模型表示的基础上，线性规划模型有如下性质：若线性规划问题存在可行域，则可行域是一个凸集。若线性规划问题的可行域有界，且存在最优解，则目标函数必在可行域的极点处达到最优。如果线性规划问题的可行域是个凸集，则其极点数（或顶点数）都存在有限个。

（2）逆优化的一般模型。逆优化问题的主要思路是调整参数使原本给定的可行解成为最优解，并且使参数的调整尽可能小。由于该方法满足参数是弹性的，符合现实意义，所以逆优化问题现已被广泛地应用于资源配置、结构优化、环境问题、机械结构、运动学、投资组合优化、稳定性分析等领域。如下将给出假设来论证逆优化问题的主要思想（将以最小化 min 为例，最大化 max 同样适用）：假设 $\min f(c, x), x \in X$ 是一个常规最优化问题，其中 x 为决策变量，c 为价值系数向量，代表费用、时间、个数、收益等。一般的最优化问题是通过约束条件的限制来找到最优的目标函数值的，即目标函数 $\min f(c, x)$ 在 x^*（$x^* \in X$）处取得最优解。逆最优化问题在最优化问题的基础上，通过结合实际给出原问题的最优解 $\hat{x}$，然后将给定的最优解 $\hat{x}$ 代回最优化问题中，最小地调整价值系数向量 c，使给定的最优解 $\hat{x}$ 成为价值系数 c 修改后优化问题的最优解 x^*。逆优化更符合资源弹性需求的现实。

（3）双层规划模型。双层规划模型是一种具有双层递阶结构的系统优化问题，上下层问题都存在各自的目标函数及约束条件。上层问题的目标函数和约束条件不仅与上层决策变量有关，并且依赖于下层问题的最优解，而下层问题的最优解又会受到上层决策变量的影响。一般性双层规划问题具有如下形式：

$$(\text{UP}): \min_{x} F(x, y)$$
$$\text{s.t.} \ G(x, y) \leqslant 0 \quad (5\text{-}52)$$

其中，$y = y(x)$，则下层规划问题为

$$(\text{LP}): \min_{y} f(x, y)$$
$$\text{s.t.} \ g(x, y) \leqslant 0 \quad (5\text{-}53)$$

其中，F 和 f 分别为上层的目标函数和下层的目标函数，而函数 G 和 g 分别为上层的约束函数和下层的约束函数。x 为上层的决策变量，y 为下层的决策变量。

与一般的数学规划不同，即使 F, f, G 和 g 都是连续函数，并且上下层的约

束集合是有界闭合的,双层规划也有可能没有最优解。双层规划问题是一个 NP 难问题。求解双层规划问题常见的方法有搜索法、KKT 条件法、下降法、罚函数法和非数值优化方法等。

以如下形式的优化问题为例:

$$\begin{aligned}&\min\{f(x)|x\in F\}\\&F:=\{x\in C|h_i(x)=0,g_j(x)\leqslant 0\}\end{aligned} \quad (5\text{-}54)$$

其中,$i=1,2,\cdots,m$;$j=1,2,\cdots,n$;C(可行域)为 x 的集合。

(3)Fritz John 条件:设 x^* 是优化模型的一个可行解,函数 f,h,g 为 C 上的实函数,且函数 f,h_i,g_j($j\in J=\{j|g_j=0\}$)在 x^* 处有连续可微的导数,函数 g ($j\notin J$)在 x^* 处连续。如果 x^* 是式的局部最优解,则存在 $u_0\in R$,u_j($j\in J$),$v_i\in R_m$,$i=1,2,\cdots,m$(其中 u_0,u_j,v_i 不全为零),使得

$$\begin{cases} u_0\nabla f(x^*)+\sum_{j=1}^{n}u_j\nabla g_j(x^*)+\sum_{i=1}^{m}v_i\nabla h_i(x^*)=0\\ u_0,u_j\geqslant 0,j=1,2,\cdots,n \end{cases} \quad (5\text{-}55)$$

若函数 g($j\notin J$)在 x^* 处也可微,则式(5-55)可以写成

$$\begin{cases} u_0\nabla f(x^*)+\sum_{j=1}^{n}u_j\nabla g_j(x^*)+\sum_{i=1}^{m}v_i\nabla h_i(x^*)=0\\ u_j\nabla g_j(x^*)=0,j=1,2,\cdots,n\\ u_0,u_j\geqslant 0,j=1,2,\cdots,n \end{cases} \quad (5\text{-}56)$$

式(5-56)被称为 Fritz John 条件,满足如上条件的点被称为 Fritz John 点,简称 F-J 点。

(4)KKT 条件:对于 Fritz John 条件而言,若 $u_0=0$,则 Fritz John 条件对于找到极小值是没有意义的,因为积极约束梯度与等式约束梯度两者是线性相关的。为保证 $u_0\neq 0$,对其应该增加一些约束条件。接下来,将介绍等式约束梯度与积极约束梯度线性无关的约束条件,随之引入 KKT 条件及拉格朗日函数。对此类优化问题求取最优解,最常用的方法是 KKT 条件;同时,将目标函数、等式约束、不等式约束写作一个式子,叫作拉格朗日函数。所以,求取该类优化问题最优解将借助 KKT 条件及拉格朗日函数。KKT 必要条件的具体内容是,设 x^* 是优化模型的一个可行解,函数 f,h,g 为 C 上的实函数,且函数 f,h 在 x^* 处有连续可微的导数,函数 g 在 x^* 处连续,再假设 ∇g_j 与 ∇h_j 是线性无关的。如果 x^* 是优化的局部最优解,则存在 u_j,v_i,使得

$$\begin{cases} u_0\nabla f(x^*)+\sum_{j=1}^{n}u_j\nabla g_j(x^*)+\sum_{i=1}^{m}v_i\nabla h_i(x^*)=0 \\ u_j\geqslant 0, j\in J \end{cases} \quad(5\text{-}57)$$

若函数 $g(j\notin J)$ 在 x^* 处也可微，则式（5-57）可以写成

$$\begin{cases} u_0\nabla f(x^*)+\sum_{j=1}^{n}u_j\nabla g_j(x^*)+\sum_{i=1}^{m}v_i\nabla h_i(x^*)=0 \\ u_j\nabla g_j(x^*)=0, j=1,2,\cdots,n \\ u_j\geqslant 0, j=1,2,\cdots,n \end{cases} \quad(5\text{-}58)$$

式（5-58）被称为 KKT 条件，满足如上条件的点被称为 KKT 点。式（5-58）中 $u_j\nabla g_j(x^*)=0$，$j=1,2,\cdots,n$ 被称为互补松弛条件，即如果 $g_j(x^*)<0$，则 $u_j=0$。

接下来给出拉格朗日函数：

$$L(x,u,v)=f(x)+\sum_{i=1}^{m}v_ih_i(x)+\sum_{j=1}^{n}u_jg_j(x) \quad(5\text{-}59)$$

其中，函数 h_i，g_j 的系数 u_j，v_i 为拉格朗日乘子，在 KKT 必要条件的假设下，如果 x^* 是式（5-54）的局部最优解，则存在 $u^*\geqslant 0$ 与 v^*，使得

$$\nabla_x L(x^*,u^*,v^*)=0 \quad(5\text{-}60)$$

由此可知，(x^*,u^*,v^*) 是 $L(x,u,v)$ 的稳定点。

KKT 充分条件：设 x^* 是原始优化模型的一个可行解，函数 f，h，g 为 C 上的实函数，且为线性函数，函数 f，g 在 x^* 处连续可微，若 $u_j\geqslant 0$，v_i 同时存在，使得

$$\begin{cases} u_0\nabla f(x^*)+\sum_{j=1}^{n}u_j\nabla g_j(x^*)+\sum_{i=1}^{m}v_i\nabla h_i(x^*)=0 \\ u_j\nabla g_j(x^*)=0, j=1,2,\cdots,n \\ u_j\geqslant 0, j=1,2,\cdots,n \end{cases} \quad(5\text{-}61)$$

则 x^* 是原始优化模型的全局最优解。

在假设条件相同的情况下，Fritz John 条件的充分条件也会成为全局最优值。KKT 条件的引入为惩罚函数的引入奠定了基础。

（5）惩罚函数：惩罚函数法是求解优化问题的一种有效方法，该方法将约束优化问题中的约束违反度乘以惩罚项所得加到目标函数中，从而构造出带参数的增广目标函数。基本思想即通过构造辅助函数 $F(x,M)$，将原本有约束最优化问题转化为无约束最优化问题，其中 M 为足够大的正数，起惩罚作用，称为罚因子，$F(x,M)$ 称为罚函数。传统的惩罚函数法一般分为两类：外点惩罚函数法和内点

惩罚函数法。外点惩罚函数法是从非可行解出发逐渐移动到可行区域的方法。内点惩罚函数法（障碍罚函数法）是在可行域内部搜索的方法，约束边界起到约束作用，如果当前解远离约束边界，则罚函数值是非常小的，否则罚函数值接近无穷大。由于内点惩罚函数法初始可行解不易找到，并且找到可行解都是 NP 难问题，如今学者们均以外点惩罚函数法为主，本书将主要介绍外点惩罚函数法。

以如下形式的优化问题为例：

$$\min\{f(x)|x \in F\}$$
$$F := \{x \in C | h_i(x) = 0, g_j(x) \leqslant 0\} \quad (5\text{-}62)$$

其中，$i=1,2,\cdots,m$；$j=1,2,\cdots,n$；C 为 x 的集合。

外点惩罚函数法将优化问题表示为如下形式：

$$G(x) = f(x) + F(x, M) \quad (5\text{-}63)$$

这里，根据上述 KKT 条件，式（5-63）可以转化为如下形式：

$$G(x) = f(x) + M\left(\sum_{i=1}^{m} v_i h_i(x) + \sum_{j=1}^{n} u_j g_j(x)\right) \quad (5\text{-}64)$$

其中，M 为惩罚因子；$F(x, M) = M\left(\sum_{i=1}^{m} v_i h_i(x) + \sum_{j=1}^{n} u_j g_j(x)\right)$ 为惩罚函数。

对于某个确定的正数 M，若惩罚函数 $F(x, M)$ 的最优解 x^* 满足有约束最优化问题的约束条件，则 x^* 是该问题的最优解。

正是因为惩罚函数方法具有如上特性，所以该方法是求解约束优化问题的一个行之有效的方法。但值得注意的是，惩罚函数的构建对系数及可行域等都存在限制条件，后文会根据具体问题给出具体假设。

5.5.4　流程工业重大设备安全运行的资源配置逆价值优化模型

（1）模型假设：经过流程工业重大设备安全运行的操作及维修维护操作后设备可正常运转，给定的资源配置最优解 x^* 是符合实际且可获得的。工人日工资、机器设备日租金、材料日费用统称为日单价，并且日单价为固定数值，不可调。后文给出的可行域为非空有界。对于材料类资源，其日单价 K 被看成材料总价格与施工总天数之比（日单价=材料总价格/施工总天数）。后文模型中所给出的工期控制条件是为符合实际要求而得出的。对于资源而言，假设人、材、机统一单位（个），人、材、机在不出状况的情况下，工作效率一直最优。决策变量 X 的可行域是凸集。价值系数的 C 集合为非空且连续。

（2）流程工业重大设备安全运行的资源配置线性规划模型建立：建立使流程工业重大设备运行及维修维护的安全风险系数最小的目标函数，以得到最优的资源配置方案为目的。线性规划模型以安全风险费用总成本为目标函数值，以第 i

第 5 章 流程工业重大设备安全运行的人员逆优化配置

个任务上的第 j 类资源的总价 c_{ij} 为价值系数,以第 i 个任务上的第 j 类资源数量 x_{ij} 为决策变量,约束条件由资源数量及任务量完成决定。一共有 m 个任务,n 类资源。模型(5-65)以安全总成本最小为目标,以不同资源数量为决策变量。上述问题的线性规划模型可表示如下:

$$Q(c) = \min z = \sum_{i=1}^{m}\sum_{j=1}^{n} c_{ij} x_{ij}$$

$$\text{s.t.} \begin{cases} \sum_{i=1}^{m} x_{ij} \leqslant b_j, j=1,2,\cdots,n \\ \sum_{j=1}^{n} a_{ij} x_{ij} \leqslant d_i, i=1,2,\cdots,m \\ x_{ij} \geqslant 0 \end{cases} \quad (5\text{-}65)$$

其中,$Q(c)$ 为目标函数,即安全总成本;b_j 为第 j 类总资源限制条件;a_{ij} 为第 i 个任务上第 j 类资源(包括人、材、机)发生意外时对维修项目完成的影响系数;d_i 为对第 i 个任务完成度总影响系数限制,实际总影响系数小于给定限制系数 d_i 即完成任务;价值系数 C 为日单价(K)与天数(T)的乘积,即($C=KT$),其中日单价 K 已知。

(3)流程工业重大设备安全运行的逆价值优化模型转化:将优化模型转化成逆价值优化模型,即找到 $c \in C$ 使得线性规划问题的目标函数值 $Q(c)$ 尽可能接近由给定的最优解 x^* 得到的最优值 z^*。此逆价值优化问题可写成如下形式:

$$\min_{c} f(c)$$
$$\text{s.t.} c \in C \quad (5\text{-}66)$$

其中,$f(c) = |Q(c) - z^*|$。给出如下双层规划模型:

$$(\text{UP}): \min_{c} f(c)$$
$$\text{s.t.} c \in C$$

$$(\text{LP}): \min_{x} \sum_{i=1}^{m}\sum_{j=1}^{n} c_{ij} x_{ij}$$

$$\text{s.t.} \begin{cases} \sum_{i=1}^{m} x_{ij} \leqslant b_j, j=1,2,\cdots,n \\ \sum_{j=1}^{n} a_{ij} x_{ij} \leqslant d_i, i=1,2,\cdots,m \\ x_{ij} \geqslant 0 \end{cases} \quad (5\text{-}67)$$

我们可以知道双层规划问题的理念:$Q(c)$ 是关于 x 的函数,所以先由下层问题进行约束再反馈给上层问题，结合后给出问题的最优解。

不失一般性，用函数 $f(c)=(Q(c)-z^*)^2$ 来替换函数 $f(c)=|Q(c)-z^*|$。式（5-67）可以写成如下形式：

$$(\text{UP}): \min_c \left(Q(c)-z^*\right)^2$$

$$\text{s.t.} \sum_{j=1}^n c_{ij}/k_{ij} \leq t$$

$$(\text{LP}): \min_x \sum_{i=1}^m \sum_{j=1}^n c_{ij} x_{ij}$$

$$\text{s.t.} \begin{cases} \sum_{i=1}^m x_{ij} \leq b_j, j=1,2,\cdots,n \\ \sum_{j=1}^n a_{ij} x_{ij} \leq d_i, i=1,2,\cdots,m \\ x_{ij} \geq 0 \end{cases} \quad (5\text{-}68)$$

对下层规划问题引入 KKT 条件后，式（5-68）整理为如下规划问题形式：

$$\min_{c,u,v,x} \left(\sum_{i=1}^m \sum_{j=1}^n c_{ij} x_{ij} - z^*\right)^2$$

$$\text{s.t.} \begin{cases} \sum_{j=1}^n c_{ij}/k_{ij} \leq t \\ \sum_{i=1}^m x_{ij} \leq b_j, j=1,2,\cdots,n \\ \sum_{j=1}^n a_{ij} x_{ij} \leq d_i, i=1,2,\cdots,m \\ c_{ij} + u_{ij} - v_{ij} = 0 \\ c_{ij} + u_{ij} a_{ij} - v_{ij} = 0 \\ c,u,v,x \geq 0 \end{cases} \quad (5\text{-}69)$$

其中，u，v 为行向量，我们可以看出上述公式是一类凸规划问题。

综上，完成了由线性规划到逆价值优化的模型转化[301]。

（4）基于罚函数法的流程工业重大设备安全运行的逆价值优化模型求解。基于惩罚函数建立逆优化模型，由上述模型转化可知，在假设条件均满足的情况下，逆价值优化问题可以转化为惩罚函数模型，如下所示：

$$\min_{c,u,v,x}\left\{\left(\sum_{i=1}^{m}\sum_{j=1}^{n}c_{ij}x_{ij}-z^*\right)^2+k\left[\left(b_j-\sum_{i=1}^{m}x_{ij}\right)u_j+\left(d_i-\sum_{j=1}^{n}a_{ij}x_{ij}\right)u_j+\sum_{i=1}^{m}\sum_{j=1}^{n}v_ix_{ij}\right]\right\}$$

$$\text{s.t.}\begin{cases}\sum_{j=1}^{n}c_{ij}/k_{ij}\leqslant t\\ \sum_{i=1}^{m}x_{ij}\leqslant b_j, j=1,2,\cdots,n\\ \sum_{j=1}^{n}a_{ij}x_{ij}\leqslant d_i, i=1,2,\cdots,m\\ c_{ij}+u_{ij}-v_{ij}=0\\ c_{ij}+u_{ij}a_{ij}-v_{ij}=0\\ c,u,v,x\geqslant 0\end{cases} \quad (5\text{-}70)$$

值得注意的是，目标函数中 u_j，v_i 依据约束条件（式子个数）确定 i，j 最后取值。

最后通过 LINGO 软件对该模型进行求解。

第 6 章　总结与展望

重大设备在实现智能化、自动化、集成化生产运行的同时，不仅强调了运行及维修维护工作对于保障安全运行的重要性，还给运行及维修维护作业复杂度的人员安全配置方法带来了研究挑战。本书以提高资源配置决策的安全性、实践性、有效性为目标，以逆优化生成资源配置方案为突破口，融合行为学、多属性决策、运筹学等多学科的理论及方法，采用"实证分析→优化建模→逆优化转化与求解"的研究步骤，融合多种学科的理论及方法，构建了流程工业重大设备安全运行的人力资源优化配置逆优化方法体系。主要工作如下：①以问卷调研为依托，通过结构方程模型，构建了具有信度和效度的流程工业重大设备安全运行的人员胜任力测量指标体系。②提出了心理行为优势结构群识别方法及综合评价方法，并将该识别结果以参数的形式引入资源优化配置模型。③构建了考虑安全的人岗双边匹配决策方法。④构建了面向安全的人员配置逆优化方法体系。

本书有助于丰富和发展逆优化理论，为逆优化复杂问题的建模与求解提供了新思路和新方法；将心理行为特征及匹配原理引入逆优化问题，为行为学与逆优化的交叉融合提供新途径；将逆优化方法引入流程工业重大设备安全运行的资源配置问题，为达到既定目标值，或配置方案已知，且要求资源投入最少和在系统调整最少的资源配置问题拓展新视角和新方法，有助于丰富和完善目标导向下的资源匹配决策理论与方法。

基于逆优化的资源配置方法研究可以为大型冶金成套装备、石油化工成套装备、核能电力成套装备等的资源配置决策提供理论指导与方法借鉴。本书有助于为重大设备的安全运行保驾护航，提高重大设备的健康管理水平；有助于推进安全管理精益化、精准化，避免资源配置不足或过度；有助于转变安全管理理念，化解安全最大化与资源投入的矛盾，推动重大设备健康发展。

参 考 文 献

[1] 李克强. 2014 年政府工作报告（全文实录）[EB/OL]. http://lianghui.people.com.cn/2014npc/n/2014/0305/c376646-24535026.html，2014-03-05.
[2] 李克强. 政府工作报告——2017 年 3 月 5 日在第十二届全国人民代表大会第五次会议上 [EB/OL]. http://sh.people.com.cn/n2/2017/0317/c138654-29868849.html，2017-03-17.
[3] 张莉莉. 竞优特征的群识别方法及其应用[D]. 东北大学博士学位论文，2010.
[4] 邢国均. 中国装备制造业的安全发展问题[J]. 装备制造，2008，（4）：94-96.
[5] 孙志学. 机械制造业中事故原因的分析与控制[J]. 工业安全与环保，2006，32（8）：63-64.
[6] 朱登攀. 机械加工设备的安全管理与维修探讨[J]. 工程技术（文摘版），2016，（6）：197.
[7] Heuberger C. Inverse combinatorial optimization：a survey on problems, methods, and results[J]. Journal of Combinatorial Optimization，2004，8（3）：329-361.
[8] Li H. An evolutionary algorithm for multi-criteria inverse optimal value problems using a bilevel optimization model[J]. Applied Soft Computing，2014，23（23）：308-318.
[9] 陈宝智，吴敏. 事故致因理论与安全理念[J]. 中国安全生产科学技术，2008，4（1）：42-46.
[10] 李万帮，肖东生. 事故致因理论述评[J]. 南华大学学报（社会科学版），2007，8（1）：61-65.
[11] 罗春红，谢贤平. 事故致因理论的比较分析[J]. 中国安全生产科学技术，2007，3（5）：111-115.
[12] 国汉君. 内-外因事故致因理论与实现安全生产的途径[J]. 中国安全科学学报，2007，17（7）：46.
[13] 牛聚粉. 事故致因理论综述[J]. 工业安全与环保，2012，38（9）：45-48.
[14] 孙强，黎锦贤，曲志明，等. 事故致因理论及事故预防与控制方法在安全管理中的应用[J]. 中国矿业，2005，14（12）：14-16.
[15] 石英，孟玄喆. 基于轨迹交叉理论的制造业生产安全问题研究[J]. 工业工程与管理，2014，19（4）：129-134.
[16] 杨彦，余金栉. 事故轨迹交叉理论在某企业一起典型工伤事故分析中的应用[J]. 铁路节能环保与安全卫生，2010，37（2）：59-61.
[17] 况星尧. 应用事故轨迹交叉理论积极预防建筑生产安全事故[J]. 重庆科技学院学报（社会科学版），2011，（10）：60-62.
[18] 涂力强. 浅谈设备管理在安全工作中的地位[J]. 中国安全生产科学技术，1995，（2）：31-32.
[19] 曲敏彰. 人员密集场所拥挤踩踏事故扰动模型研究[D]. 首都经济贸易大学硕士学位论文，2016.
[20] 游鹏飞，寇玮华. 浅析墨菲定律及海因里希法则对控制事故的作用[J]. 安全、健康和环境，

2008，8（8）：14-15.
[21] 佚名. 安全生产中的"海因里希法则"[J]. 安全生产与监督，2013，(1)：50.
[22] 史晓虹. 生产安全未遂事件管理研究[D]. 首都经济贸易大学硕士学位论文，2011.
[23] 张力，王以群，黄曙东. 人因事故纵深防御系统模型[J]. 南华大学学报（社会科学版），2001，12（1）：34.
[24] 杨宏刚，赵江平，郭进平，等. 人-机系统事故预防理论研究[J]. 中国安全科学学报，2009，19（2）：21.
[25] 金会庆，宋扬，张树林，等. 基于事故倾向性理论的交通事故预防系统控制模型的构建[J]. 人类工效学，2011，17（1）：73-77.
[26] 戴立操，张力，李鹏程. PSA 中人因失误模型化研究[J]. 中国安全科学学报，2010，20（3）：76.
[27] 吴声声，宋守信，张若思. 电力企业员工安全胜任力模型构建[J]. 生产力研究，2011，(3)：152-154.
[28] 李乃文，张志江. 煤矿特种作业人员岗位安全胜任力模型研究[J]. 中国安全科学学报，2008，18（1）：14.
[29] 王霞. 基于心理测评的民航机务人员安全胜任力研究[J]. 中国民航飞行学院学报，2017，28（2）：19-24.
[30] 王震. 煤矿特种作业工人岗位安全胜任力模型构建及相关研究[D]. 暨南大学硕士学位论文，2009.
[31] Rath T. 盖洛普优势识别器 2.0[M]. 常霄译. 北京：中国青年出版社，2012.
[32] Lopes S J, Sangder C R. Positive psychological assessment[J]. Journal of Personality Assessment, 1989, 81（3）: 294.
[33] Piazza F, Strohmeier S. Domain driven data mining in human resource management: a review of current research[J]. Expert Systems with Applications, 2013, 40（7）: 2410-2420.
[34] Golany B, Roll Y. An application procedure for DEA[J]. Omega, 1989, 17（3）: 237-250.
[35] Cook W D, Seiford L M. Data envelopment analysis（DEA）—thirty years on[J]. European Journal of Operational Research, 2009, 192（1）: 1-17.
[36] Jacobi S K, Hobbs B F. Quantifying and mitigating the splitting bias and other value tree-induced weighting biases[J]. Decision Analysis, 2007, 4（4）: 194-210.
[37] 赵希男，王奇，朱春红. 一种基于目标界定的客观识别个性特征的方法[J]. 系统工程理论方法应用，2006，15（5）：459-466.
[38] 赵希男，温馨，王艳梅. 基于个性优势特征分析的区域创新能力评价与分析[J]. 科学学研究，2009，27（3）：473-480.
[39] 赵希男，贾建锋，付永良. 基于个体优势识别的团队胜任特征研究[J]. 管理科学，2008，21（5）：74-80.
[40] 赵希男，王启明，温馨. 一种竞优评析方法及应用[J]. 系统管理学报，2008，17（5）：591-599.
[41] 张莉莉，赵希男，臧义勇. 基于优势结构识别的人力资本四位一体匹配方法[J]. 系统工程理论与实践，2013，33（8）：2047-2056.
[42] 张莉莉，胡祥培. 基于人力资本竞优结构的"团队-工作对象"匹配决策模型[J]. 管理工程学报，2015，29（1）：1-7.
[43] 张莉莉，赵希男，乐琦. 基于人力资本优势结构的人员选拔方法[J].运筹与管理，2014，23（1）：218-225.

[44] 张莉莉,侯锡林,赵希男.设计院技术人员竞优特征的群识别与评析[J].运筹与管理,2012, 21（6）：182-188.
[45] 张莉莉,赵希男.基于人力资本内质优势结构的贡献评析方法[J].系统工程,2013,（4）: 72-77.
[46] 沈文海.人岗匹配的理论研究与实证分析[D].厦门大学硕士学位论文, 2002.
[47] Chen W Y, Hsu B F, Wang M L. When P-J fit and P-O fit meet guanxi in a Chinese selection context[J]. Journal of Technology Management in China, 2013, 8（3）：174-189.
[48] Edwards J R. Person-job fit：a conceptual integration, literature review, and methodological critique[C]//Cooper C L, Robertson I T. International Review of Industrial and Organizational Psychology 1991 Volume 6. London：Wiley, 1991：283-357.
[49] Caldwell D F, O'Reilly C A. Measuring person-job fit with a profile-comparison process[J]. Journal of Applied Psychology, 1990, 75（6）：648-657.
[50] Carless S A. Person-job fit versus person-organization fit as predictors of organizational attraction and job acceptance intentions：a longitudinal study[J]. Journal of Occupational & Organizational Psychology, 2005, 78（3）：411-429.
[51] Kooij D T, van Woerkom M, Wilkenloh J, et al. Job crafting towards strengths and interests: the effects of a job crafting intervention on person-job fit and the role of age[J]. Journal of Applied Psychology, 2017, 102（6）：971-981.
[52] Gale D, Shapley L. College admissions and the stability of marriage[J]. American Mathematical Monthly, 1962, 69（1）：9-15.
[53] Roth A E. Common and conflicting interests in two-sided matching markets[J]. European Economic Review, 1985, 27（1）：75-96.
[54] Vande Vate J H. Linear programming brings marital bliss[J]. Operations Research Letters, 1989, 8（3）：147-153.
[55] Boon B H, Sierksma G. Team formation：matching quality supply and quality demand[J]. European Journal of Operational Research, 2003, 148（2）：277-292.
[56] 邵祖峰,胡斌,张金隆.能岗匹配动态过程定性模拟研究[J].管理科学,2006, 19（1）：35-41.
[57] Korkmaz İ, Gökçen H, Çetinyokuş T. An analytic hierarchy process and two-sided matching based decision support system for military personnel assignment[J]. Information Sciences, 2008, 178（14）：2915-2927.
[58] Yavuz M, Inan U H, Figlali A. Fair referee assignments for professional football leagues [J]. Computers & Operations Research, 2008, 35（9）：2937-2951.
[59] 陈希,樊治平.组织中员工与岗位匹配的两阶段测评与选择方法[J].东北大学学报（自然科学版）, 2009, 30（9）：1337-1340.
[60] Huang D K, Chiu H N, Yeh R H, et al. A fuzzy multi-criteria decision making approach for solving a bi-objective personnel assignment problem[J]. Computers & Industrial Engineering, 2009, 56（1）：1-10.
[61] 乐琦.基于累积前景理论的具有不完全序值信息的双边匹配决策方法[J].运筹与管理, 2013, 22（4）：26-32.
[62] 乐琦,樊治平.基于悲观度的双边匹配决策问题研究[J].管理科学, 2012, 25（2）：112-120.
[63] Nijs S, Gallardo-Gallardo E, Dries N, et al. A multidisciplinary review into the definition,

operationalization, and measurement of talent[J]. Journal of World Business, 2014, 49 (2): 180-191.
[64] Gelders L, Pintelon L. Invited review: maintenance management decision making[J]. European Journal of Operational Research, 1992, 58: 301-317.
[65] Gürbüz T, Albayrak Y E. An engineering approach to human resources performance evaluation: hybrid MCDM application with interactions[J]. Applied Soft Computing, 2014, 21: 365-375.
[66] Kahraman C, Kaya İ. A fuzzy multicriteria methodology for selection among energy alternatives[J]. Expert Systems with Applications, 2010, 37: 6270-6281.
[67] Sevkli M, Oztekin A, Uysal O, et al. Development of a fuzzy ANP based SWOT analysis for the airline industry in Turkey[J]. Expert Systems with Applications, 2012, 39: 14-24.
[68] Javanbarg M B, Scawthorn C, Kiyono J, et al. Fuzzy AHP based multicriteria decision making systems using particle swarm optimization[J]. Expert Systems with Applications, 2012, 39: 960-966.
[69] Bilgen B, Şen M. Project selection through fuzzy analytic hierarchy process and a case study on Six Sigma implementation in an automotive industry[J]. Production Planning & Control, 2012, 23: 2-25.
[70] Chou Y-C, Sun C-C, Yen H-Y. Evaluating the criteria for human resource for science and technology (HRST) based on an integrated fuzzy AHP and fuzzy DEMATEL approach[J]. Applied Soft Computing, 2012, 12: 64-71.
[71] Lin C-J, Wu W-W. A causal analytical method for group decision making under fuzzy environment[J]. Expert Systems with Applications, 2008, 34: 205-213.
[72] Yu X, Guo S, Guo J, et al. Rank B2C e-commerce websites in ealliance based on AHP and fuzzy TOPSIS[J]. Expert Systems with Applications, 2011, 38 (4): 3550-3557.
[73] Büyüközkan G. An integrated fuzzy multi-criteria group decision-making approach for green supplier evaluation[J]. International Journal of Production Research, 2012, 50: 2892-2909.
[74] Ju Y B, Wang A H, Liu X Y. Evaluating emergency response capacity by fuzzy AHP and 2-tuple fuzzy linguistic approach[J]. Expert Systems with Applications, 2012, 39: 6972-6981.
[75] Samvedi A, Jain V, Chan F T S. Quantifying risks in a supply chain through integration of fuzzy AHP and fuzzy TOPSIS[J]. International Journal of Production Research, 2013, 51: 2433-2442.
[76] Zangoueinezhad A, Azar A, Kazazi A. Using SCOR model with fuzzy MCDM approach to assess competitiveness positioning of supply chains: focus on shipbuilding supply chains[J]. Maritime Policy & Management, 2011, 38: 93-109.
[77] Büyüközkan G, Çifçi G, Güleryüz S. Strategic analysis of healthcare service quality using fuzzy AHP methodology[J]. Expert Systems with Applications, 2011, 38: 9407-9424.
[78] Şen C G, Çınar G. Evaluation and pre-allocation of operators with multiple skills: a combined fuzzy AHP and max-min approach[J]. Expert Systems with Applications, 2010, 37: 2043-2053.
[79] Güngör Z, Serhadlıoğlu G, Kesen S E. A fuzzy AHP approach to personnel selection problem[J]. Applied Soft Computing, 2009, 9: 641-646.
[80] Sun C-C. A performance evaluation model by integrating fuzzy AHP and fuzzy TOPSIS methods[J]. Expert Systems with Applications, 2010, 37: 7745-7754.
[81] Lee A H. A fuzzy AHP evaluation model for buyer-supplier relationships with the consideration of benefits, opportunities, costs and risks[J]. International Journal of Production Research,

2009, 47: 4255-4280.

[82] Cakir O, Canbolat M S. A web-based decision support system for multicriteria inventory classification using fuzzy AHP methodology[J]. Expert Systems with Applications, 2008, 35: 1367-1378.

[83] Dağdeviren M, Yüksel İ. Developing a fuzzy analytic hierarchy process (AHP) model for behavior-based safety management[J]. Information Sciences, 2008, 178: 1717-1733.

[84] Lee A H, Chen W-C, Chang C-J. A fuzzy AHP and BSC approach for evaluating performance of IT department in the manufacturing industry in Taiwan[J]. Expert Systems with Applications, 2008, 34: 96-107.

[85] Chan F T S, Kumar N. Global supplier development considering risk factors using fuzzy extended AHP-based approach[J]. Omega, 2007, 35: 417-431.

[86] Bozbura F T, Beskese A, Kahraman C. Prioritization of human capital measurement indicators using fuzzy AHP[J]. Expert Systems with Applications, 2007, 32: 1100-1112.

[87] Ayağ Z, Özdemİr R G. An intelligent approach to ERP software selection through fuzzy ANP[J]. International Journal of Production Research, 2007, 45: 2169-2194.

[88] Wang Y-J. A fuzzy multi-criteria decision-making model by associating technique for order preference by similarity to ideal solution with relative preference relation[J]. Information Sciences, 2014, 268: 169-184.

[89] Li M, Jin L, Wang J. A new MCDM method combining QFD with TOPSIS for knowledge management system selection from the user's perspective in intuitionistic fuzzy environment[J]. Applied Soft Computing, 2014, 21: 28-37.

[90] Arabzad S M, Ghorbani M, Razmi J, et al. Employing fuzzy TOPSIS and SWOT for supplier selection and order allocation problem[J]. The International Journal of Advanced Manufacturing Technology, 2015, 76 (5~8): 803-818.

[91] Dymova L, Sevastjanov P, Tikhonenko A. Two-criteria method for comparing real-valued and interval-valued intuitionistic fuzzy values[J]. Knowledge-Based Systems, 2013, 45: 166-173.

[92] Amiri M P. Project selection for oil-fields development by using the AHP and fuzzy TOPSIS methods[J]. Expert Systems with Applications, 2010, 37: 6218-6224.

[93] Dymova L, Sevastjanov P, Tikhonenko A. An approach to generalization of fuzzy TOPSIS method[J]. Information Sciences, 2013, 238: 149-162.

[94] Huang J-H, Peng K-H. Fuzzy Rasch model in TOPSIS: a new approach for generating fuzzy numbers to assess the competitiveness of the tourism industries in Asian countries[J]. Tourism Management, 2012, 33: 456-465.

[95] Boran F E, Genç S, Akay D. Personnel selection based on intuitionistic fuzzy sets[J]. Human Factors and Ergonomics in Manufacturing & Service Industries, 2011, 21: 493-503.

[96] Chamodrakas I, Leftheriotis I, Martakos D. In-depth analysis and simulation study of an innovative fuzzy approach for ranking alternatives in multiple attribute decision making problems based on TOPSIS[J]. Applied Soft Computing, 2011, 11: 900-907.

[97] Afshar A, Mariño M A, Saadatpour M, et al. Fuzzy TOPSIS multicriteria decision analysis applied to Karun reservoirs system[J]. Water Resources Management, 2011, 25: 545-563.

[98] Awasthi A, Chauhan S S, Omrani H, et al. A hybrid approach based on SERVQUAL and fuzzy TOPSIS for evaluating transportation service quality[J]. Computers & Industrial Engineering,

2011, 61: 637-646.

[99] Kaya T, Kahraman C. An integrated fuzzy AHP-ELECTRE methodology for environmental impact assessment[J]. Expert Systems with Applications, 2011, 38: 8553-8562.

[100] Kaya T, Kahraman C. Multicriteria decision making in energy planning using a modified fuzzy TOPSIS methodology[J]. Expert Systems with Applications, 2011, 38: 6577-6585.

[101] Kelemenis A, Ergazakis K, Askounis D. Support managers' selection using an extension of fuzzy TOPSIS[J]. Expert Systems with Applications, 2011, 38: 2774-2782.

[102] Liao C-N, Kao H-P. An integrated fuzzy TOPSIS and MCGP approach to supplier selection in supply chain management[J]. Expert Systems with Applications, 2011, 38: 10803-10811.

[103] Ashtiani B, Haghighirad F, Makui A, et al. Extension of fuzzy TOPSIS method based on interval-valued fuzzy sets[J]. Applied Soft Computing, 2009, 9: 457-461.

[104] Mokhtarian M N, Sadi-Nezhad S, Makui A. A new flexible and reliable interval valued fuzzy VIKOR method based on uncertainty risk reduction in decision making process: an application for determining a suitable location for digging some pits for municipal wet waste landfill[J]. Computers & Industrial Engineering, 2014, 78: 213-233.

[105] Liu H C, You J X, Fan X J, et al. Failure mode and effects analysis using D numbers and grey relational projection method[J]. Expert Systems with Applications, 2014, 41(10): 4670-4679.

[106] Liao H C, Xu Z S. A VIKOR-based method for hesitant fuzzy multi-criteria decision making[J]. Fuzzy Optimization and Decision Making, 2013, 12(4): 373-392.

[107] Kumar R, Singh H, Dureja J S. An approach to analyze logistic outsourcing problem in medium-scale organization by CFPR and VIKOR[J]. Journal of Manufacturing Technology Management, 2013, 23(7): 885-898.

[108] Yücenur G N, Demirel N Ç. Group decision making process for insurance company selection problem with extended VIKOR method under fuzzy environment[J]. Expert Systems with Applications, 2012, 39: 3702-3707.

[109] Kuo M S, Liang G S. A soft computing method of performance evaluation with MCDM based on interval-valued fuzzy numbers[J]. Applied Soft Computing Journal, 2012, 12(1): 476-485.

[110] Girubha R J, Vinodh S. Application of fuzzy VIKOR and environmental impact analysis for material selection of an automotive component[J]. Materials & Design, 2012, 37: 478-486.

[111] Opricovic S. Fuzzy VIKOR with an application to water resources planning[J]. Expert Systems with Applications, 2011, 38: 12983-12990.

[112] Sasikumar P, Haq A N. Integration of closed loop distribution supply chain network and 3PRLP selection for the case of battery recycling[J]. International Journal of Production Research, 2011, 49(11): 3363-3385.

[113] Vahdani B, Mousavi S M, Tavakkoli-Moghaddam R. Group decision making based on novel fuzzy modified TOPSIS method[J]. Applied Mathematical Modelling, 2011, 35: 4257-4269.

[114] Chen L Y, Wang T C. Optimizing partners' choice in IS/IT outsourcing projects: the strategic decision of fuzzy VIKOR[J]. International Journal of Production Economics, 2009, 120: 233-242.

[115] Devi K, Yadav S P. A multicriteria intuitionistic fuzzy group decision making for plant location selection with ELECTRE method[J]. The International Journal of Advanced Manufacturing Technology, 2013, 66: 1219-1229.

[116] Sepehriar A, Eslamipoor R, Nobari A. A new mixed fuzzy-LP method for selecting the best supplier using fuzzy group decision making[J]. Neural Computing & Applications, 2013, 23 (S1): 345-352.

[117] Rouyendegh B D, Erkan T E. An application of the fuzzy electre method for academic staff selection[J]. Human Factors & Ergonomics in Manufacturing & Service Industries, 2013, 23 (2): 107-115.

[118] Vaidya O S, Kumar S. Analytic hierarchy process: an overview of applications[J]. European Journal of Operational Research, 2006, 169: 1-29.

[119] Wu M-C, Chen T-Y. The ELECTRE multicriteria analysis approach based on Atanassov's intuitionistic fuzzy sets[J]. Expert Systems with Applications, 2011, 38: 12318-12327.

[120] Sevkli M. An application of the fuzzy ELECTRE method for supplier selection[J]. International Journal of Production Research, 2010, 48 (12): 3393-3405.

[121] Montazer G A, Saremi H Q, Ramezani M. Design a new mixed expert decision aiding system using fuzzy ELECTRE III method for vendor selection[J]. Expert Systems with Applications, 2009, 36 (8): 10837-10847.

[122] Keskin G A. Using integrated fuzzy DEMATEL and fuzzy C: means algorithm for supplier evaluation and selection[J]. International Journal of Production Research, 2015, 53 (12): 3586-3602.

[123] Jeng D J-F, Tzeng G-H. Social influence on the use of Clinical Decision Support Systems: revisiting the unified theory of acceptance and use of technology by the fuzzy DEMATEL technique[J]. Computers & Industrial Engineering, 2012, 62: 819-828.

[124] Wu W W. Segmenting Critical Factors for Successful Knowledge Management Implementation Using the Fuzzy DEMATEL Method[M]. Amsterdam: Elsevier Science Publishers B. V., 2012.

[125] Zhou Q, Huang W, Zhang Y. Identifying critical success factors in emergency management using a fuzzy DEMATEL method[J]. Safety Science, 2011, 49 (2): 243-252.

[126] Tseng M-L. A causal and effect decision making model of service quality expectation using grey-fuzzy DEMATEL approach[J]. Expert Systems with Applications, 2009, 36: 7738-7748.

[127] Wu W W, Lee Y T. Developing global managers' competencies using the fuzzy DEMATEL method[J]. Expert Systems with Applications, 2007, 32 (2): 499-507.

[128] Bhardwaj A, Gupta R, Sachdeva A. Selection of logistic service provider using fuzzy PROMETHEE for a cement industry[J]. Journal of Manufacturing Technology Management, 2012, 23 (7): 899-921.

[129] Chen Y-H, Wang T-C, Wu C-Y. Strategic decisions using the fuzzy PROMETHEE for IS outsourcing[J]. Expert Systems with Applications, 2011, 38: 13216-13222.

[130] Saidi-Mehrabad M, Anvari M. Provident decision making by considering dynamic and fuzzy environment for FMS evaluation[J]. International Journal of Production Research, 2010, 48 (15): 4555-4584.

[131] Halouani N, Chabchoub H, Martel J-M. PROMETHEE-MD-2T method for project selection[J]. European Journal of Operational Research, 2009, 195: 841-849.

[132] Rabbani A, Zamani M, Yazdani-Chamzini A, et al. Proposing a new integrated model based on sustainability balanced scorecard (SBSC) and MCDM approaches by using linguistic variables for the performance evaluation of oil producing companies[J]. Expert Systems with

Applications, 2014, 41: 7316-7327.

[133] Akdag H, Kalaycı T, Karagöz S, et al. The evaluation of hospital service quality by fuzzy MCDM[J]. Applied Soft Computing, 2014, 23: 239-248.

[134] Mehrjerdi Y Z. Strategic system selection with linguistic preferences and grey information using MCDM[J]. Applied Soft Computing, 2014, 18: 323-337.

[135] Hadi-Vencheh A, Mohamadghasemi A. A fuzzy AHP-DEA approach for multiple criteria ABC inventory classification[J]. Expert Systems with Applications, 2011, 38: 3346-3352.

[136] Kucukvar M, Gumus S, Egilmez G, et al. Ranking the sustainability performance of pavements: an intuitionistic fuzzy decision making method[J]. Automation in Construction, 2014, 40 (3): 33-43.

[137] Vinodh S, Prasanna M, Prakash N H. Integrated fuzzy AHP-TOPSIS for selecting the best plastic recycling method: a case study[J]. Applied Mathematical Modelling, 2014, 38(19~20): 4662-4672.

[138] Tavana M, Khalili-Damghani K, Rahmatian R. A hybrid fuzzy MCDM method for measuring the performance of publicly held pharmaceutical companies[J]. Annals of Operations Research, 2015, 226 (1): 589-621.

[139] Hashemian S M, Behzadian M, Samizadeh R, et al. A fuzzy hybrid group decision support system approach for the supplier evaluation process[J]. International Journal of Advanced Manufacturing Technology, 2014, 73 (5~8): 1105-1117.

[140] Ghorabaee M K, Amiri M, Sadaghiani J S, et al. Multiple criteria group decision-making for supplier selection based on COPRAS method with interval type-2 fuzzy sets[J]. The International Journal of Advanced Manufacturing Technology, 2014, 75: 1115-1130.

[141] Moghimi R, Anvari A. An integrated fuzzy MCDM approach and analysis to evaluate the financial performance of Iranian cement companies[J]. International Journal of Advanced Manufacturing Technology, 2014, 71 (1~4): 685-698.

[142] Uygun Ö, Kaçamak H, Kahraman Ü A. An integrated DEMATEL and fuzzy ANP techniques for evaluation and selection of outsourcing provider for a telecommunication company[J]. Computers & Industrial Engineering, 2015, 86 (C): 137-146.

[143] Liou J J, Tzeng G-H, Tsai C-Y, et al. A hybrid ANP model in fuzzy environments for strategic alliance partner selection in the airline industry[J]. Applied Soft Computing, 2011, 11: 3515-3524.

[144] Kabir G, Sumi R S. Integrating fuzzy analytic hierarchy process with PROMETHEE method for total quality management consultant selection[J]. Production & Manufacturing Research, 2014, 2 (1): 380-399.

[145] Baykasoğlu A, Kaplanoğlu V, Durmusoğlu Z D U, et al. Integrating fuzzy DEMATEL and fuzzy hierarchical TOPSIS methods for truck selection[J]. Expert Systems with Applications, 2013, 40: 899-907.

[146] Zamani M, Rabbani A, Yazdani-Chamzini A, et al. An integrated model for extending brand based on fuzzy ARAS and ANP methods[J]. Journal of Business Economics and Management, 2014, 15: 403-423.

[147] Kaya Ä, Kahraman C. A comparison of fuzzy multicriteria decision making methods for intelligent building assessment[J]. Journal of Civil Engineering & Management, 2014, 20 (1):

59-69.

[148] Ghorbani M, Arabzad S M, Shahin A. A novel approach for supplier selection based on the Kano model and fuzzy MCDM[J]. International Journal of Production Research, 2013, 51(18): 5469-5484.

[149] Tavana M, Zandi F, Katehakis M N. A hybrid fuzzy group ANP-TOPSIS framework for assessment of e-government readiness from a CiRM perspective[J]. Information & Management, 2013, 50(7): 383-397.

[150] Dincer H, Hacioglu U. Performance evaluation with fuzzy VIKOR and AHP method based on customer satisfaction in Turkish banking sector[J]. Kybernetes, 2013, 42: 1072-1085.

[151] Chou W-C, Cheng Y-P. A hybrid fuzzy MCDM approach for evaluating website quality of professional accounting firms[J]. Expert Systems with Applications, 2012, 39: 2783-2793.

[152] Fouladgar M M, Yazdani-Chamzini A, Lashgari A, et al. Maintenance strategy selection using AHP and COPRAS under fuzzy environment[J]. International Journal of Strategic Property Management, 2012, 16(1): 85-104.

[153] Choudhary D, Shankar R. An STEEP-fuzzy AHP-TOPSIS framework for evaluation and selection of thermal power plant location: a case study from India[J]. Energy, 2012, 42(1): 510-521.

[154] İç Y T. Development of a credit limit allocation model for banks using an integrated fuzzy TOPSIS and linear programming[J]. Expert Systems with Applications, 2012, 39: 5309-5316.

[155] Fouladgar M M, Yazdanichamzini A, Zavadskas E K, et al. A new hybrid model for evaluating the working strategies: case study of construction company[J]. Technological & Economic Development of Economy, 2012, 18(1): 164-188.

[156] Ayağ Z, Özdemir R G. Evaluating machine tool alternatives through modified TOPSIS and alpha-cut based fuzzy ANP[J]. International Journal of Production Economics, 2012, 140(2): 630-636.

[157] Taha Z, Rostam S. A hybrid fuzzy AHP-PROMETHEE decision support system for machine tool selection in flexible manufacturing cell[J]. Journal of Intelligent Manufacturing, 2012, 23(6): 2137-2149.

[158] Paksoy T, Pehlivan N Y, Kahraman C. Organizational strategy development in distribution channel management using fuzzy AHP and hierarchical fuzzy TOPSIS[J]. Expert Systems with Applications, 2012, 39(3): 2822-2841.

[159] Büyüközkan G, Arsenyan J, Da R. Logistics tool selection with two-phase fuzzy multi criteria decision making: a case study for personal digital assistant selection[J]. Expert Systems with Applications, 2012, 39(1): 142-153.

[160] Kuo M-S. A novel interval-valued fuzzy MCDM method for improving airlines' service quality in Chinese cross-strait airlines[J]. Transportation Research Part E: Logistics and Transportation Review, 2011, 47: 1177-1193.

[161] Aydogan E K. Performance measurement model for Turkish aviation firms using the rough-AHP and TOPSIS methods under fuzzy environment[J]. Expert Systems with Applications, 2011, 38: 3992-3998.

[162] Shemshadi A, Shirazi H, Toreihi M, et al. A fuzzy VIKOR method for supplier selection based on entropy measure for objective weighting[J]. Expert Systems with Applications, 2011, 38:

12160-12167.

[163] Kuo M-S. Optimal location selection for an international distribution center by using a new hybrid method[J]. Expert Systems with Applications, 2011, 38: 7208-7221.

[164] Dalalah D, Hayajneh M, Batieha F. A fuzzy multi-criteria decision making model for supplier selection[J]. Expert Systems with Applications, 2011, 38: 8384-8391.

[165] Pires A, Chang N B, Martinho G. An AHP-based fuzzy interval TOPSIS assessment for sustainable expansion of the solid waste management system in Setúbal Peninsula, Portugal[J]. Dermatology, 2011, 56 (1): 7-21.

[166] Fu H-P, Chu K-K, Chao P, et al. Using fuzzy AHP and VIKOR for benchmarking analysis in the hotel industry[J]. Service Industries Journal, 2011, 31 (14): 2373-2389.

[167] Azadeh A, Nazari-Shirkouhi S, Hatami-Shirkouhi L, et al. A unique fuzzy multi-criteria decision making: computer simulation approach for productive operators' assignment in cellular manufacturing systems with uncertainty and vagueness[J]. The International Journal of Advanced Manufacturing Technology, 2011, 56: 329-343.

[168] Ekmekçioğlu M, Kaya T, Kahraman C. Fuzzy multicriteria disposal method and site selection for municipal solid waste[J]. Waste Management, 2010, 30 (8): 1729-1736.

[169] Önüt S, Efendigil T, Kara S. A combined fuzzy MCDM approach for selecting shopping center site: an example from Istanbul, Turkey[J]. Expert Systems with Applications, 2010, 37: 1973-1980.

[170] Chatterjee P, Athawale V M, Chakraborty S. Selection of industrial robots using compromise ranking and outranking methods[J]. Robotics and Computer-Integrated Manufacturing, 2010, 26 (5): 483-489.

[171] Chen L-H, Hung C-C. An integrated fuzzy approach for the selection of outsourcing manufacturing partners in pharmaceutical R&D[J]. International Journal of Production Research, 2010, 48: 7483-7506.

[172] Dursun M, Karsak E E. A fuzzy MCDM approach for personnel selection[J]. Expert Systems with Applications, 2010, 37: 4324-4330.

[173] Tuzkaya G, Gülsün B, Kahraman C, et al. An integrated fuzzy multi-criteria decision making methodology for material handling equipment selection problem and an application[J]. Expert Systems with Applications, 2010, 37 (4): 2853-2863.

[174] Chen M-K, Wang S-C. The use of a hybrid fuzzy-Delphi-AHP approach to develop global business intelligence for information service firms[J]. Expert Systems with Applications, 2010, 37: 7394-7407.

[175] Torfi F, Farahani R Z, Rezapour S. Fuzzy AHP to determine the relative weights of evaluation criteria and fuzzy TOPSIS to rank the alternatives[J]. Applied Soft Computing, 2010, 10: 520-528.

[176] Önüt S, Kara S S, Işik E. Long term supplier selection using a combined fuzzy MCDM approach: a case study for a telecommunication company[J]. Expert Systems with Applications, 2009, 36 (2): 3887-3895.

[177] Boran F E, Genç S, Kurt M, et al. A multi-criteria intuitionistic fuzzy group decision making for supplier selection with TOPSIS method[J]. Expert Systems with Applications, 2009, 36: 11363-11368.

[178] Zeydan M, Çolpan C. A new decision support system for performance measurement using combined fuzzy TOPSIS/DEA approach[J]. International Journal of Production Research, 2009, 47 (15): 4327-4349.

[179] Athanasopoulos G, Riba C R, Athanasopoulou C. A decision support system for coating selection based on fuzzy logic and multi-criteria decision making[J]. Expert Systems with Applications, 2009, 36: 10848-10853.

[180] Gumus A T. Evaluation of hazardous waste transportation firms by using a two step fuzzy-AHP and TOPSIS methodology[J]. Expert Systems with Applications, 2009, 36: 4067-4074.

[181] Demirel T, Musdal H, Demirel N C, et al. Multi-criteria evaluation of land cover policies using fuzzy AHP and fuzzy ANP: the case of Turkey[J]. Human and Ecological Risk Assessment, 2009, 15 (4): 647-650.

[182] Bashiri M, Hosseininezhad S J. A fuzzy group decision support system for multifacility location problems[J]. International Journal of Advanced Manufacturing Technology, 2009, 42 (5~6): 533-543.

[183] Ertuğrul İ, Karakaşoğlu N. Performance evaluation of Turkish cement firms with fuzzy analytic hierarchy process and TOPSIS methods[J]. Expert Systems with Applications, 2009, 36 (1): 702-715.

[184] Rathod M K, Kanzaria H V. A methodological concept for phase change material selection based on multiple criteria decision analysis with and without fuzzy environment[J]. Materials & Design, 2011, 32 (6): 3578-3585.

[185] Zaerpour N, Rabbani M, Gharehgozli A H, et al. A comprehensive decision making structure for partitioning of make-to-order, make-to-stock and hybrid products[J]. Soft Computing, 2009, 13 (11): 1035.

[186] Ilangkumaran M, Kumanan S. Selection of maintenance policy for textile industry using hybrid multi-criteria decision making approach[J]. Journal of Manufacturing Technology Management, 2009, 20 (20): 1009-1022.

[187] Önüt S, Kara S S, Efendigil T. A hybrid fuzzy MCDM approach to machine tool selection[J]. Journal of Intelligent Manufacturing, 2008, 19 (4): 443-453.

[188] Önüt S, Soner S. Transshipment site selection using the AHP and TOPSIS approaches under fuzzy environment[J]. Waste Management, 2008, 28: 1552-1559.

[189] Ertuğrul İ, Karakaşoğlu N. Comparison of fuzzy AHP and fuzzy TOPSIS methods for facility location selection[J]. International Journal of Advanced Manufacturing Technology, 2008, 39 (7~8): 783-795.

[190] Kwok R C-W, Zhou D N, Zhang Q, et al. A fuzzy multi-criteria decision making model for IS student group project assessment[J]. Group Decision and Negotiation, 2007, 16 (1): 25-42.

[191] Bilsel R U, Büyüközkan G, Da R. A fuzzy preference-ranking model for a quality evaluation of hospital web sites[J]. International Journal of Intelligent Systems, 2010, 21 (11): 1181-1197.

[192] Hsu C C, Liou J J H, Chuang Y C. Integrating DANP and modified grey relation theory for the selection of an outsourcing provider[J]. Expert Systems with Applications, 2013, 40 (6): 2297-2304.

[193] Liu H C, Wu J, Li P. Assessment of health-care waste disposal methods using a VIKOR-based fuzzy multi-criteria decision making method[J]. Waste Management, 2013, 33 (12): 2744-2751.

[194] Kabak M, Burmaoğlu S, Kazançoglu Y. A fuzzy hybrid MCDM approach for professional selection[J]. Expert Systems with Applications, 2012, 39: 3516-3525.

[195] Yalcin N, Bayrakdaroglu A, Kahraman C. Application of fuzzy multi-criteria decision making methods for financial performance evaluation of Turkish manufacturing industries[J]. Expert Systems with Applications, 2012, 39（1）: 350-364.

[196] Hsu C H, Wang F K, Tzeng G H. The best vendor selection for conducting the recycled material based on a hybrid MCDM model combining DANP with VIKOR[J]. Resources Conservation & Recycling, 2012, 66（66）: 95-111.

[197] Büyüközkan G, Çifçi G. A novel hybrid MCDM approach based on fuzzy DEMATEL, fuzzy ANP and fuzzy TOPSIS to evaluate green suppliers[J]. Expert Systems with Applications, 2012, 39: 3000-3011.

[198] Shen Y C, Lin G T R, Tzeng G H. Combined DEMATEL techniques with novel MCDM for the organic light emitting diode technology selection[J]. Expert Systems with Applications, 2011, 38（3）: 1468-1481.

[199] Hung S-J. Activity-based divergent supply chain planning for competitive advantage in the risky global environment: a DEMATEL-ANP fuzzy goal programming approach[J]. Expert Systems with Applications, 2011, 38: 9053-9062.

[200] Wang L, Fan J. Nanofluids research: key issues[J]. Nanoscale Research Letters, 2010, 5（8）: 1241-1252.

[201] Wu H-Y, Tzeng G-H, Chen Y-H. A fuzzy MCDM approach for evaluating banking performance based on balanced scorecard[J]. Expert Systems with Applications, 2009, 36: 10135-10147.

[202] Sheu J-B. A hybrid neuro-fuzzy analytical approach to mode choice of global logistics management[J]. European Journal of Operational Research, 2008, 189: 971-986.

[203] Burton D, Toint P L. On the use of an inverse shortest paths algorithm for recovering linearly correlated costs[J]. Mathematical Programming, 1994, 63（1~3）: 1-22.

[204] Tayyebi J, Aman M. On inverse linear programming problems under the bottleneck-type weighted Hamming distance[J]. Discrete Applied Mathematics, 2018, 240: 92-101.

[205] Zhou J, Canova M, Serrani A. Predictive inverse model allocation for constrained over-actuated linear systems[J]. Automatica, 2016, 67: 267-276.

[206] Ghate A. Inverse optimization in countably infinite linear programs[J]. Optimization Letters, 2015, 43: 231-235.

[207] Tayyebi J, Aman M. Note on "inverse minimum cost flow problems under the weighted Hamming distance" [J]. European Journal of Operational Research, 2014, 234（3）: 916-920.

[208] Zhang J Z, Xu C X. Inverse optimization for linearly constrained convex separable programming problems[J]. European Journal of Operational Research, 2010, 200（3）: 671-679.

[209] Schaefer A J. Inverse integer programming[J].Optimization Letters, 2009, 3（4）: 483-489.

[210] 关秀翠. 关于一般线性规划逆问题的一种简化[J]. 运筹与管理, 2002, 11（2）: 35-40.

[211] Zhang J Z, Ma Z. A network flow method for solving some inverse combinatorial optimization problems[J]. Optimization a Journal of Mathematical Programming & Operations Research, 1996, 37（1）: 59-72.

[212] He H, He C, Chen G P. Inverse determination of temperature-dependent thermophysical

parameters using multiobjective optimization methods[J]. International Journal of Heat and Mass Transfer, 2015, 85: 694-702.

[213] Jahanshahloo G R, Soleimani-Damaneh M, Ghobadi S. Inverse DEA under inter-temporal dependence using multiple-objective programming[J]. European Journal of Operational Research, 2015, 240（2）: 447-456.

[214] Chan T C Y, Craig T, Lee T, et al. Generalized inverse multiobjective optimization with application to cancer therapy[J]. Operations Research, 2014, 62（3）: 680-695.

[215] Utz S, Wimmer M, Hirschberger M, et al. Tri-criterion inverse portfolio optimization with application to socially responsible mutual funds[J]. European Journal of Operational Research, 2014, 234（2）: 491-498.

[216] Roland J, Smet Y D. Inverse multi-objective combinatorial optimization[J]. Discrete Applied Mathematics, 2013, 161（16~17）: 2764-2771.

[217] Singh A, Minsker B S, Valocchi A J. An interactive multi-objective optimization framework for groundwater inverse modeling[J]. Advances in Water Resources, 2007, 31（10）: 1269-1283.

[218] Sotskov Y N, Leontev V K, Gordeev E N. Some concepts of stability analysis in combinatorial optimization[J]. Discrete Applied Mathematics, 1995, 58（2）: 169-190.

[219] Ahmed S, Guan Y. The inverse optimal value problem[J]. Mathematical Programming, 2005, 102（1）: 91-110.

[220] Lv Y B, Hu T S, Wan Z P. A penalty function method for solving inverse optimal value problem[J]. Journal of Computational and Applied Mathematics, 2008, 220（1）: 175-180.

[221] Lv Y B, Chen Z, Wan Z P. A penalty function method based on bilevel programming for solving inverse optimal value problems[J]. Applied Mathematics Letters, 2010, 23(2): 170-175.

[222] Zhang J Z, Liu Z H, Ma Z F. Some reverse location problems[J]. European Journal of Operational Research, 2000, 124（1）: 77-88.

[223] Aksoy N Y. Variational method for the solution of an inverse problem[J]. Journal of Computational & Applied Mathematics, 2017, 312: 82-93.

[224] El-Hussieny H, Abouelsoud A A, Assal S F M, et al. Adaptive learning of human motor behaviors: an evolving inverse optimal control approach[J]. Engineering Applications of Artificial Intelligence, 2016, 50: 115-124.

[225] Mostafaee A, Hladík M, Černý M. Inverse linear programming with interval coefficients[J]. Journal of Computational & Applied Mathematics, 2016, 292（C）: 591-608.

[226] Warner J E, Aquino W, Grigoriu M D. Stochastic reduced order models for inverse problems under uncertainty[J]. Computer Methods in Applied Mechanics & Engineering, 2015, 285: 488-514.

[227] Chow J Y J, Ritchie S G, Jeong K. Nonlinear inverse optimization for parameter estimation of commodity-vehicle-decoupled freight assignment[J].Transportation Research Part E: Logistics and Transportation Review, 2014, 67（C）: 71-91.

[228] Zou Q L, Zhang Q H, Yang J Z, et al. Nonlinear inverse optimization approach for determining the weights of objective function in standing reach tasks[J]. Computers & Industrial Engineering, 2012, 63（4）: 791-801.

[229] 王喜凤，李必信，廖力，等. 基于优化逆问题的 Web 服务选择[J]. 东南大学学报（自然科学版），2011，41（3）: 437-442.

[230] 金茂源. 一类线性规划逆问题及解法[J]. 应用数学学报，1999，22（2）：284-291.
[231] 刁在筠，戎晓霞. 解一般线性规划逆问题的一个 $O(n^3L)$ 算法[J]. 运筹学学报，1998，2（4）：64-72.
[232] Lim D J. Inverse DEA with frontier changes for new product target setting[J]. European Journal of Operational Research，2016，254（2）：510-516.
[233] Grechuk B，Zabarankin M. Inverse portfolio problem with coherent risk measures[J]. European Journal of Operational Research，2016，249（2）：740-750.
[234] Roland J，Figueira J R，Smet Y D. Finding compromise solutions in project portfolio selection with multiple experts by inverse optimization[J]. Computers & Operations Research，2016，66：12-19.
[235] 张相斌. 基于线性规划逆优化模型的供应链资源优化配置支持系统研究[J]. 南京邮电大学学报（自然科学版），2011，31（1）：96-101.
[236] 王金凤，秦颖，翟雪琪，等. 企业安全资源配置逆优化模型及其应用[J]. 中国安全科学学报，2015，12（25）：27-33.
[237] Chung Y，Culus J F，Demange M. Inverse chromatic number problems in interval and permutation graphs[J]. European Journal of Operational Research，2015，243（3）：763-773.
[238] 金淳，胡婷婷，饶卫振，等. 物流中心作业资源配置的线性规划逆优化模型[J]. 工业工程与管理，2013，18（3）：56-61.
[239] Bertsimas D，Gupta V，Paschalidis I C. Inverse optimization：a new perspective on the Black-Litterman model[J]. Operations Research，2012，60（6）：1389-1403.
[240] Huo Y F，Ma L. Improvement research of discrete manufacturing enterprise's resource consumption quota based on inverse optimization[J]. ICIC Express Letters，Part B：Applications，2010，1（1）：85-91.
[241] Pham H，鲁习文. 平行机上单位加工时间加权总完工时间排序问题的反问题[J]. 华东理工大学学报（自然科学版），2012，38（6）：757-761.
[242] Brucker P，Shakhlevich N V. Inverse scheduling：two-machine flow-shop problem[J]. Journal of Scheduling，2011，14（3）：239-256.
[243] Brucker P，Shakhlevich N V. Inverse scheduling with maximum lateness objective[J]. Journal of Scheduling，2009，12（5）：475-488.
[244] 陈荣军，唐国春. 单机供应链排序及流水作业的反问题模型[J]. 运筹与管理，2009，18（2）：80-84.
[245] 陈荣军，陈峰，唐国春. 单台机器总完工时间排序问题的反问题[J]. 上海第二工业大学学报，2005，22（2）：1-7.
[246] 牟健慧，郭前建，高亮，等. 基于混合的多目标遗传算法的多目标流水车间逆调度问题求解方法[J]. 机械工程学报，2016，52（22）：186-197.
[247] Saha P，Mittal M，Gupta S，et al. Big data trends and analytics：a survey[J]. International Journal of Computer Applications，2017，180（8）：9-20.
[248] Rasmussen M，Standal M I，Laumann K. Task complexity as a performance shaping factor：a review and recommendations in Standardized Plant Analysis Risk-Human Reliability Analysis（SPAR-H）adaption[J]. Safety Science，2015，76：228-238.
[249] Campbell J P，Mchenry J J，Wise L L. Modeling job performance in a population of jobs[J]. Personnel Psychology，2010，43（2）：313-575.

[250] Fiedler F E. Leadership experience and leader performance—another hypothesis shot to hell [J]. Organizational Behavior & Human Performance, 1970, 5（1）: 1-14.

[251] Rowe P M. The nature of work experience[J]. Canadian Psychology/Psychologie Canadienne, 1988, 29（1）: 109-115.

[252] Lance C E, Hedge J W, Alley W E. Joint relationships of task proficiency with aptitude, experience, and task difficulty: a cross-level, interactional study[J]. Human Performance, 1989, 2（4）: 249-272.

[253] Gould S, Hawkins B L. Organizational career stage as a moderator of the satisfaction-performance relationship[J]. Academy of Management, 1978, 21（3）: 434-450.

[254] Borman W C, Hanson M A, Oppler S H, et al. Role of early supervisory experience in supervisor performance[J]. Journal of Applied Psychology, 1993, 78（78）: 443-449.

[255] Schwab D P, Heneman H G. Effects of age and experience on productivity[J]. Academy of Management Proceedings, 1976, 4（2）: 113-117.

[256] Mcenrue M P. Length of experience and the performance of managers in the establishment phase of their careers[J]. Academy of Management Journal, 1988, 31（1）: 175-185.

[257] Gordon M E, Fitzgibbons W J. Empirical test of the validity of seniority as a factor in staffing decisions[J]. Journal of Applied Psychology, 1982, 67（3）: 311-319.

[258] Spiker A V, Harper W R, Hayes J F. The effect of job experience on the maintenance proficiency of army automotive mechanics[J]. Human Factors the Journal of the Human Factors & Ergonomics Society, 1985, 27（3）: 301-311.

[259] Pinder C C, Schroeder K G. Time to proficiency following job transfers[J]. Academy of Management Journal, 1987, 30（2）: 336-353.

[260] Hofmann D A, Jacobs R, Baratta J E. Dynamic criteria and the measurement of change[J]. Journal of Applied Psychology, 1993, 78（2）: 194-204.

[261] Waldman D A, Avolio B J. Aging and work performance in perspective: contextual and developmental considerations[J]. Research in Personnel & Human Resources Management, 1993, 11: 133-162.

[262] Quiñones M A, Ford J K, Teachout M S. The relationship between work experience and job performance: a conceptual and meta-analytic review[J]. Personnel Psychology, 2010, 48（4）: 887-910.

[263] Tesluk P E, Jacobs R R. Toward an integrated model of work experience[J]. Personnel Psychology, 2010, 51（2）: 321-355.

[264] Levine E L, Flory III A. Evaluation of job applications-a conceptual framework[J]. Public Personnel Management, 1975, 4（6）: 378.

[265] Schmidt F L, Hunter J E, Outerbridge A N, et al. Joint relation of experience and ability with job performance: test of three hypotheses[J]. Journal of Applied Psychology, 1988, 73（1）: 46-57.

[266] Hunter J E, Hunter R F. Validity and utility of alternate predictors of job performance[J]. Psychological Bulletin, 1984, 96（1）: 72-98.

[267] Ruderman M N, Mccauley C D, Ohlott P J, et al. Developmental Challenge Profile: Learning from Job Experiences, Greensboro[M]. Boston: Center for Creative Leadership, 1993.

[268] Brett J M. Job transitions and personal and role development[J]. Research in Personnel &

Human Resources Management, 1984, 2（2）: 155-185.
[269] Davies J, Easterby-Smith M. Learning and developing from managerial work experiences[J]. Journal of Management Studies, 2010, 21（2）: 169-182.
[270] Tsui A S, Ohlott P. Multiple assessment of managerial effectiveness: interrater agreement and consensus in effectiveness models[J]. Personnel Psychology, 2010, 41（4）: 779-803.
[271] Dew N, Read S, Sarasvathy S D, et al. Effectual versus predictive logics in entrepreneurial decision-making: differences between experts and novices[J]. Journal of Business Venturing, 2009, 24（4）: 287-309.
[272] Schmidt F L, Hunter J E, Outerbridge A N. Impact of job experience and ability on job knowledge, work sample performance, and supervisory ratings of job performance[J]. Journal of Applied Psychology, 1986, 71（3）: 432-439.
[273] Katz R. The effects of group longevity on project communication and performance[J]. Administrative Science Quarterly, 1982, 27（1）: 81-104.
[274] Fredrickson J W, Iaquinto A L. Inertia and creeping rationality in strategic decision processes[J]. Academy of Management Journal, 1989, 32（3）: 516-542.
[275] Watson W E. Member competence, group interaction, and group decision making: a longitudinal study[J]. Journal of Applied Psychology, 1991, 76（6）: 803-809.
[276] Hall D T, Richter J. Career gridlock: baby boomers hit the wall[J]. Executive, 1990, 4（3）: 7-22.
[277] Abraham K, Taylor S K. Firms' use of outside contractors: theory and evidence[J]. Journal of Labor Economics, 1996, 14（3）: 394-424.
[278] Pulakos E D, Arad S, Donovan M A, et al. Adaptability in the workplace: development of a taxonomy of adaptive performance[J]. Journal of Applied Psychology, 2000, 85（4）: 612-624.
[279] Campion M A, Cheraskin L, Stevens M J. Career-related antecedents and outcomes of job rotation[J]. Academy of Management Journal, 1994, 37（6）: 1518-1542.
[280] Kunda G, Barley S R, Evans J. Why do contractors contract? The experience of highly skilled technical professionals in a contingent labor market[J]. Industrial & Labor Relations Review, 2002, 55（2）: 234-261.
[281] London M, Beatty R W. 360-degree feedback as a competitive advantage[J]. Human Resource Management, 2010, 32（2~3）: 353-372.
[282] Kram K E. Improving the mentoring process[J]. Training & Development Journal, 1985, 39（4）: 40-43.
[283] Dweck C S. Motivational processes affecting learning[J]. American Psychologist, 1986, 41（10）: 1040-1048.
[284] Ford J K, Quiñones M A, Sego D J, et al. Factors affecting the opportunity to perform trained tasks on the job[J]. Personnel Psychology, 2010, 45（3）: 511-527.
[285] Spencer L M, McClelland D C, Spencer S. Competency Assessment Methods: History and State of the Art[M]. Boston: Hay-McBer Research Press, 1994.
[286] Lawson T E, Limbrick V. Critical competencies and developmental experiences for top HR executives[J]. Human Resource Management, 1996, 35（1）: 67-85.
[287] 王重鸣, 陈民科. 管理胜任力特征分析: 结构方程模型检验[J]. 心理科学, 2002, 25（5）: 513-516.

[288] 赵曙明. 人力资源经理职业化的发展[J]. 南开管理评论, 2003, 6 (5): 73-77.
[289] 仲理峰, 时勘. 家族企业高层管理者胜任特征模型[J]. 心理学报, 2004, 36 (1): 110-115.
[290] Baybutt P. The role of people and human factors in performing process hazard analysis and layers of protection analysis[J]. Journal of Loss Prevention in the Process Industries, 2013, 26 (6): 1352-1365.
[291] Christian M S, Bradley J C, Wallace J C, et al. Workplace safety: a meta-analysis of the roles of person and situation factors[J]. Journal of Applied Psychology, 2009, 94 (5): 1103.
[292] Reason J. Understanding adverse events: human factors[J]. Quality in Health Care, 1995, 4 (2): 80.
[293] Milch V, Laumann K. Interorganizational complexity and organizational accident risk: a literature review[J]. Safety Science, 2016, 82: 9-17.
[294] 邓聚龙. 灰色预测与决策[M]. 武汉: 华中理工大学出版社, 1988.
[295] 龚国勇. ARIMA 模型在深圳 GDP 预测中的应用[J]. 数学的实践与认识, 2008, 38 (4): 53-57.
[296] Ghiyasi M. On inverse DEA model: the case of variable returns to scale[J]. Computers & Industrial Engineering, 2015, 87: 407-409.
[297] Ouyang H, Richiedei D, Trevisani A, et al. Discrete mass and stiffness modifications for the inverse eigenstructure assignment in vibrating systems: theory and experimental validation[J]. International Journal of Mechanical Sciences, 2012, 64 (1): 211-220.
[298] 张相斌, 林萍. 网格环境下企业制造资源的逆优化配置模型[J]. 系统工程学报, 2014, 29 (2): 246-256.
[299] 顾容容. 面向服务集成的服务资源逆优化配置研究[D]. 南京邮电大学硕士学位论文, 2015.
[300] 秦颖. 基于逆优化的安全资源配置模型及其应用研究[D]. 郑州大学硕士学位论文, 2016.
[301] 王可望. 基于神经网络方法求解逆最优化问题[D]. 燕山大学硕士学位论文, 2012.

附　　录

流程工业关键设备安全操作心理与行为调查问卷

尊敬的专家：

您好！本课题组受到国家自然科学基金面上项目，71771036，重大设备维修维护"任务-团队"匹配的逆优化方法；中国博士后科学基金面上项目，2017M610831，基于逆优化的重大设备维修维护任务与团队匹配决策方法；中央高校基本科研业务费，DUT17RW128，面向安全的重大设备维修维护任务-团队匹配逆优化方法；国家自然科学基金青年项目，71401023，面向流程工业关键设备安全操作的人-岗优势匹配逆优化决策方法；教育部人文社会科学研究青年项目，14YJC630191，基于逆优化的流程工业关键设备安全操作人岗匹配决策方法；辽宁经济社会发展研究课题，2017lslktyb-049，有效利用健康医疗大数据，推动"互联网+医疗"发展问题研究的资助。本研究目的在于探索钢铁、有色、石化、化工等流程工业设备安全操作的心理与行为要素，数据严格保密，绝无他用。

第一部分　问卷填写者基本信息

（请您根据题意，在最合适选项的相应位置上打"✓"或按题意填写，其他请填写具体内容）

1. 年龄：①30 岁及以下　②31~40 岁　③41~50 岁　④51~60 岁
2. 性别：①男性　②女性
3. 最高学历：①技校　②大专　③本科　④硕士　⑤博士　⑥其他
4. 所学专业：①机械　②自动化　③冶金　④化工　⑤电气　⑥材料　⑦其他（如果有多个专业，可以多选，如本科学习机械，硕士学习自动化，则选①和②）
5. 职称：①助理工程师　②工程师　③高级工程师　④教授级高级工程师　⑤技工　⑥高级技工　⑦其他

6. 工作时间：①1年以内 ②1~2年 ③3~5年 ④6~10年 ⑤11年及以上
7. 所在岗位：①设备维护 ②设备点检 ③生产操作 ④作业长 ⑤技术管理 ⑥室外操作 ⑦室内操作 ⑧其他
8. 所在部门类型：①钢铁 ②有色金属 ③石化 ④化工 ⑤其他

第二部分　流程工业关键设备安全操作心理与行为胜任力要素
（请您根据题意，在最合适选项的相应位置上打"✓"）

本问卷的操作者是保障流程工业（如钢铁、有色、石化、化工等）关键设备安全运行、维修维护的人员的总称，既包括传统意义上的操作工人，也包括负责设备硬件维护、控制系统改进、安装调试、维修维护等（不限于此）的所有生产线相关人员。

请您以您最熟悉的岗位（请在此填写您最熟悉的岗位名称＿＿＿＿＿＿）保障设备安全运行工作表现优秀的人员为参照对象，以其表现出的心理与行为特征为基础，评定下列指标对于保障设备安全运行的重要程度。

"1分"表示"非常不重要"；"2分"表示"比较不重要"；"3分"表示"一般"；"4分"表示"比较重要"；"5分"表示"非常重要"。请在相应位置上打"✓"。

附表1　身心基本素质对于安全操作的重要性评定

序号	指标名称	1分非常不重要	2分比较不重要	3分一般	4分比较重要	5分非常重要
1	身体素质					
2	自我控制					
3	经验分享					
4	行动果断					
5	团结合作					

附表1-1　身体素质对于安全操作的重要性评定

序号	指标名称	1分非常不重要	2分比较不重要	3分一般	4分比较重要	5分非常重要
1	力量素质					
2	反应速度					
3	抗疲劳度					
4	动手能力					

附表 1-2　自我控制对于安全操作的重要性评定

序号	指标名称	1分非常不重要	2分比较不重要	3分一般	4分比较重要	5分非常重要
1	忍耐与抗压力					
2	包容性					
3	心态平和					
4	情绪稳定性					

附表 1-3　经验分享对于安全操作的重要性评定

序号	指标名称	1分非常不重要	2分比较不重要	3分一般	4分比较重要	5分非常重要
1	接受新观点、新事物					
2	不同领域知识融合					
3	乐于思考与尝试					
4	乐于分享经验					

附表 1-4　行动果断对于安全操作的重要性评定

序号	指标名称	1分非常不重要	2分比较不重要	3分一般	4分比较重要	5分非常重要
1	机智勇敢					
2	沉着应对					
3	当机立断					

附表 1-5　团结合作对于安全操作的重要性评定

序号	指标名称	1分非常不重要	2分比较不重要	3分一般	4分比较重要	5分非常重要
1	角色适应					
2	善于沟通					
3	建立信任					
4	利他行为					

附表 2　能力对于安全操作的重要性评定

序号	指标名称	1分非常不重要	2分比较不重要	3分一般	4分比较重要	5分非常重要
1	分析判断能力					
2	风险管理能力					
3	创新能力					
4	系统思维能力					
5	疑难问题处理能力					

附　录

附表 2-1　分析判断能力对于安全操作的重要性评定

序号	指标名称	1分非常不重要	2分比较不重要	3分一般	4分比较重要	5分非常重要
1	理解能力					
2	判断能力					
3	推理能力					
4	归纳总结能力					

附表 2-2　风险管理能力对于安全操作的重要性评定

序号	指标名称	1分非常不重要	2分比较不重要	3分一般	4分比较重要	5分非常重要
1	风险意识					
2	风险预测					
3	风险识别					
4	风险分析评估					
5	风险隐患处理					

附表 2-3　创新能力对于安全操作的重要性评定

序号	指标名称	1分非常不重要	2分比较不重要	3分一般	4分比较重要	5分非常重要
1	勤于思考					
2	善于改进					
3	安全管理创新					

附表 2-4　系统思维能力对于安全操作的重要性评定

序号	指标名称	1分非常不重要	2分比较不重要	3分一般	4分比较重要	5分非常重要
1	把握方向性					
2	思维全局性					
3	思维全面性					

附表 2-5　疑难问题处理能力对于安全操作的重要性评定

序号	指标名称	1分非常不重要	2分比较不重要	3分一般	4分比较重要	5分非常重要
1	界定问题					
2	依靠团队					
3	解析备选方案					
4	决断与行动					
5	总结提升					

附表 3　掌握知识技术对于安全操作的重要性评定

序号	指标名称	1分非常不重要	2分比较不重要	3分一般	4分比较重要	5分非常重要
1	自动生产控制系统					
2	生产工序工艺					
3	设备保障机理					
4	新技术应用					

附表 3-1　掌握自动生产控制系统知识对于安全操作的重要性评定

序号	指标名称	1分非常不重要	2分比较不重要	3分一般	4分比较重要	5分非常重要
1	自动化生产线安装知识					
2	自动化生产线调试知识					
3	自动化生产线运行维护知识					
4	了解设备自控系统					

附表 3-2　掌握生产工序工艺知识对于安全操作的重要性评定

序号	指标名称	1分非常不重要	2分比较不重要	3分一般	4分比较重要	5分非常重要
1	工艺流程					
2	工艺参数					
3	工艺配方及理化反应					
4	工艺调控手段					

附表 3-3　掌握设备保障机理知识对于安全操作的重要性评定

序号	指标名称	1分非常不重要	2分比较不重要	3分一般	4分比较重要	5分非常重要
1	设备操作说明书					
2	设备构造结构					
3	设备支持系统					

附　录

附表 3-4　掌握生产技术对于安全操作的重要性评定

序号	指标名称	1分非常不重要	2分比较不重要	3分一般	4分比较重要	5分非常重要
1	机械设备操作点检					
2	电气设备操作点检					
3	自控系统操作点检					
4	岗位关联装置故障诊断与调控					

附表 4　工作态度对于安全操作的重要性评定

序号	指标名称	1分非常不重要	2分比较不重要	3分一般	4分比较重要	5分非常重要
1	责任心					
2	敬职敬业					
3	工作条理性					
4	注重细节					

附表 4-1　责任心对于安全操作的重要性评定

序号	指标名称	1分非常不重要	2分比较不重要	3分一般	4分比较重要	5分非常重要
1	安全责任意识					
2	安全操作自豪感					
3	遵守劳动纪律和规范					
4	主动查找、排除隐患					

附表 4-2　敬职敬业对于安全操作的重要性评定

序号	指标名称	1分非常不重要	2分比较不重要	3分一般	4分比较重要	5分非常重要
1	吃苦耐劳					
2	乐于奉献					
3	职业使命感					
4	追求绩优					

附表 4-3　工作条理性对于安全操作的重要性评定

序号	指标名称	1分非常不重要	2分比较不重要	3分一般	4分比较重要	5分非常重要
1	明确轻重缓急					
2	计划性					
3	遵守工作步骤、流程					
4	严格执行命令					

附表 4-4　注重细节对于安全操作的重要性评定

序号	指标名称	1分非常不重要	2分比较不重要	3分一般	4分比较重要	5分非常重要
1	精益求精					
2	严谨求实					
3	严格遵守操作规定					

项目组全体成员对您的热情支持表示衷心感谢！